The Unique World

方
寸

方寸之间　别有天地

.

地中海十城

西方文明的古典基因

10

〔英〕奈杰尔·斯皮维 —— 著
Nigel Spivey

孙慧杰 —— 译

Classical Civilization
Greeks
and
Romans
in 10 Chapters

社会科学文献出版社
SOCIAL SCIENCES ACADEMIC PRESS (CHINA)

目　录

地图一览

许多事物既美妙又可怕， viii
但最甚者莫过于人类。

人类穿过波涛汹涌的巨浪，

浑身湿透，但已然取胜。有什么我们无法做到？

大地之躯——
盖亚，永不疲倦的母亲——
我们捶打、砍伐、磨砺。
年复一年，我们的犁头来回耕地。

欢快的鸟群，被我们击落。
游荡的野兽，被我们束缚。
编织的渔网，从深海窃取无言的生物。
我们用智慧战胜狂野的动物。
因此，我们"驯服"急躁的骏马；
硕大的公牛，无论多么骄傲，都必须学会戴上牛轭。

语言也为我们服务。

为思想赋予声音，它就能传遍世界，瞬息之间。

除了躲避寒冬之所，我们还设计了更多：

所有建设城邦的技艺，

都是人类技能的一部分。

我们要逃避死亡：没错。同时，

任何折磨我们凡人之躯的，我们都谋划着解决：

用巧妙而成功的方法。

经验让我们豁然开朗。

但人类之精明，有两种方式。

或图谋不轨，或向善而行。

坚守世代之法律，信守庄严之誓言：

城邦才能屹立不倒。

反其道而行之——

则注定毁灭。

——索福克勒斯，《安提戈涅》（*Antigone*）

第332~370行

序　言

本书标题中有两个术语需要定义。

"古典"（classical）是一个模棱两可的词。广义上，它可以指希腊人和罗马人繁荣发展的古代时期和地区，主要（但不完全）位于地中海周边，时间上从公元前 800 年左右到公元 400 年；在某些情况下，它可能表示一个持续到公元前 5 世纪多一点的时代，这是希腊政治、艺术和文学领域公认的巅峰时期。与"古典"相关的一个概念是"经典"（classic）。"经典"一词源于拉丁文的形容词"*classicus*"，用来形容某事物绝对优秀：第一流的、值得效仿和作为标杆的。在本书中，第一种含义占主导地位，但第二种含义与我们如何理解"文明"（civilization）一词有一定关系。

当看到一桌美味佳肴或遇到舒适和讲究礼仪的场景时，我们可能会说"这很文明"。对"文明"一词的这种泛泛理解并非无关紧要，但不能作为出发点。"生活在城市中"似乎过于决定论，但在共同生活中依据财产权、相互尊重和法治产生的联系，使我们更接近我们对"文明"一词的期望。当然，谈论印度、安纳托利亚和埃及的早期文明也并非不恰当。但是，本书关注古希腊与古罗马的一个理由在于，我们定义"文明"的许多术语来自古典语言。无论是希腊语（"民主""卫生""政治""伦理""野蛮""同情"）还是拉丁语（"社会""文明""正义""人道""平等""自由""博爱"），我们的思维方式都受到了古希腊与古罗马遗留下来的话语及知识培养（"学术""教育""学问"）的深刻影响，因此难免将古希腊与古罗马作为典范。

在接下来的故事中，我们尽力不将这一典范理想化。如果文中没有详述奴隶制、妇女受奴役、宗教迷信以及古代世界普遍存在的肮脏、疾病、暴力和婴儿死亡等常见问题，那是因为这毕竟是一部研究古典"文明"的作品。同时，由于是"古典"文明的延伸，读者几乎无法看到古希腊与古罗马的"日常生活"。某些考古遗址，如位于哈尔基季基（Chalkidike）半岛的公元前348年遭摧毁且从未重建的奥林索斯（Olynthus），或公元79年维苏威火山爆发埋葬的庞贝和赫库兰尼姆（Herculaneum），都提供了令人着迷，有时甚至稍显病态的家庭生活遗迹。但是，如果一本书试图囊括一切，从精英阶层的消遣写到农民的生计，那将会无比庞杂，而且可能相当无聊。

我们的故事开始于青铜时代的特洛伊——想象中的特洛伊、现实中的特洛伊——结束于2000年后的君士坦丁堡，从地理位置上看，终点与起点之城相距不远。中间有一个特殊的章节，或许不够恰当地取名为"乌托邦"，这一章中我们暂时停下来，思考古希腊与古罗马的哲学与科学。正是其中一位哲学家兼科学家亚里士多德，将人类定义为"政治动物"。他这一定义的含义是，人类与蜜蜂、蚂蚁和鹤等其他群居动物一样，喜欢组成社会，集体专注一个共同的目标，或追求共同的利益。这种分类有点隐藏的坏心思（难道人注定要成为"雄蜂"，为蜂巢中唯一蜂王服务吗？），然而，这让我们自然而然地将家庭、社区及城市或"城邦"（*polis*），视为我们这个物种的决定性单位。鉴于（在古希腊与古罗马世界发展起来的）城市与"文明"之间的联系，本书似乎应围绕古典时代的特定城市来展开。不过，本书的叙事更多是按时间顺序而非地理顺序展开的。

有的作者可能会更侧重医学、数学、技术和罗马法学的微妙之处。但是换一位作者，可能会较少述及那些孕育或预示所谓"自由主义"现代价值观的古典内容。词源学再次说明了这一点：对宽容、体面和人道主义关怀的预期来自希腊语中的概念"*philanthropia*"（对人类的爱），以及拉丁语中的"*humanitas Romana*"（罗马人道主义）。我一生主要从事"古典学"教学，谨希望能以此呈现构成我们"人文学科"概念基石的、历史悠久又脆弱不堪的希腊与罗马古典元素。

奈杰尔·斯皮维
剑桥大学伊曼纽尔学院

关于词语拼写的说明

专名、地名和时代的译法通常（但非绝对）遵循《牛津古典
辞典》（*Oxford Classical Dictionary*，2012 年第四版）的范例。希
腊语转写部分则保留其最简单的英语化形式。

1

特洛伊

这是小亚细亚海岸一座貌不惊人的废墟,一个冲突与毁灭交织的史前要塞。为何从特洛伊开始?

我很想用"因为一个人……"这样的陈词滥调来回答这个问题,用好莱坞式的咆哮喊出一个名字——"荷马"。这一诱导存在风险,因为我们对荷马这个人的存在知之甚少。然而,特洛伊城依赖于他——这座城市,正如他所想象的那样,是古典文明的起点。

大约在公元前 8 世纪中叶,即距今 2700 多年前,有位传说中的吟游诗人,因吟诵史诗故事而闻名,后人称他为"荷马"。"史诗"(epic poetry)不是押韵诗歌,但节奏感强,主题鲜明。它是以英雄时代为背景的叙事——英雄们英勇无畏、力量强大,事迹使普通凡人的生活相比之下显得渺小。荷马的名字与两部作为西方文学奠基之作的史诗相关:《伊利亚特》(Iliad),讲述了以阿伽门农为首的希腊勇士在旷日持久地围攻特洛伊期间发生的一系列事情;《奥德赛》(Odyssey),讲述了特洛伊最终被攻陷后,一位希腊将领奥德修斯历经艰险的返乡之路。

荷马并非来自特洛伊。这种说法听起来有些奇怪,因为虽然他在史诗中没有直接记述特洛伊的毁灭,但他很清楚特洛伊已被焚毁。荷马可能出生在距离特洛伊不远的地方——也许是希俄斯(Chios)岛,也许是士麦那(Smyrna)港(今伊兹密尔)。他可能到过特洛伊，当时的特洛伊遗址虽然有些破败，但尚未被完全遗弃。"特洛伊"只是这个地方的众多名称之一。在古代赫梯帝国的版图上，特洛伊被称为威鲁萨（Wilusa）；希腊人称它为伊利奥斯（Ilios）、伊利昂（Ilion）或特洛伊亚（Troia）；荷马有时称它为佩加摩斯（Pergamos），仅是意指"堡垒"。然而，特洛伊虽然残破不堪，却傲然立于所有人记忆之中，并因其最终毁灭的悲凉结局，在所有城市中具有代表性。特洛伊城与大海之间的狭长地带——"特洛伊平原"，也是大部分战斗发生的地方——成为大地上凡人经各种力量作用蜕变为半神的宝贵之地。

自荷马时代以来，海岸线已经发生了变化。但站在特洛伊挖掘遗址上，仍可眺望地中海即将汇入黑海之处逐渐变窄的区域，这就是被称为赫勒斯滂海峡或达达尼尔海峡的航道。现代航船往来不断，不经特殊部署，人们根本不敢游过这段洲际海峡。不需要多少想象力，就能猜出特洛伊一度监控着这片水域的船只进出，因此这里可说是兵家必争之地。不过，我们的诗人并不关心贸易路线，他要追溯的是很久以前这里曾经发生的一系列事件。这些事件可以称为"神话般的"，而"神话"意味着"编造"或"虚构"，与"历史"截然不同。这种区分在荷马之后开始出现。对于荷马而言，特洛伊曾经是一个繁荣富庶之国，由天神宙斯之子达达努斯（Dardanus）的后裔统治。但在拉俄墨冬（Laomedon）统治时期，特洛伊已开始遭受攻击（来自宙斯的另一个儿子赫拉克勒斯）。虽然拉俄墨冬之子普里阿摩斯（Priam）将其华丽重建，但特洛伊仍将无法幸存。

特洛伊如何成为一个富庶显赫之地，它的财富是否足以招致劫掠，这些问题对荷马来说并不重要。他只知道这场摧毁普里阿摩斯治下特洛伊的战争有个富有诗意的原因。简单来说，这个原因看起来异想天开，甚至荒诞不经，但既然荷马假定我们知道，那就应该概述一下这个故事。一对幸福的夫妇，珀琉斯（Peleus）和忒提斯（Thetis），向奥林匹斯众神——希腊万神殿中的众神，被认为住在位于塞萨利和马其顿交界处的奥林匹斯山上——发出了婚礼邀请。当众神齐聚婚宴时，一场奇怪的争吵爆发了。三位女神赫拉、雅典娜和阿佛洛狄忒同坐在一张桌上，桌上有一个金苹果。她们不知道，这颗不寻常的苹果是另一位天生爱挑起争端的神祇战神阿瑞斯悄悄放在那的。苹果上刻着一句话，"献给最美女神"。三位女神同时伸手去拿苹果。

宙斯虽为奥林匹斯众神之王，但他认为自己无法公正地做出评判（宙斯虽然四处留情，毕竟娶了赫拉）。于是，宙斯把这个任务交给了一个凡人，让这个凡人来决定三位女神中谁是最美的。这是一个名叫帕里斯的年轻人——特洛伊国王普里阿摩斯的孩子之一。神使赫耳墨斯带着赫拉、雅典娜和阿佛洛狄忒来参加"帕里斯的评判"。每个女神都试图贿赂帕里斯。赫拉许诺他王权（帕里斯有多个哥哥，按理他无法继承王位）；雅典娜许诺他战争中的荣耀（帕里斯虽然擅长射箭，但并非最厉害的勇士）；阿佛洛狄忒则用爱情诱惑帕里斯，许诺他将得到人间最美女子的爱情。

帕里斯选择了阿佛洛狄忒获得这颗金苹果。这个抉择带来的严重后果如今一目了然。因为说得直白点，世界上最美丽的

006

女人——海伦，斯巴达国王墨涅拉俄斯（Menelaus）的妻子，并不属于他。如果帕里斯想要得到海伦，就必须去斯巴达把她抢过来。

他的确这样做了。就这样，海伦成了"引动千船齐发的女人"——因为墨涅拉俄斯无法忍受名誉受损，为了复仇，不仅请求强大的兄弟阿伽门农协助，还召集了许多其他首领。其中有些人，尤其是奥德修斯，原本安于管理自己的伊萨卡（Ithaca）岛，不愿加入这次去特洛伊夺回海伦的远征。不过，最后集结起来的千艘战船依旧异常壮观。他们坚信这支队伍是"亚该亚人中的精英"，在阿伽门农率领下，起航前往特洛伊。

"亚该亚人"是荷马对他们的称呼。那时，希腊还不存在，实际上，直到公元 1821 年，希腊才作为一个民族国家出现。无论如何，荷马的故事发生在过去。从广义上讲，亚该亚人相当于史前时期的希腊人。荷马惊叹着描述他们的体魄：亚该亚英雄们不仅在战斗中表现得令人生畏，还能举起巨石——荷马时代的人根本无法挪动的巨石。此外，他们的胃口也无比大，每晚都大快朵颐，大块吃烤肉。诗人在描绘他们的世界时，想象力没有受到任何束缚，英雄们的对话都被听到和记录下来了，我们得以逐字逐句地了解到，作为高级指挥官的阿伽门农是如何与下属中最英勇、最自负的战士，同时也是珀琉斯和忒提斯后代的阿喀琉斯（Achilles）争吵的。荷马也记述了奥林匹斯众神的言论——虽然众神超凡脱俗，但他们也会争吵，也会站队，也有争端需要解决。

因此，尽管关于人物背景的某些细节并不明确，比如阿伽门农究竟是迈锡尼（Mycenae）的国王，还是阿尔戈斯（Argos）的国王？但荷马史诗的叙事依然充满梦幻又令人信服。当然，他本人并没有编造所有这些故事元素，我们必须记住，荷马史诗的"文本"是大约 200 年后才首次在雅典出现，并在更晚一些才（在亚历山大）"定本"的。不过，学术界普遍认可《伊利亚特》和《奥德赛》源于同一诗歌风格。多数读者都能直观地感受到，这些诗句都具有一种精神塑造力量，既宏大壮丽，又富有人情味。

　　荷马对两个主要人物的描述体现了这种叙事风格。在《伊利亚特》第六卷中，诗人向我们展示了在特洛伊城墙边，普里阿摩斯的长子赫克托尔（Hector）与妻子安德洛玛克（Andromache）告别的场景。安德洛玛克抱着他们的小儿子阿斯提亚纳克斯（Astyanax），含泪恳求赫克托尔不要参战，她预感如果赫克托尔参战，她将成为寡妇，阿斯提亚纳克斯将失去父亲。赫克托尔伸手去抱孩子，孩子却紧紧抱住母亲，因为他看到父亲头盔上的马鬃就感到害怕。父母都笑了起来。赫克托尔摘下头盔，安慰孩子，祈祷有一天孩子能够铸就更为辉煌的血色荣耀。三人相聚的片段虽短，但具有重要意义：从结构走向而言，安德洛玛克的不祥预感之后将成为现实。这里，家庭的温情与此前阿伽门农的凶狠誓言形成鲜明对比，阿伽门农发誓不仅要屠杀特洛伊的所有居民，甚至要把未出生的特洛伊胎儿都从母亲的子宫里剖出来。相比之下，赫克托尔这位伟大战士的人性更加丰满。他并没有被完全驯化，但他成了愿为家园而战的战士。

　　在《奥德赛》第九卷中，英雄奥德修斯在从特洛伊返乡途中，漂流到一个岛上，结果岛上住着一群被称为独眼巨人（Cyclopes①）的怪物。奥德修斯与其中一个怪物波吕斐摩斯（Polyphemus）套近乎，想得到庇护，结果很快和其他船员一起被波吕斐摩斯囚禁在和羊群同住的山洞里。波吕斐摩斯尽管面目狰狞，却拥有人形，不过他很快就证明自己并不文明，或者说"不吃面包"：他直接吞掉了奥德修斯的两个同伴，并计划将其他人也这样吃掉。于是，奥德修斯想出了一个计谋：他给独眼巨人提供美酒，在巨人喝得昏昏沉沉之后，将一根削尖的木桩插入巨人唯一的眼睛。尽管洞穴口挡着只有波吕斐摩斯才能搬动的巨石，但因为需要放羊出去吃草，波吕斐摩斯最终只能将巨石搬开。瞎了眼睛的波吕斐摩斯蹲在洞口，可怜巴巴地用手一只只摸着走出洞穴的羊，想防止奥德修斯等人溜出去，却不知道奥德修斯和手下们把自己绑在了羊腹下，成功逃脱。在这里，荷马忍不住补充了一个细节：奥德修斯躲在巨人最喜欢的一只公羊腹下，是羊群中最后一只走出山洞的，这使得波吕斐摩斯喊道：

> 亲爱的公羊，这是怎么回事——你从来没有落后过母羊，今天怎么会最后一个离开洞穴？平时，你都是那么骄傲地走出来——第一个去寻找多汁的牧草，第一个在小溪边嬉戏，第一个在夜幕降临时留意到我对羊群的呼唤。但今天，你落在了最后面。你是在为主人我的视力被一个无赖夺走而伤心吗？

---

① 希腊语"Cyclops"（复数 Cyclopes），原意为"圆眼"。

随着独白继续，读者会意识到波吕斐摩斯一直在被骗——的确该被骗——但也许会开始对他的遭遇产生些许同情。

这就是诗人的移情天赋。荷马也许是在复述这些故事情节，但他的叙事方式史无前例。其他吟游诗人可能会吟唱英雄如何遭遇食人巨人，甚至奥德修斯大战波吕斐摩斯的故事，但荷马不同。他对细节的描写栩栩如生，独眼巨人的洞穴里如何摆满了调味奶酪、波吕斐摩斯如何吹着口哨带着羊群离去，这种绘声绘色的描写谁能与他媲美？遍寻埃及、安纳托利亚、中东和亚述文学，都找不到可以相提并论的作品。例如，公元前 3000 年的美索不达米亚史诗《吉尔伽美什》（*Gilgamesh*）讲述了主人公吉尔伽美什——一个有趣又不完美的主人公——及其探险故事。然而，在我们看来，这个故事没有超出吉尔伽美什和他朋友恩基都遭遇了"什么"这一层次。事件是"如何"发生的、人物的心理动机和关系是什么样的并不是叙事要点，也没有进行任何绘声绘色的背景铺垫。①

荷马代表了一种悠久的口头诗歌传统，对其进行的语言分析以及对后世口头诗歌的比较研究都清楚地表明了这一点。正如美国学者米尔曼·帕里（Milman Parry）所指出的，根据 20 世纪 30 年代的记录，巴尔干地区的吟游诗人可以在表演时背诵数百行带有固定格式的诗句，而他们都是文盲。然而，荷马是否不仅在数量上，而且在质量上都与众不同呢？如果说在公元前 750 年左右的希腊，史诗听众从未听过像荷马史诗吟诵那样令人陶醉的表

---

① 当然，与此相反，《伊利亚特》本身看起来像个无可救药的、不完整的故事：在荷马这部史诗的前后，特洛伊肯定还发生了很多事情。

010

演，那么可以假设，这种诗歌直接推动了希腊世界的扫盲。这种假设大致有两种情况：第一种是荷马自己口述诗歌，或者学习了写作技巧，以便保存（或记住）自己的作品；第二种是荷马在公元前8世纪末的听众希望通过某种方式记录和记住他的美妙文字。无论如何，人们从腓尼基人（Phoenicians）那里借来字母，组成了一个"字母表"（alphabet，以最开始的两个字母"alpha"和"beta"命名，后面的字母依次为"gamma""delta"等）。这些字母通过组合或多或少地再现了口述单词的发音。

古代希腊人很清楚，他们来自腓尼基人的文字系统，比迄今为止任何文字系统都更加高效。根据神话传说，一个名叫卡德摩斯（Cadmus）的人从黎凡特出发，寻找姐姐欧罗巴（Europa）——宙斯以公牛的形象引诱了欧罗巴——途中来到波欧提亚（Boeotia）的底比斯（Thebes），在此建立了一座城市，并将文字传给了希腊人。从语言学角度，腓尼基语是闪米特语的一种，与希腊语毫无关系。腓尼基人的字母（都是辅音，像希伯来语一样）主要用于商业交易中。

最早的希腊铭文可追溯到公元前750年左右，似乎与商业无关，相关场合或可能使用的场合是祭祀、交换礼物、阐明所有权等。有些铭文似乎也是以荷马史诗韵律（一种"六音步"的格律，被称为六步格）写就的诗句。其中最著名的一句铭文直接提到了《伊利亚特》中年迈的英雄涅斯托尔〔Nestor），这是否为荷马在早年间就已家喻户晓的一个迹象？荷马在作品集里，坚持了史诗作者的匿名权。至于他本人在开创古典文学先河中的角色，虽然具体细节存在争议，但在古代已得到普遍认可。即使无法证实荷马史诗就是希腊人使用字母表的主要原因，但荷马作为"整个希腊的教育者"却是个历史现象。公元前 6 世纪初，希俄斯岛出现了一个具有影响力的"荷马派"（Homeridai），专门朗诵荷马诗句。对荷马的崇拜就这样蓬勃发展起来，传颂着神话与历史、众神与凡人，还有属于英雄的过去与平凡的现在。

· · ·

荷马的早期赞助人邀请荷马在一些特殊活动中吟诵可能多达两三千行的诗句。这些人并非住在宫殿里，而是住在简陋、低矮、由石头砌成的院墙之中，饲养着一些牲畜，但主要从事耕种，以谷物和豆类为主食（所以他们喜欢听奥德修斯在旅途中把"吃面包"等同于"文明"）。他们使用一些铁制器皿和武器，一家之主可能会养匹马，还可能有辆轮式拖车。来自东方的金银制品和珠宝极其少见，陶轮制作的陶器一般最多绘有几何图形或简笔画。

然而，公元前 8 世纪的希腊人显然已经意识到，他们的祖先曾拥有更为壮丽的生活方式。在希腊世界的某些地方，尤其是伯罗奔尼撒半岛东南部①的阿尔戈斯、迈锡尼和梯林斯（Tiryns）等地，巨大的堡垒式定居点遗址清晰可见，此外还有其他建筑遗址，如古人为死者建造的墓穴。据我们所知，在这片土地上，公元前 8 世纪的居民并没有毁坏这些遗址。相反，他们在此祭祀祖先，肯定祖亲关系。因此，在一些古墓或土堆旁，人们会挖一条壕沟，用油或酒祭奠据说埋藏在此的祖先灵魂。祭奠用的陶瓷器皿会留在原

---

①　应为东北部。——编者注

地，当有了文字之后，可能会加上"献给英雄"的字样。

如果认可公元前 8 世纪"英雄崇拜"的考古学证据，则可以假设荷马的赞助人本质上是在委托他使"英雄往事"走进生活。当然，其中也有幻想的成分——如果不允许想象空间存在，诗歌或任何一种艺术又有什么意义呢——不过我们能够看到，荷马尽心尽力使这些回忆令人信服，谱写的诗句始终具有可信度。他不是为后世而创作，而是为一代伟大祖先而吟唱，对听众来说，也许斯巴达的墨涅拉俄斯就是他们的曾曾祖父，埃阿斯（Ajax）就是母亲那边一个强大无比的舅舅。

这种血亲感——对过去的直接参与和投入——有助于解释荷马为什么会形成如此生动鲜活的叙事风格。但是，他将这一风格置于多远的过去？诗歌的背后隐藏着怎样的历史"现实"？

· · ·

严格来讲，荷马在区分铁和青铜的锻造方面相当粗心——他没有像我们一样用石头或金属等材料来衡量时代——不过知道这点也无济于事。如果奥林匹亚（Olympia）的正式田径比赛真如传统上所认为的那样，从公元前 776 年就开始存在，则可以说荷马忽视了这一存在。当时这里并没有像埃及那样成熟的编年史，希腊人只是持续探索和重温往昔（如前所述，将神话和历史并为一谈）。

因此，荷马没有阐述他认为特洛伊战争是从何时开始的，也没有解释奥德修斯是何时回到家乡的。从公元前 5 世纪初的赫卡泰厄斯（Hecateus）开始，后世作家试图为史诗加上确切的日期，或至少是事件的相对顺序，并为一系列地点绘制了图示。巧合的是，他们提出的关于特洛伊城何时陷落的一个确切年份，即公元前 1183 年，似乎与目前考古学家在特洛伊所确定的一个标注着"毁灭级"的公元前 1250 年左右的日期相近。① 但是，直至现代考古学出现之后，荷马部分虚构的这个世界才全面进入我们的视野。在这方面，专业的现代考古学家哪怕咬着牙关也不得不承认，现代考古学先驱是一位业余爱好者：海因里希·施里曼（Heinrich Schliemann，1822~1890）。施里曼本人并没有对如今所谓的"爱琴海青铜时代"或"希腊史前文明"做出定义，但他在特洛伊和迈锡尼等地的考古发掘无疑产生了一门新的科学。正因如此，我们可以稍有把握地说，特洛伊战争发生在公元前 13 世纪中期，当时希腊部分地区由诸多好战的国王统治，他们身材伟岸、拥有赫赫财富、海上力量强大，或多或少与荷马史诗中的形象吻合。

施里曼本人颇具争议的职业生涯和声誉已成为研究对象。在这里，我们接受他本人的说法就已足够，即他在很小的时候知道了特洛伊的故事——特洛伊城被摧毁的画面，以及逃难中的埃涅阿斯（Aeneas）身背父亲、带着儿子离开火海的著名画面，给他留下了深刻印象。孩童时期的施里曼决心找到这座城市，青年时期的施里曼为了追寻这个目标赚了很多钱，中年的施里曼则实现了这个目标。这并不是孤军奋战就能完成的——美国驻土耳其外交官弗兰克·卡尔弗特（Frank Calvert）已经确定了特洛伊存在的可能地点——但施里曼以非凡的意志和勇气完成了这一任务。不仅如此，施里曼除了拥有宣传天赋之外，还拥有极具感染

015

---

① 此前被称为"特洛伊第七期 a"（Troy Ⅶa），但需要重新分类。

力的锲而不舍的热情。事实上，他让关于荷马世界的发现成了全球头条新闻。他的发掘方法比较粗暴（使用炸药来深入"原始地层"），他发表的报告让同时代的阿道夫·富特文格勒（Adolf Furtwängler）敏锐地发现，尽管施里曼自视甚高，但实际上"对自己这些发现的价值一无所知"。不过，他在特洛伊和迈锡尼的"行动"范围和规模，如雇用工人队伍来挖掘等，为后勤方面的团队合作确立了一些先例。在过去，考古学往往是一种相当高雅的个人爱好，施里曼本人也是源于个人兴趣，才在伊萨卡岛的橄榄树林中遍寻奥德修斯的居所。自此之后，不仅在爱琴海，还有埃及和近东，考古工作都转变为一种半军事化行动。

1871 年，施里曼开始在特洛伊挖一条大壕沟。沟中发现了一个铜罐，里面装满了金饰。他立即将其称为"普里阿摩斯的宝藏"，后来偷运出境。这批珠宝现存莫斯科普希金博物馆，俗称"宝藏 A"，年代可追溯到公元前 3000 年中后期，即"特洛伊第二期"。就年代而言，普里阿摩斯的时代属于特洛伊城的晚期——约 1000 年后的"特洛伊第七期 a 或第六期 i"。这种学究式定性方法虽然是在施里曼之后才出现的，但施里曼本来也不会有耐心去做这种事。1876 年，他将注意力转移到迈锡尼。与特洛伊相比，迈锡尼从未"遗失"过——著名的狮门历经多个世纪依然清晰可见——但施里曼在探索城墙内的墓地时却有不少发现。他不可能知道，坟墓通常不会被围在城墙内，因此，这些坟墓一定比城墙和狮门还要早几个世纪。事实上，他发现了 5 座所谓的"竖井墓"——在一个封闭的长方形墓坑中，厚葬着某个家族的骸骨。

我们现在明白，城墙的建造者一定是出于特殊的原因，才将这一独特的墓地围在城内。对于施里曼来说，他从来没有怀疑过这里不是"阿特柔斯家族"不幸成员的坟墓——他们的尸体上摆放着青铜剑，镶嵌匕首，金头巾，金银酒杯，各种戒指、宝石、项链，还有一些金面具。据说施里曼给希腊国王发电报说："我凝望着阿伽门农的脸庞。"事实上，他的电报并没有那么戏剧化，但他确实相信，阿伽门农回家的悲剧故事——这位英雄是如何走进妻子克吕泰涅斯特拉（Clytemnestra）及其情人埃吉修斯（Aegisthus）设下的谋杀陷阱——是迈锡尼历史上的一件大事。①

017

由于施里曼的同事、希腊考古服务处的帕纳吉奥特斯·斯塔马塔克斯（Panagiotes Stamatakes）的坚持不懈，此地后来不仅发现了第 6 个墓穴，最后还确定了这些墓葬属于公元前 16 世纪，也就是比推测的特洛伊战争还早约 500 年。然而，施里曼早已宣传这些墓葬就是以前鲜为人知的文明"迈锡尼"。

后来的考古发掘证实，虽然迈锡尼确实建造了一座宏伟的城市，但它并不是一枝独秀。同样在阿尔戈斯平原上，不远处就是梯林斯。希腊本土上，还有塞萨利的伊奥科斯 [Iolkos，迪米尼（Dimini）]，麦西尼亚的皮洛斯（Pylos in Messenia），波欧提亚的底比斯、奥尔乔梅诺斯（Orchomenos）和格拉（Gla），可能还包括雅典。这些地方都有"宫殿般"建筑的遗迹，一些地方用巨大的石头砌成城墙，看起来就像"独眼巨人"，形成了一种看起

---

① 学过希腊悲剧的人都知道，阿伽门农的父亲阿特柔斯继承了其父珀罗普斯（Pelops）身上的诅咒——正是英雄珀罗普斯赋予了这片土地伯罗奔尼撒（Peloponnesian）的名字。悲剧在阿伽门农的子女俄瑞斯忒斯（Orestes）和厄勒克特拉（Electra）等人身上继续上演。

来是由阿伽门农等国王统治的诸国网络。但是，在（施里曼认为）没有文字和记录系统的情况下，这样的社会是如何协调运转的呢？

事实上，后来才发现当时其实存在一种记录系统，一种刻在泥板上的线条符号。这些泥板最早在克里特岛上的克诺索斯（Knossos）宫殿中被发现。施里曼曾希望对克诺索斯进行挖掘，因为传说名为米诺斯（Minos）的国王在那里建造了一座迷宫——一座地下迷宫，里面关着令人生畏的、半人半牛的米诺陶洛斯（Minotaur）。施里曼的愿望并没有实现：牛津大学阿什莫林博物馆的一位绅士学者阿瑟·埃文斯（Arthur Evans）成功获得了克诺索斯的所有权，并于 1900 年开始挖掘。

不久后，至少有 3 种青铜时代的文字系统在克诺索斯重见天日。第一种是象形文字，被称为"克里特象形文字"（Cretan Hieroglyphic），似乎是公元前 2000 年在岛上发明的（受到埃及影响）。到了公元前 1650 年左右，这种文字被另一种独具风格的文字取代，埃文斯称之为"线形文字 A"（Linear A）。再到公元前 1450 年左右，这种文字又让位于一种显然相关但（后来证明）代表另一种语言的文字，埃文斯称之为"线形文字 B"（Linear B）。

虽然埃文斯不像施里曼那样喜欢炫耀，但他还是将揭示"米诺斯宫殿"作为自己在克诺索斯考古工作的成果，并且毫不犹豫地重建了宫殿的大部分结构外观。不过，这座宫殿在公元前 1500 年左右到底经历了什么，要到施里曼的后继者完成在希腊本土的考古发掘之后，人们才能明白。在麦西尼亚的皮洛斯——与荷马笔下涅琉斯之子涅斯托尔有关的遗址——以及梯林斯、底比斯和

018

迈锡尼都发现了线形文字 B 的痕迹。这些铭文显然是作为临时备忘录刻在泥板上的，最后在宫殿的毁灭之火中被高温烘烤成型。无论这些文字是什么内容，至少足以证明这里属于"迈锡尼人"（Mycenaeans），而且迈锡尼人肯定与克诺索斯的"米诺斯人"（Minoans，埃文斯的称呼）和克里特岛的其他文明截然不同。那么，线形文字 B 怎么会出现在线形文字 A 的故乡克诺索斯呢？

　　直到 1936 年，谜底才开始揭开。那一年，英国皇家科学院举办了一次英国在希腊与克里特岛的考古发现展，埃文斯作为资历丰富的老者，给一群学生做导览。其中一个学生就是迈克尔·文特里斯（Michael Ventris），他当时已经对埃及象形文字产生了浓厚兴趣，这次参观对文特里斯将毕生奉献于解决线形文字 B 的挑战具有重要推动作用。线形文字 B 是音节文字而非字母文字，也就是说，它主要由代表辅音加元音的符号（如 *mi* 或 *ka*）和代表单独元音的符号（*a, e, i, o, u*）组成。在 1936 年，人们还不知道这些符号是用来代表语言的。

　　战争导致在皮洛斯的考古工作中断——皮洛斯是线形文字 B 铭文的主要来源地——但战争也带动了密码学的发展。文特里斯与学者合作，尝试用军事密码破译策略去破译线形文字 B，找到了将线形文字 B 的符号组合与由辅音和元音构成的字母系统相匹配的一种方法。1952 年夏天，他通过英国广播公司的广播宣布了这一成果：

　　　　我得出的结论是，克诺索斯和皮洛斯的碑文归根结底一定是用希腊文写成的——一种不同的古代希腊文。它比"荷马史诗"要早 500 年，是以相当简略的形式写成的，但肯定是希腊文。

当时有多少电台听众在听到这条证实消息后激动不已，我们不得而知。但任何关注希腊和欧洲史前史的人，都知道这种"破译"具有重大历史意义。这意味着迈锡尼人是希腊原住民，且与其说是前希腊人，不如说是原希腊人。公元前 1200 年左右，迈锡尼人的城堡和宫殿显然被彻底破坏，但他们并没有因此而消失。至少，他们的语言基本上保留了下来——从公元前约 700 年起，他们的语言以字母形式进行了重新书写。

· · ·

迈克尔·文特里斯的职业生涯在这一重大发现的 4 年之后戛然而止，他死于一场车祸。然而，对由线形文字 B 而来的信息仍在继续进行研究。其中很多信息涉及铭文的事务"记账"功能，展示了社会、政治、经济和宗教结构（尽管这里社会、政治、经济和宗教可能无法相互分离）。在这些繁文缛节中，可以了解到牲畜数量（约有 10 万头羊属于克诺索斯领地），特定牛的名称（"斑点""灰暗"），武器和盔甲、战车、战车轮的储备及需要修理的战车轮情况等。我们了解到，迈锡尼人也信奉有类似称谓的古希腊万神殿中的众神——宙斯、波塞冬、狄俄尼索斯和雅典娜等。我们还注意到，在线形文字 B 中出现的某些名字似乎非常像荷马史诗中一些家喻户晓的名字，如赫克托耳和阿喀琉斯，而形容词的使用方式也让人联想到荷马史诗中程式化的修饰语，如用

"两头匀称"来描述一艘船。

然而，迈锡尼宫殿迄今为止出土的泥板上，线形文字 B 并不是用来抄写诗歌的。如果试图证明荷马是迈锡尼记忆的保存者，就犯了一个文学判断上的基本错误。他可能希望看起来是这样：如前所述，荷马诗歌力量的一个重要部分就是说服听众相信，在其所有程式化的吟诵和表演语言中，有一种眼见为实的详实。但是，重申一下，荷马不是考古学家，更不是战地记者。没错，对历史上特洛伊战争持怀疑态度的学者指出，荷马关于希腊军队集结舰队的描述（《伊利亚特》第二卷），遗漏了许多通过考古证明是迈锡尼重要遗址的地方。但是，并非只有专家才能怀疑荷马史诗叙事的合理性。《伊利亚特》开篇时，对特洛伊的围攻已经持续了 10 年之久。那么，为什么希腊或特洛伊的伟大战士至此时无一伤亡？为什么阿喀琉斯和赫克托耳尚未交锋？

事实是，荷马饱含深情的叙事让我们为之沉迷。他对英雄的过去有足够的了解，可以在其中加入时代元素——比如用野猪獠牙打造的头盔——但不必担心附带的时代错误。毕竟，他的诗歌源于宙斯的女儿，女神缪斯，而缪斯永远不朽，因此不受时间长河的影响。

· · ·

不管有没有荷马，我们可能都要承认迈锡尼人是希腊人的史前祖先。那么，就必须考虑两个遗留问题。第一，米诺斯人将何去何从？第二，如果"迈锡尼世界"是在公元前 1200 年左右崩溃的，那么后来发生了什么？此外我们不禁要问，是什么导致了崩溃？

022

　　第一个问题可以简单回答。迄今为止，没有人知道线形文字 A 背后是什么语言，它的起源可能是安纳托利亚语。从公元前 2100 年左右，米诺斯特征开始显现，但这一特征的考古学定义远远超出了米诺斯及其迷宫神话。从宫殿规模、居住区以及对手工业的支持等，我们显然可以看出克诺索斯就是生活在克里特岛的米诺斯人的"首都"。考古发现的附属中心地带包括菲伊斯托斯（Phaistos）、阿伊亚特里阿达（Ayia Triadha）、马利亚（Malia）和卡托扎克罗斯（Kato Zakros），这些领地可能以山区祭祀地点（"山顶圣地"）为边界标志。阿瑟·埃文斯在给克诺索斯的一些空间（王座厅、王后更衣室）命名时，想着的大概是欧洲的王室，不过他关于神权"祭司王"占据着克诺索斯权力顶峰的观点（或先入之见），仍被广为接受。牛头人米诺陶洛斯的故事也在遗址中的许多公牛图像上找到了一些依据，如由无数碎片拼凑而成的著名壁画"斗牛图"。

　　米诺斯人进行海上扩张，在爱琴海周边建立了殖民定居点 [如基亚岛（Kea）、基西拉岛（Kythera）和米洛斯岛]，贸易范围遍及安纳托利亚海岸线、塞浦路斯和埃及。在圣托里尼岛（又称泰拉岛）的阿克罗蒂里遗址中，房屋壁画上有一些场景是桨帆船队，其中一些船还装有遮阳篷供贵宾船客休息。公元前 5 世纪晚期，雅典历史学家修昔底德将"海权"（*thalassocracy*）与米诺斯联系在一起。但历史上的希腊人对"米诺斯人"还有多少了解呢？在公元前 4 世纪柏拉图的著作中，有一个故事关于亚特兰蒂斯，这是一座曾有过伟大的"文明"的岛屿，但在某次自然灾害中被大海吞没了。虽然柏拉图描述亚特兰蒂斯位于直布罗陀海峡之外——位于同样是以希腊神话中撑起天空的古老神族、泰坦之一的阿特拉斯（Atlas）命名的大西洋（Atlantic）——但有人猜测，柏拉图故事的起源可能与圣托里尼岛的一次火山喷发有关。从地质学角度看，公元前 1700 年到公元前 1600 年，似乎出现了一次火山喷发，火山灰和碎石覆盖了很广一片区域（不远处的阿克罗蒂里就是被火山碎屑流掩埋的），很可能还在爱琴海的部分地区引发了巨大海啸或连串巨浪。可能是埃及的文字记录者记录了这场灾难，所以几个世纪后的希腊游客得以知晓这段历史。

古希腊人隐约知道史前发生过一场大洪水。根据他们的神话传说，宙斯因凡人的不当行为大发雷霆，用洪水淹没了大地。为了应对这场洪水，一对夫妇丢卡利翁（Deucalion）和皮拉（Pyrrha）建造了一个"容器"（larnax），靠着它浮在水面上生存下来。后来他们生下了一个儿子希伦（Hellen），儿子又生下了三个孙子。这三个后代形成了后来公认的希腊语民族（Hellenes）的三个主要分支，即多利安人（Dorians）、爱奥尼亚人（Ionians）和伊奥利安人（Aeolians）。方言是区分他们的一种方式，但后面我们会看到，他们之间还存在着更多文化差异（更不用说进一步的分化了）。无论如何，丢卡利翁和皮拉的神话，与关于米诺斯人的考古学或神话之间没有任何联系，但至少象征性地与希伯来人所说的诺亚方舟相关。

可能是受圣托里尼火山爆发影响，米诺斯人在爱琴海逐渐式微。不管怎样，到公元前 1450 年左右，迈锡尼人已经控制了克诺索斯，米诺斯人在考古学"文化"或其他范畴中消失了。就我们的知识而言，似乎就是这样——我们根据所了解的各种"文明"的兴衰来创造历史。那么，又是什么原因导致迈锡尼人在两个半世纪后就消亡了呢？

气候变化、地震和其他各种自然灾害都被提出过。此类事件引发了系统性崩溃——这种解释最具可能性。突然之间，贸易联系就被切断了。权力中心潜伏的内部压力，即权力集中于一个国王般的人物身上——荷马指代"国王"的通用称谓"瓦纳克斯"（wanax）正是出自线形文字 B——加上人口的不稳定，使得问题更加严峻。根据埃及的编年史记载，地中海东部所谓的"海洋民族"好战，显然对沿海居住点发动了攻击。在公元前 13 世纪最后二三十年，埃及人自己在拉美西斯二世的率领下，与赫梯人在卡叠什（今叙利亚境内）进行了一场大规模决战。由于双方都宣称自己获胜，因此这场战争很可能给双方都带来了毁灭性打击。希腊西北部突然对伯罗奔尼撒半岛发动了突袭，这场战争有时也被称为"多利安入侵"（Dorian invasion）。迈锡尼人的城堡可能有些地方防御工事坚固（与米诺斯人的宫殿毫无防御能力形成鲜明对比），但与特洛伊一样，防御工事的规模不够大。无论如何，结局以迅猛之势到来，所有宫殿都被付之一炬。王朝的辉煌及其一切经济基础和官僚机器全部瓦解。

025

• • •

很久以后，到了公元前 6 世纪初，在伯罗奔尼撒半岛的特基亚（Tegea），有位铁匠说他挖井时发现了一具巨大的棺材，里面有一副硕大无比的骸骨。他量了下，有 7 肘尺①（cubit）长，也

---

① 长度单位，指从手肘到指尖的长度。

就是 10 英尺（约 3 米）。铁匠惊讶不已，但来自另一个城市斯巴达的游客认为自己知道这具尸体的身份。他挖出骸骨，带回斯巴达，宣称他带回的是阿伽门农之子俄瑞斯忒斯的骸骨。

希罗多德（Herodotus）记录了这一逸事。他被誉为"历史之父"，但几乎不愿区分神话、道听途说和历史——希腊语中的"历史"（historia）意指可以通过调查验证的事件。事实上，公元前 5 世纪中叶，希罗多德在奥林匹亚等地向希腊同胞吟诵他的《历史》时，似乎并不急于将这类故事合理化。当然，我们现代人很容易这样做。特基亚是一个位于冰河时期湖泊盆地的定居点，那里曾发现过史前巨型动物（猛犸象等）的遗骸。我们推测，类似的遗骸可能是在公元前 8 世纪被发现并放入棺材中的，然后被这位铁匠重新发现，最后被当作俄瑞斯忒斯的遗骨被斯巴达人认领。

026

但是，假设我们接受希罗多德讲述的版本，这就和众多证据一样，体现了古希腊人的心态，即认为他们的过去既令人生畏又波澜壮阔。对英雄时代的崇拜显然是普遍存在的，虽然这些英雄可能被称为祖先，但他们又与普通凡人不同。[1] 对英雄的狂热崇拜包括了对迈锡尼的阿伽门农、斯巴达附近特拉普涅（Therapne）遗址的墨涅拉俄斯和海伦，还有伊萨卡岛上的奥德修斯的尊崇，或者更准确地说，抚慰。青铜时代留存的遗迹已经成为某种意义上关于祖先的线索。

---

[1] 荷马喜欢把战斗中的英雄比作某些野兽——狮子、狗，甚至驴子——表示与像我们这样的"两条腿动物"相比，英雄们不仅厉害无比，而且（有时）异常可怕。

公元前700年左右，希腊殖民者在特洛伊遗址上建立了家园，形成了"特洛伊第八期"。附近有座古墓，被称为阿喀琉斯之墓。在随后的几个世纪里，特洛伊城再次发展壮大，至公元前300年左右，已经远远超出了其史前堡垒的范围。如今参观遗址的游客可能意识不到特洛伊城的扩张——迄今为止主要是在地理勘测过程中发现的——但特洛伊城几个连续阶段的发展示意图非常清晰，多个世纪以来层层累积，就像一摞薄饼。这些示意图让人想到1940年西蒙娜·薇依（Simone Weil）在故乡巴黎被入侵时发表的那段意味深长的评论："整部《伊利亚特》都笼罩着人类所能经历的最大灾难——城市毁灭的阴影。"荷马本人没有讲述"特洛伊陷落"（*Ilioupersis*）的故事，那是留给他的后人的。但他几乎没有必要详细叙述。通过荷马的艺术，特洛伊已经成为一座象征着"文明"的可再生力量和恒久魅力典范的城市。

027

2
雅典

1904 年夏末，精神分析之父西格蒙德·弗洛伊德参观了雅典卫城。从童年时代起，他就知道雅典卫城是一座神圣的"高地之城"，拥有最著名的帕特农神庙，亲见之后果然没有失望。几十年后，弗洛伊德说，他从未见过比这些废墟更美之物。就在他1939 年去世之前的几年，他还表示，这次经历本身对他来说是一次奇特的心理学体验。作为曾经的一名维也纳小学生，一个没有文化的羊毛商人的后代，他能站在雅典卫城上就像是一场梦——他还在做梦吗？他真的站在那里了吗？为什么感觉如此不真实？

弗洛伊德认为自己有种负罪感。父亲辛辛苦苦工作，供他接受这种古典文化教育，了解雅典卫城的意义。现在，站在雅典卫城上，他"抵达"了，登上了文化的巅峰——从而超越了父亲。因此，这个成就带来了一种疏离感。

如此看来，弗洛伊德认为海因里希·施里曼后来已志得意满，正是因为施里曼实现了儿时的梦想。弗洛伊德曾热切关注特洛伊的发掘工作，还将自己的精神分析方法比作考古学的"剥离"过程，随时间推移而逐渐剥离出"神话般"的残留"真相"。① 但从我们的角度，弗洛伊德面对古代雅典卫城大理石遗迹的感慨万分，

---

① 更巧的是，弗洛伊德在雅典卫城时，施里曼的前助手威廉·多尔费尔德（Wilhelm Dörpfeld）正在揭示雅典卫城表面下的东西。

其意义正在于那令他产生孝道（filial piety）之痛的感觉。雅典卫城不仅代表了公元前 5 世纪中叶雅典古典时代辉煌的顶峰，也象征着普遍的"文明价值"。因此，对于弗洛伊德和许多人来说，矗立于岩石上，在圆柱的琥珀色光芒中的雅典卫城，象征着人类精神的栖息地和归宿。

· · ·

公元前 13 世纪，雅典卫城在石灰岩山岗上筑起了一座坚固的堡垒。三面都是陡峭的悬崖，加上有利于自流井下沉的地质条件，它对迈锡尼国王显然很有吸引力。青铜时代晚期，巨型城墙与天然防御工事相辅相成，我们至今仍可看到部分这类城墙，它们展现了古代雅典人心中属于英雄时代的过去。传说中的第一位国王刻克洛普斯（Cecrops）就出生在这片土地上。另一位早期统治者厄瑞克透斯（Erechtheus）据说也出生于此，他的诞生带着生动的神话色彩：铁匠之神赫菲斯托斯（Hephaistos）曾试图与雅典娜交合，但被以"处女"（Parthenos）之名闻名的雅典娜推开。雅典娜用一块布擦去沾上的精液并扔到地上，于是厄瑞克透斯诞生了。后来，雅典人修建了非同寻常的廊柱式厄瑞克忒翁神庙（还在神庙里修建了刻克洛普斯墓）作为纪念。

雅典初期的历史轮廓模糊不清，但充满着戏剧性细节。例如，公元前 5 世纪的剧作家欧里庇得斯（Euripides）创作过厄瑞克透斯统治时期的一个悲剧场景：雅典遭到了来自远方色雷斯（Thrace）和附近埃莱乌斯（Eleusis）的联合攻击，除非国王厄瑞克透斯用自己的一个女儿献祭，否则雅典城将万劫不复。该剧仅有一些片段流传下来，但依然可以感受到文字磅礴有力，例如女孩母亲普拉西提亚（Praxithea）的一段演讲：

> 我们生儿育女，就是为了拯救诸神的祭坛和这片土地：城市只有一个名字，却住着许多人。如果我能献祭一个孩子，代表所有人去牺牲，我是否还该任由城市毁灭呢？

一些学者认为，这次献祭体现在了装饰帕特农神庙的大理石带饰（frieze）上。当然，这也符合古代雅典人在想象过去时所展现出的奇思妙想。直到公元前 6 世纪末，雅典才经历了宪政革命，产生了世界上第一个可考证的民主制度——民（demos）治（kratia）。但在此之前，雅典人还进行了革命的一场前奏，一位国王忒修斯（Theseus）在雅典及周边阿提卡（Attica）的诸多社区中组织了"共同生活"（synoikismos）。公元前 5 世纪，斯库罗斯（Skyros）岛上发现了一些巨大的骸骨，被当作忒修斯的遗骸供奉起来。

在神话中，这位忒修斯的父亲埃勾斯（Aegeus），被克里特岛的米诺斯国王压迫，每年要给克诺索斯送一些雅典年轻人，关进迷宫作为米诺陶洛斯的祭品。忒修斯自愿成为可怜的祭品，令父亲大为震惊。神话中，米诺斯国王的女儿阿里阿德涅（Ariadne）爱上了这个勇敢的年轻雅典人，送给忒修斯一个天然火炬——一圈萤光珊瑚——和一团线（最早的"线索"），这样他就能知道自己在迷宫走过的路线。正是由于阿里阿德涅的帮助，忒修斯才能够杀死米诺陶洛斯，使雅典人不再屈从于克里特的

034

"海权"。但忒修斯也有疏忽大意之时，在回乡途中，他将阿里阿德涅遗弃在了纳克索斯（Naxos）岛上，后来狄俄尼索斯在岛上发现了阿里阿德涅并与之成婚。他也忘了履行与父亲的约定，即如果他从克里特岛归来，就要把船上的黑帆换成白帆。埃勾斯远远看到海平面上出现了意为儿子已死的黑帆，便投海身亡——这片海域因此得名"爱琴海"（Aegean）。

据说忒修斯曾追随赫拉克勒斯（Herakles）出征阿马宗人（Amazons）。他带回了战利品妻子希波吕忒［Hippolyta，一说为安提俄佩（Antiope）］，此后又不得不保卫雅典，抵御阿马宗人的袭击。对于后来的雅典人来说，这次袭击预示了公元前480年波斯人对阿提卡的入侵。阿马宗人来自东方，是骑在马背上的弓箭手，象征着来自东方的威胁，或许也象征着（从希腊男性的角度）对女性统治社会的恐惧。无论如何，"希腊人抵御阿马宗人"（Amazonomachy）与"众神对抗原始巨人"（Gigantomachy）两个主题都被反复用在古典建筑装饰中。

尽管忒修斯有过不妥行为，但他一直被视为雅典的开国英雄。然而，君主制的存续并没有得到保障。

· · ·

在公元前1200年左右迈锡尼宫殿被毁后，雅典和希腊各地一样，进入了几个世纪的"黑暗时代"。从广义而言，是从青铜时代过渡到铁器时代。不过，在古典史的术语中，"黑暗时代"比"铁器时代早期"更常用。"黑暗时代"意味着历史信息模糊不清，没有详实的考古记录，也表示当时人们的生活相对贫困。

文字消失了，中央集权的经济管理体系和物资储备机制也消失了。据考古研究估计，人口至少减少了一半。迈锡尼和梯林斯等城市虽然没有被完全废弃，但也破败不堪。相比之下，后来的定居点显得简陋无比，至少当前发掘出来的是这样。例如，在伯罗奔尼撒半岛西南部的麦西尼亚，尼科里亚（Nichoria）曾是皮洛斯王宫领地的一部分，是山顶的一个大型城镇，后来成了一个自给自足的小村庄，约有 200 名村民，住着茅屋，用栅栏圈养着牲畜。

这些小的聚居点可能主要由一个大家族构成，但同样可以发现等级制度的迹象。迄今为止，最能揭示"黑暗时代"的遗址，是位于阿提卡东北海岸外、狭长的尤卑亚（Euboea）岛上的莱夫坎迪（Lefkandi）。20 世纪 80 年代初这里的一个发现至今仍让人浮想联翩。考古学家在一个人工土丘下发现了一个长达 50 多米的建筑结构遗迹，（在当时）一定是一座大殿，大殿前有门廊，还有穹顶空间。尽管是木制的，但该建筑是"周壁式的"（peripteral），即墙壁周围有多根柱子。那么，它为什么会被埋在土堆下呢？是因为，在主人死后，这里成了坟墓。从骸骨和相关文物来看，这是一位重要人物的墓葬。他死后，4 匹马被宰杀陪葬。他身边摆放着一具服饰精美的女尸，可能是他的妻子——可能也是陪葬者。

这位拥有英雄葬礼的墓主是谁，至今仍然无人知晓。在人类学术语中，他被简单地归类为"大人物"（Big Man），或者用希腊语的"国王"（basileus）一词来表示。然而，考古故事并未就此结束，在这个土丘附近和莱夫坎迪的其他墓地后来又发现了更多的墓葬——那些墓葬不如这座宏伟，但有着铁剑和矛头，以及可能来自塞浦路斯、提尔（Tyre）和黎凡特海岸的手工艺品。与妻子一起安息的这个"大人物"可能被尊为英雄，但他似乎没有留下任何继承人。有一种可能是，一群"贵族"继承了他的一切。

我们很容易将这种叙事强加给莱夫坎迪，因为根据我们对黑暗时代雅典政治的了解，王政让位于某种寡头政治或"少数人的统治"，这些"少数人"后来又被称作"出身高贵者"（Eupatridai）。关于王政危机，有英勇的国王科德鲁斯（Codrus）可能没有留下合适继任者的传说；但在厄瑞克透斯时代，国王的女婿伊昂（Ion）已经被任命为"军事执政官"（polemarch）。之后，雅典的政治术语中出现了"执政官"（archon）头衔。这个头衔也与"宗教执政官"（archon basileus）以及指挥军事的"军事执政官"相关，不过就其本身而言，意指在长达10年的固定任期内承担一系列公民和立法职责。

似乎是在公元前7世纪末，雅典人起草了第一部成文宪法。通常认为这部宪法的起草者是德拉科（Draco），而我们对他知之甚少，只知道他以严厉著称（违反"德拉科的"法律通常会被处以死刑）。事实上，我们可以确定历史身份的第一位雅典政治家是梭伦（Solon）——甚至在他身上也有传奇般的智慧色彩。梭伦在约公元前594年成为执政官，当时雅典的社会局势紧张，似乎一触即发——至少梭伦是这样描述当时的情况的，从他现存的自传体诗歌片段中可以看出来。梭伦本人"出身高贵"，但他鄙视过多的财富，在为雅典制定方针时，他力图遏制贵族的贪婪，建立一个扩大公共机构和议会准入的政体。梭伦仍然施行财产限制措施，但他下令广泛取消债务，来缩小整个阿提卡的社会鸿沟，并为中央"集会"（*ekklesia*，字面意思是"召集"）中的几个"部落"（*phylai*）提供更多代表机会。

如他作品片段所言，"在重大问题上，很难取悦所有人"——也许所有政治家都会说这句箴言。梭伦努力将雅典塑造成一个人人平等的城邦（*polis*），但在感到自己的努力失败后，他离开了雅典 10 年。当他再次回到雅典时，他所担心之事已经无法避免：僭主（*despotes*）崛起了。

"僭主"一词的基本含义是"房子的主人"。早在公元前 6 世纪，该词就已带有独裁统治的贬义政治色彩。但是，在公元前 6 世纪，庇西特拉图（Pisistratus）及其子对雅典的"僭主统治"究竟是好是坏，仍然值得商榷。庇西特拉图绝对是"出身高贵"，他的家族自称是荷马笔下英雄涅斯托尔的后裔，而涅斯托尔是曾经统治皮洛斯的涅琉斯之子。与梭伦一样，庇西特拉图也致力于使阿提卡乡村地区在经济、社会和政治上融入雅典城。庇西特拉图作为乡村派系的领袖，在经历了一段时间的派别纷争后，于公元前 561 年控制了雅典。这是否就是当时的公民所期望的呢？很有可能。据说公民给了庇西特拉图一支保镖队，估计是担心他受到敌对贵族的袭击。

事实上，庇西特拉图刚当政 5 年就被驱逐了。他又几乎立刻重新掌权，引人注目地乘坐一辆仿佛由雅典娜亲自驾驶的战车进入雅典（庇西特拉图找了一位高挑的乡村姑娘，说服她装扮成了女神）。雅典最盛大的宗教节日"泛雅典娜节"（Panathenaia）——可以说是为雅典娜举行的生日派对，每年夏季举行，每 4 年举行一次，规模盛大——就是在公元前 566 年正式确立的。"泛雅典

娜节"是献给庇西特拉图的礼物。庇西特拉图在梭伦之后继续增
建雅典卫城，到了公元前 6 世纪中叶，雅典卫城有了一座"百尺
长"（hekatompedon）的雅典娜女神庙，三角楣饰（pediment）上
是雅典娜打倒曾威胁奥林匹斯秩序的巨人的情景。女神庙里还有
一系列色彩鲜艳、雕刻精美的宝库和神龛，以及大量作为祭品供
奉的雕像：大理石雕刻的"青年"（kouroi）和"少女"（korai），
献祭给雅典娜及其他神祇。不难想象，这些俊美的雕像代表了
"出身高贵"的雅典人"精英"。不过值得注意的是，祭品里也有
文士坐像和陶板等，这些都为庇西特拉图（同样是继梭伦之后）
在雅典推动扫盲和发展手工业提供了一些依据。如前一章所述，
荷马史诗的首次抄写似乎就出现在公元前 6 世纪中叶的雅典，庇
西特拉图可能正是赞助人。

　　虽然庇西特拉图此后第二次被迫下台，并最终又以武力夺
回了权力，但据后来的雅典资料记载，庇西特拉图本人并没有
明显的暴政行为。他生性温和可亲，大部分时间都在处理普通
公民的事务，将自己与其他人置于同样的法律之下。公元前 527
年他去世时，留下了两个儿子希庇亚斯（Hippias）和喜帕恰斯
（Hipparchus）掌权。"庇西特拉图王朝"在雅典又延续了十多年。
在科林斯等其他城市，也曾出现僭主，并且之后还会再次出现
（尤其是在叙拉古）。但当雅典结束僭主统治时，带来的却是彻底
的宪政变革。

　　这并不是说，激进的宪政变革是哈莫迪乌斯（Harmodius）
和阿里斯托盖通（Aristogeiton）这两个雅典人有意为之，尽管
他们的英勇行为给雅典带来了民主。他们被誉为"暴君诛戮者"

（Tyrannicides）。在一组著名的雕像中，他们英勇地脱掉衣服，拿着武器向前走去，准备开始刺杀，无论谁从正面欣赏他们，都会沦为他们的攻击对象。毫无疑问，二人参与了反庇西特拉图王朝的谋划，在公元前514年的泛雅典娜节上，他们杀死了庇西特拉图的小儿子喜帕恰斯。但关于二人动机和具体行动的记述却并不明晰。最合理的解释是，哈莫迪乌斯和阿里斯托盖通因恋情或家族荣誉蒙羞而杀死了喜帕恰斯。在古雅典，少年爱（pederasty）即年长男子与年轻伴侣之间存在同性恋关系是正常现象，喜帕恰斯可能侵犯了现有的关系。无论如何，在众目睽睽之下进行刺杀，这几乎是自杀式行动。哈莫迪乌斯当场被卫兵杀死，年长的阿里斯托盖通后来被希庇亚斯折磨致死。

这件事后希庇亚斯惶惶不安，变得多疑又残忍——这是我们听说的版本，从心理学而言具有可信度。与此同时，在伯罗奔尼撒城市斯巴达的协助下，一些被流放的雅典人家族正在密谋卷土重来。后面我们将看到，到了公元前5世纪，斯巴达人将成为雅典人的宿敌。此时，他们已经是竞争对手。

阿尔克迈翁家族（Alcmaeonids）是被流放的家族之一，正在神谕圣地德尔斐（Delphi）资助新建一座阿波罗神庙。根据德尔斐神谕，斯巴达要协助雅典驱逐僭主。公元前510年，在斯巴达的军事援助下，各地流亡者成功地驱逐了希庇亚斯。他们大概希望建立一个贵族寡头政治体制（"少数人的统治"），但争执不休。阿尔克迈翁家族的克利斯提尼（Cleisthenes）为了挽回局面，试图通过增加选民来寻求支持。要成为选民，支持者必须成为政治进程的参与者。于是，在公元前508~前507年，权力（*kratos*）

041

被分配给了广大人民（*demos*）。

克利斯提尼可能在与庇西特拉图家族决裂之前担任过执政官，关于这位民主奠基人，我们知之甚少。心存感激的公民似乎并没有为他树立纪念雕像，"暴君诛戮者"的形象才是雅典作为"权利平等"（*isonomia*）之城的象征。这或许是因为克利斯提尼严格捍卫平等主义理念，所以避免任何形式的个人崇拜；又或许是因为他对自己创造的怪物大为震惊，所以之后不予承认。无论如何，正因克利斯提尼推行宪政改革，雅典才立刻在希腊语世界内外的各个城市和国家中脱颖而出，而且他们也很清楚地意识到自己与众不同。当时的雅典人不会想到，他们创造的这种制度，在 2500 年后仍被视为宪政的理想形态。但是，从他们对自己作为民主标杆一事如此自豪来看，多少说明他们在期盼后人心存感激。

042

现代民主制度当然比过去的雅典民主更具社会包容性——虽然选举权的扩大只是近些年的事。然而，即使不考虑在现代民主国家中，有着公民放弃或浪费投票权的明显趋势，也没有任何一个现代民主国家能与雅典的民主成就相提并论。我们现代人选择政治家来代表我们，但在古代雅典，非代表或者说直接参与原则在最大程度上得到了贯彻。公民大会（Assembly）在雅典卫城西面一处名为普尼克斯（Pnyx）的山丘上召开，为成千上万公民提供了至少每 2 周一次的定期集聚机会——当然即便是在有了礼堂后，个人要在这样的集会上发言对声音也是一个挑战。在克利斯提尼改革之后，传统上按亲属和血统、按居住地、按社会经济地位被分类的公民，都从属于新确立的 10 个部落。每个部落都有一个传说中的英雄祖先，传说与雅典领土［即阿提卡，加上萨拉米斯（Salamis）岛〕有关。这些"名祖英雄"（Eponymous Heroes）赋予战士的荣耀纽带，拥有重大意义：民主社会公民正是作为部落成员，才学习武装起来，为城邦而战。民主机构的执政官也是从部落中任命的，主要通过抽签决定。

每个部落中，有 50 名 30 岁以上的公民有资格参加议事会（boule），这些人轮流担任执行委员（prytaneis），并从中每天选出一人担任主席。这 10 个部落中还有 10 位将军（strategoi），每年由公民大会选举产生。将军们组成了一个战争委员会，很快就取代了过去的军事执政官，采取任何军事行动都需要委员会多数票通过。此外还设有司法管理机构。在新的制度下，仍然保留了 9 名执政官，他们组成了一个最高法院，在阿雷奥帕格斯（Areopagus）山上召开会议。公民大会还抽签选出了许多其他地方官。与此同时，公民团体辅助法庭审判的形式是陪审法庭（dikasteries），陪审法庭每年从指定的约 6000 个名字中（也是抽签）选出陪审团（设想一下这规模有多大——公元前 5 世纪年满 18 岁拥有选举权的雅典男性公民，一般估计约为 30000 人）。

即使只对雅典民主进行粗略概括，也可以看出它会占用大量个人时间。如果把兵役计算在内，那么可以说，参与公民事务或多或少是雅典公民的主要工作。一般来说，雅典公民在城市中心之外拥有土地，包括一个农庄，当然，事务繁杂和季节性劳作时会分配奴隶，日常家务可以由温顺的妻子料理。小型商品生产和贸易往往由外邦常住人口经营。外邦人不算公民，也不能成为公民，他们被归类为"外乡人"（metoikoi），缴纳税款并享有一些合法权利，但与妇女和奴隶一样，几乎完全被排除在政治生活之外。

最能体现这部宪法意识形态原则的，莫过于"陶片放逐法"（ostracism）。这个词来源于希腊语单词"陶片"（ostrakon），即一块破碎的陶罐或"碎片"。"陶片放逐程序"（ostrakismos）则指公民通过特定流程将他们中的一个人放逐10年。具体流程如下：每年，公民大会上会提问一次是否应该进行放逐投票，如果投票赞成开启放逐程序，那么执政官就会在城邦的主要公共场所阿哥拉（Agora，意为"市集"）设置投票点，用栅栏围出10个入口，分别供10个部落公民投票使用。每个参加投票的人都会得到一个陶片，可以刻上他想放逐的人的名字，如果投票数量超过6000，那么名字被刻得最多的人就必须在10天内离开雅典领土（读者会注意到这里有一定的十进制）。放逐并不会导致财产损失，之后还可以回来，而且不会特别丧失名誉或地位。

通常认为这一做法是来自克利斯提尼（后来甚至有人说，他可能也是这一措施的受害者）。很可能存在精心策划的针对某个人的"仇恨运动"，这一点从那些明显预先刻有某个名字的陶片上可以得到证明。不过，陶片放逐法还是有着显而易见的合理性——如果民主政治的任何参与者看起来要积累过高的个人权力或影响力了，至少公民可以借此机会防止暴政或寡头政治卷土重来。对于有能力保住声望的政治家来说，陶片放逐法并不构成障碍，这就是为什么在公元前5世纪的雅典历史上，涌现了众多杰出的政治家，如地米斯托克利（Themistokles）、基蒙

（Kimon）和伯里克利（Perikles）。至少从理论上讲，放逐的风险让这些"领袖"时刻保持警惕。

· · ·

那么，生活在这样一个痴迷民主的城市是一种怎样的体验呢？

要回答这个问题，首先必须承认财富和财产的划分依然存在，雅典依然有贵族——尽管他们可能会和赶驴人一起担任陪审员。这些富裕公民不会被直接征税，但他们有义务通过代表城市履行某些"公益义务"来分享部分财富，例如赞助戏剧节目或为雅典舰队中的一艘船提供融资和年度管理费用。阶级划分当然也仍存在。体力劳动者和手工业者普遍受到轻视，即使其工艺产品看起来很美也一样——如果可以选择，没有人愿意成为工匠（banausos）。尽管如此，大多数雅典公民还是要为生计而工作。为城市提供服务可每日获得津贴，对有些人来说，这可以覆盖必要的"基本开支"。

与此相反，有些外乡人在没有完全参与政治的情况下也能发家致富。一个有趣的例子是演说家吕西亚斯（Lysias）。他的父亲从科林斯在西西里的殖民地叙拉古来到雅典，所以吕西亚斯在雅典只能算个外乡人，不能参与法庭事务。但他可以为检察官和被告撰写讲稿，他的演讲风格灵活多变，至今仍是希腊语学生学习的范本。因此，尽管从严格意义上讲，吕西亚斯是一个局外人，但或许也正因为是局外人，他现存的讲稿（估计曾写过200篇左右）中有大量关于公元前5世纪末～前4世纪初的雅典生活细节

046 描写。例如，他的一篇早期演讲《论埃拉托色尼的谋杀》(*On the Murder of Eratosthenes*) 是为一位被控杀害与其妻有染者的男子辩护，从中不仅能了解到当时关于通奸（以及正当杀人）的法律，还能了解到一个雅典家庭（包括奴隶）如何分配居住空间的各种细节。

民主雅典是奴隶制经济。当时有些人可能拥有大量奴隶，多者甚至可达上千人。吕西亚斯和他的兄弟拥有 120 名奴隶，负责经营家庭农场和盾牌制造作坊；另一位著名的雅典演说家德摩斯梯尼（Demosthenes）的家族拥有 50 多名奴隶，同样分配在农业劳动和手工业活动中。奴隶是通过战争、海盗私掠和各种转卖获得的（在被梭伦下令禁止之前，一个自由民如果陷入债务绝境，可以卖掉自己的孩子，甚至卖掉自己）。无论如何，奴隶的数量相当可观：到公元前 5 世纪，他们可能占了阿提卡总人口的三分之一。

在公元前 5 世纪，雅典财富的一个重要来源就是在苏尼翁角附近的劳里翁（Laurion）使用奴隶开采银矿。[1] 劳里翁的条件非常恶劣。然而在其他地方，奴隶与自由民之间的关系似乎相对缓和：奴隶主没有任何道德顾虑，奴隶（就历史记载而言）也没有

047 任何严重不满。部分原因可能在于城邦法律——可以间接推断是雅典的法律。根据克里特岛南部小城邦戈尔廷（Gortyn）出土的一块著名的公共碑文（可追溯到公元前 450 年左右），可以看出尽管奴隶受奴役的原则不容置疑，但他们可能至少被赋予了一系列特定的法律权利。

那么雅典卫城有"阴暗面"吗？当然有。我们对雅典的印

---

[1] 地米斯托克利说服雅典人将银矿收入用于加固城市和大幅扩充舰队。

象往往以神庙和柱廊为主，因此很容易忘记这里公共卫生条件简陋，婴儿死亡率高，流行病频发且灾祸不断，食物时常短缺。我们听说，一些地方执政官被委派来为妓女（"吹笛女"）定价、监督"粪便收集者"（koprologoi）履行职责以及清理街道上的尸体。雅典喜剧中充斥着对日常生活环境脏乱的描述，但这种脏乱也与民主有关系。泥砖砌成的房屋，面积大致相同，没有"分区"为富人区和穷人区，因此将军和鞋匠可能住在同样的房子里。无论如何，公民认为应该把时间花在公共场所，而不是家里。至于日常饮食的匮乏，则被大量定期举行的宗教节庆所抵消。

可以认为，对于拥有乡下庄园的富裕公民而言，"假日"概念从来就不存在（对于奴隶而言，更是没有明确的"工作间歇"）。然而，日历上填满了圣日：不仅要祭祀奥林匹斯 12 神，还要祭祀许多小神、英雄、祖先和其他神祇。感谢恩典的节日一般采取献祭的形式庆祝，而献祭最常见的就是在祭坛上"血祭"某种动物。血祭动物应为家养，而不是狩猎的战利品。蔬菜、蜂蜜、奶酪和蛋糕有时也合适，或者任何在预算范围内的东西。

从概念上讲，祭祀是一种神圣共融，神祇被视为在"泰门诺斯"（temenos）即神圣空间内用餐。不过，神话中允许人们在祭坛上宰杀献祭的动物——德墨忒耳用乳猪，阿斯克勒庇俄斯用公鸡，赫耳墨斯用绵羊——在祭坛上用香草点燃火焰，然后烤肉，供祭祀者们分享，内脏和骨头则用脂肪包裹，留给神祇。[①] 在某些忏悔或净化场合，需要对献祭动物进行大屠宰（彻底焚烧），但大多数

₀₄₈

---

① 这一习俗来自泰坦普罗米修斯从宙斯那里盗取火种的传说。

每月举办的节日，都是在以献祭的名义为雅典人（无论男女）提供大快朵颐的机会。这些仪式不断强化古典思想中关于存在的三个等级体系：兽、人、神。

我们不知道雅典妇女是否参加为狄俄尼索斯举办的节日活动，这种节日时通常会在城邦中上演戏剧。哪种说法都很难找到证据。不过，如果公元前 5 世纪雅典伟大的戏剧家们——埃斯库罗斯（Aeschylus）、索福克勒斯（Sophocles）、欧里庇得斯（Euripides）、阿里斯托芬（Aristophanes）——戏剧作品中的政治和道德内容是雅典民主的延伸，那么戏剧舞台上的"谈话"很可能仅面向男性公民。据此分析，去剧院看戏似乎更像公民义务，而非娱乐方式。观看戏剧会持续一整天：公元前 5 世纪发展起来的戏剧拥有多种形式和基调，通常被称为悲剧、喜剧和讽刺剧（satyr play，不完全等同于今天的"讽刺剧"，但也有关联）。在雅典春季举行的"大酒神节"上，人们需要连续几天观看演出。为了舒适，看戏的人要自带坐垫，可能还要带野餐食物，因为在任何一天都需要连续观看演出。

"剧场"的字面意思是观赏或观看的地方——从现存的露天建筑可以看出，这里也是被观赏和观看的地方。在雅典，重要的狄俄尼索斯剧场建于公元前 500 年左右（公元前 4 世纪中叶进行了大幅"升级改造"），至今仍然可以看到它坐落于雅典卫城的南坡。雅典人对剧院这一空间的热情，通常可追溯到公元前 6 世纪中叶的一位合唱团团长特斯皮斯（Thespis），但合唱团以及之后戏剧的确切起源仍有争议。有一种观点认为，演出最初是在为谷物脱粒预留的环状区域进行的，这种观点仍然具有吸引力，因为它解释了为什么人们将注意力集中在被称为"乐池"的环状区域。乐池后面是舞台或"帐篷"（skene），前面是石头砌成的观众席，这种设计很快就掩盖了这类仪式的农业起源。当舞台前面增加了一个平台（proskenion）和侧门（parodoi）时，① 这一起源就更无影无踪了。

狄俄尼索斯的祭司和其他重要人物坐在靠近乐池的位置，有时坐在王座般的椅子上。观众在后面层层往上坐。这种建筑的音响效果经常被誉为惊人地清晰，但值得注意的是，在演奏音乐和朗诵诗歌时，人们更喜欢使用较小的有屋顶建筑（通常称为 odeion 或 odeum）。古典剧院中演员戴着面具，要想透过面具将表演呈现给上层座位的观众，就必须有很强的表达能力。表演的重点更多在于语言而非动作。由于观众一般都知道剧情，尤其是悲剧剧情，所以令人好奇的是，为什么他们还能一直看下去。一个显而易见的答案是，古典剧作家不仅擅长在舞台上展现史诗般的故事情节，还擅长向公民观众揭示这些故事情节的道德内涵和复杂性。如果超自然的力量——诸神（特别是复仇女神）和命运——让人类以某种方式行事，或许还是以极端暴力的方式，那么在民主城邦的法庭上受审的人又该何去何从？

关于戏剧的效用，古代有种哲学思考认为，戏剧具有治疗作用（见第137页），而治疗作用之所以产生，是因为剧场里的

050

---

① 在一些戏剧中，从侧门进入的演员可能会（以模仿的方式）嘲弄管弦乐队的表演——这就是"模仿"（parody）一词的由来。

观众基本上忘记了自己身在何处，并开始相信所上演的（通常是"极端的"、神话般的、超自然的）故事。在埃斯库罗斯的《被缚的普罗米修斯》（*Prometheus Bound*）中，泰坦普罗米修斯站在舞台上，仿佛在接受宙斯对他的惩罚（因为他偷了火种）——被绑在悬崖上，由鹰啄食他不断再生的肝脏。古代戏剧的剧本通常并不记载舞台提示，但从文本中可以看出，扮演普罗米修斯的演员确实被绑在舞台的大石头上，可能还有鹰之类作为点缀，最后加上雷电和冰雹的极端天气辅助效果。人们设计了轮式平台来变换场景，画师开发了能够产生视觉幻象的透视技巧，各种起重机械和升降机关让舞台登场变得非常壮观，包括著名的"机械降神"（deus ex machina）——从天而降的神祇（当然，当时在雅典，演员只需向雅典卫城方向做个手势，就代表神降临了）。

　　如果要说城市的中心位于雅典卫城的西北方向，也就是阿哥拉的位置，就要首先承认雅典的市集远不止是贸易和交换场所，否则就会出现严重误导。许多政治机构和公共场所都设在那里，还有法庭、大量神庙、一个图书馆、一个铜币铸造厂以及足以容纳各个哲学学派集聚的柱廊。该地部分遗址在 19 世纪就已被发现，但直到 1931 年开始全面发掘时，才确认其范围大到约有 30 英亩（12 公顷）。小约翰·洛克菲勒为考古学家迁走该地居民提供了大笔资金。发掘工作一直持续到今天，使阿哥拉区域成为探究古典文明的一个稳定信息源泉。

　　例如，图书馆中的一块铭文说明了图书馆的开放时间，以及在阅读卷轴之前需要宣誓。一个"投票箱"中仍有一些刻有文字的信物，证明了存在陪审团投票程序。简易黏土水钟表明了在审判或议事会上每个人都有"公平发言权"的准则。在一座初步被认定为城邦监狱的建筑里，发现了许多小药瓶，它们也许曾被用来装给死刑犯——包括苏格拉底以及吕西亚斯的兄弟波勒马科斯（Polemarchus）——服用的毒堇。甚至还有直接证据表明，在如此拥挤的空间里，在通往雅典卫城的游行大道（泛雅典娜路）上，举行过令人难以想象的骑兵演习。总之，阿哥拉和博物馆一样，为如西格蒙德·弗洛伊德这样来到雅典、希望受雅典文学熏陶的人，提供了丰富的实物教学课程。

· · ·

相对而言，位于雅典凯拉米克斯（Kerameikos）的工匠们令人羡慕。他们专门从事塑造和雕饰黏土器皿的工作（他们的工作地点因而被用来统称这一介质"ceramic"，即"陶"）。虽然用金属（尤其是银）制成的花瓶无疑更为珍贵，但从公元前9世纪起，对陶器的需求就开始稳步上升。最初，陶器的形状和风格都很简单，但到了公元前8世纪下半叶，人们已经开始制作大型陶罐，上面饰满各种几何图案和简笔画，用作墓葬标志。公元前7世纪，来自东方的图案和主题（"东方化"）开始出现。随后，在公元前6世纪～前5世纪，从事制陶这一卑微行业的雅典工匠凭借精湛的技艺脱颖而出，成为"艺术家"。针对工匠们作品的持续研究，尤其是牛津大学学者J. D. 比兹利（J. D. Beazley）的研究，确定了这些陶器出自索菲洛斯（Sophilos）、埃塞基亚斯（Exekias）、尤普罗尼奥斯（Euphronios）、尤蒂米德斯（Euthymides）、杜里斯（Douris）等工匠之手。他们的作品如今陈列在世界各地的博物馆展柜中。并非所有人都在自己制作的陶器上签名，因此许多陶器必须被重新署名：也许是以拥有代表作的某一批收藏品的出处署名（"绘师柏林"），也许是以某种特殊风格或主题署名（"绘师露肘"与"绘师靴子"——后者喜欢画穿靴子的女人）。我们对他们的生平几乎一无所知，但这些辛勤的雅典人为人们观察雅典文化和习俗提供了近乎直观的视觉解说。我们猜测，他们的直接赞助人，对装饰陶器的主要需求不是日常使用，而是用于特殊场合：葬礼、扫墓、婚礼、宗教节日，尤其是被称为"宴会"或"共饮"的聚会场合。宴会通常在男主人的房间里举行，座位呈长方形排设。古代诗人色诺芬尼（Xenophanes）描述过这一典型场景：

> 地板洁净，杯盖光洁，众人双手也同样干净。一位侍者为我们戴上编织的花环，另一位则捧着一碗芬芳的香水走来。双耳酒壶（krater）① 中盛满了喜悦的佳酿。已准备好的美酒——那从不背叛我们的酒，柔和安静地在陶罐中，散发着如花般的香气。雪松散发着清香，冰水甘甜而纯净。金色的面包摆在我们面前，精美的桌子上摆满了奶酪和浓稠的蜂蜜。房间中央的祭坛上布满了鲜花，屋内回荡着合唱声和欢笑声……

在宴会上，赴宴者要把杯子斟满七八次，鉴于一个标准酒杯（kylix）能容纳大约半升液体，就可以理解为什么通常会将葡萄

---

① 一种大型器皿，用于混合葡萄酒与水。

酒进行稀释。狄俄尼索斯是神圣的馈赠者——正如另一位诗人所言，"他给疲惫的人带来力量，给恋人带来勇气，给微醺舞者带来美丽的步伐"——但这种礼物被称作"*pharmakon*"，既是良药，也是毒药。色诺芬尼说："只要还能不用人搀扶地回家，喝多少酒都不算丢人。"在少量雅典陶器（经常被复制）上，赴宴者要么明显醉酒，要么表现出放纵的情欲，这表明所有禁忌都被酒冲淡了。将宴会称为一场智慧的考验而非性能力考验，也许只是我们的一厢情愿。

还有"饮酒游戏"。有个饮酒游戏叫作"科塔博斯"（*kottabos*），是将杯中的酒渣射向一个特定的目标。另一个饮酒游戏则不那么脏乱：一个人朗诵一句诗，旁边人补充下一句。除了凭记忆朗诵或即兴表演外，大家还借此机会一起进行激昂的大合唱，用诗句歌颂哈莫迪乌斯和阿里斯托盖通是缔造政治平等的英雄。因此，宴会不仅巩固了一个社会同龄人群体，同时也巩固了他们之间的少年爱和战友之情，还培养了一种融合神话与历史的爱国主义自豪感。为暴君诛戮者干杯就是典型的例子。但宴会上同样可能会举杯缅怀这座城市最辉煌的一次胜利——马拉松战役，这场战役发生在民主萌芽仅仅 20 年之后。

• • •

这些人的英勇事迹将成为不朽的荣耀

为了共同利益，诸神使他们投入艰苦卓绝的战斗……

055

一首庆祝马拉松战役的祝酒歌如此唱道。但是，关于在雅典东北部海岸的马拉松究竟发生了什么，我们的主要信息都来自希罗多德。①希罗多德是"历史之父"，出生于爱奥尼亚海岸（土耳其西部）的哈利卡纳苏斯［今博德鲁姆（Bodrum）］，他可能于公元前450年左右在雅典朗诵了他的《历史》（Histories）。希腊语"historia"意为"探究"或"通过探究获得的知识"。希罗多德当然有颗探究之心，而且游历广阔，但他自然是以希腊人尤其是爱奥尼亚希腊人的视角来叙述事件的。面对公元前6世纪中叶世界上最强大的帝国，爱奥尼亚是受帝国扩张之害最深的希腊地区。

这个帝国我们在这里先称作"波斯帝国"，其主要民族亦称米底人（Medes），或者有时波斯人与米底人并称，也有人用阿契美尼德王朝（Achaemenids）来称呼这个帝国。波斯帝国虽然起源于游牧部落，但帝国所在地或多或少相当于现代伊朗地区。希罗多德似乎从未到过设拉子（Shiraz）沙漠的波斯宫殿所在地，比如波斯波利斯（Persepolis）和苏萨（Susa）。②我们猜想，古代波斯资料讲述了他们自己的故事，阐明为何在公元前540年左右，波斯第一位"帝王"居鲁士大帝率领军队向地中海沿岸进发。然而站在希罗多德的角度，他更关注历史人物性格而非地缘政治战略。希腊人给予了居鲁士相当高的评价，认为他是一位持正义原则的统治者（希伯来语资料中也称居鲁士释放了被囚禁在巴比伦的犹太人，并资助他们在耶路撒冷建立了犹太圣殿）。居鲁士打

058

---

① 在1896年的第一届现代奥运会上，以雅典到马拉松的距离26.2英里（约42公里）为基础设立了长跑比赛，但这项"马拉松"并不是古代奥运会的一部分。

② 有其他希腊人去过，事实上，这些不朽的宫殿在建造时招募了希腊工匠。

败了著名的吕底亚国王克罗埃索斯（Croesus，见第 91~92 页）。但居鲁士的两名继任者大流士（Darius）和薛西斯（Xerxes）发动的进攻，对雅典造成了直接威胁。尽管希罗多德没有详细描述意识形态的碰撞，但他的叙述几乎无不表现出这是一场代表（西方）民主和"自由"来反抗（东方）暴政的战斗。

　　并不是所有的希腊人都倾向于反对波斯人，甚至也不是所有的雅典人都反对波斯人。有些人乐于看到遭放逐的庇西特拉图家族重新掌权。波斯帝国通常不会实施打压性政策，只要当地统治者给波斯大帝进贡就可以。公元前 5 世纪早期，波斯波利斯为大流士建造了宏伟的接待大厅，大厅中的浮雕上展示了各属国进贡的各种物品，包括建造舰队所需的木材。大流士派遣了一支庞大的海军舰队支持雅典僭主复辟，舰队人数可能多达 10 万。被流放的希庇亚斯带领他们到达一个合适的登陆地点，当时希庇亚斯已经年迈（希罗多德说，希庇亚斯从波斯船上跳下时，掉落了几颗牙齿，只得在沙子里满地找牙）。

　　波斯人的登陆地是马拉松湾，他们在此扎营，等待同意他们南下攻打雅典的内部信号。与此同时，在雅典，入侵警报促使雅典人迅速集结。除了波欧提亚小城普拉提亚提供了一支特遣队外，雅典人是独立行动的，斯巴达人理论上虽是重要盟友，但当时正在庆祝一个宗教节日。10 个民主代表部落的 10000 名步兵，以双倍速度向马拉松进发，并在有一定距离时停了下来，思考他们与对手人数上的明显差距。

　　几天过去了，领导雅典军队的 10 位将军意见不一。其中 5人认为，鉴于兵力悬殊，与波斯人交战并不明智；其余 5 人则赞

欧　洲

斯基泰

伊斯特河

色雷斯

奥尔比亚

凯尔特人

伊斯特里亚

黑

伊利里亚

马西利亚

提勒尼亚

萨第斯

塔尔苏斯

赫拉克勒斯之柱

尼罗河

迦太基

孟菲斯

利比亚

大

阿特拉斯山

底比斯

西

尼罗河

梅罗

洋

埃塞俄比亚人

希罗多德笔下的世界

里海

美尼亚

米底亚

洲

波斯

印度河

印度人

苏萨

幼发拉底河

伦

阿拉伯

红海

成进攻。好战派中包括米太亚德（Miltiades）。米太亚德是位经验丰富的军事家，曾负责管理其叔父在加利波利半岛［当时称色雷斯切索尼斯（Thracian Chersonese）］建立的雅典定居点。他与波斯人的关系亦敌亦友，非常熟悉。米太亚德向当时的军事执政官（统帅）卡利马科斯（Kallimachos）发出请求，希望他能投下决定性的一票：

> 现在就看你的了，卡利马科斯，是奴役雅典，还是让她获得自由，为后世留下比哈莫迪乌斯和阿里斯托盖通更加光荣的记忆。在漫漫历史长河中，我们雅典人从未像现在这样岌岌可危。如果我们向波斯入侵者屈服，希庇亚斯将重回雅典掌权——毫无疑问那将会极其悲惨。但如果我们战斗并取胜，那么这座城邦就会在希腊所有城邦中脱颖而出。

米太亚德成功了。接下来发生了什么并不完全明朗。由于波斯人意识到最终会有斯巴达的部队参与，因此可能已经将部分部队转移至更远的海岸，就在这个时候，希腊人发动了一场步兵进攻。他们大举进攻波斯人的营地，速度极快，使得波斯人被困在海湾中、无法部署骑射手，被赶入一片沼泽地，最终被迫慌忙上船撤退。在迅猛的攻势中，希腊方"目击"了许多令人惊奇的事件。有人看到忒修斯从地里爬出来协助战斗，还有人看到一位英雄挥舞着犁铧作为武器；有一只狗和它的主人一起冲锋陷阵。卡利马科斯即便身中数箭，仍与波斯人奋战，最终如其名（"善战者"）一般战死。

如今我们只能看到希腊留下的伤亡记录。这是一场大规模的杀戮。波斯损失高达 6400 人，雅典则仅有 192 人战死。不清楚战争中有多少普拉塔人（Plataeans）和应召的奴隶丧生。雅典人迅速为战死者举行了隆重的葬礼，他们按照荷马史诗中埋葬英雄的方式（尽管墓碑上是按照 10 个民主部落列名），将战死者安葬在马拉松。几个世纪后，来到战役遗址的游客声称，在寂静的夜晚，可以听到战马嘶鸣和兵器铿锵声。所有参加战斗的人都是"以少敌多"（oligoi pros pollous），将在后世雅典文学中受到歌颂。

061

希波战争中的部分故事我们将在下一章讲述，这里只需说明马拉松战役并不是战争的结束，甚至也不是战争结束的开端。但这场战役不仅是对雅典的考验，也是对早期民主政治制度的考验。后人所谓的"马拉松战士"（Marathonomachoi），毕竟是自己应征入伍的，他们甘愿冒着生命危险为城邦而战，这是一种集体的决心。他们"齐心协力"，面对外邦推翻民主、恢复独裁的威胁，做到了团结一致。

· · ·

公元前 480 年，雅典卫城上纪念马拉松战役胜利的神庙刚建一半，波斯人又重返希腊大陆地区。这一次，在薛西斯的带领下，入侵成功了。雅典人撤离城邦，大部分逃往萨拉米斯岛。波斯军队占领了雅典卫城，毁坏了卫城中的神龛、祭坛和祭祀雕像。显然，他们并不打算在雅典扶持一个亲波斯的统治者。几个月后，雅典居民返回这里，他们似乎掩埋了一些断壁残垣，但被毁坏的神庙就这样保留了下来，作为纪念。

据说在公元前 449 年，曾参与马拉松战役的一位老将卡利亚斯（Kallias）促成了雅典与波斯人的和平条约。据称，根据该条约，波斯人同意将其海上活动的范围限制在法塞利斯（今土耳其西南部）和博斯普鲁斯海峡；雅典人则同意波斯人在塞浦路斯和埃及活动。不管实际休战情况如何，雅典在盟友问题上陷入了一种奇怪的境地。公元前 478 年，为了巩固爱琴海各地的反波斯抵抗力量，成立了提洛同盟（Delian League），共由约 200 个城邦组成，每个城邦都为反击或抵御波斯人提供船只或资金。资金最初存放在基克拉泽斯群岛中提洛小岛（Delos）上的阿波罗神庙，但在公元前 454 年，金库被转移到雅典（据说是为了安全）。正是由于地米斯托克利，雅典人拥有了当时最为强大的海军。实际上，雅典会为东地中海的希腊定居点提供保护，以此每年获取贡品。

与波斯人达成的这份和平协议，即使勉强只能算是个休战喘息，也为雅典民主政治中的一位重要政治家伯里克利提供了机会。伯里克利的母亲是克利斯提尼的侄女，他因与米太亚德之子基蒙竞争而崭露头角。伯里克利在公民大会中表现出色，面对激烈的反对，依然使大会通过了将提洛同盟的现金储备用于重建雅典卫城的一项动议。伯里克利辩称，只要雅典保障同盟成员的安全，就已经完成了对外义务。为什么同盟的资金要完全用于军事目的呢？难道雅典公民没有资格分享吗？

关于这项庞大的公共工程带来的社会和经济影响，最终由伯里克利传记的作者普鲁塔克（Plutarch）进行了生动的描述：

原材料有石头、青铜、象牙、金子、乌木、柏木，制作加工这些材料的是各种手工艺人——木匠、模匠、铜匠、石匠、金匠、牙雕师、画师、图案织工和浮雕工匠。还有运货的人、商人、水手、海上舵手、陆地造车匠、饲养带挽具牲口的人和赶牲口的人；绳匠、亚麻匠、鞋匠、铺路工和矿工。每种手工业，就像将军拥有自己的军队一样，都有着属于自己的雇佣劳动力和个体从业者，仿佛是为完成特定服务而专门建立起来的机制和机构。因此总体来说，各种需求得到了满足，并为各行各业带来了繁荣。

在政治上，伯里克利设立了一个丰厚的"战争基金"用于公民事务。这可能是为了讨好民众，但这并不影响其产生了深远影响，普鲁塔克对此也作了记述。伯里克利向雅典公民展示了一个愿景：雅典居民通过聪明才智和创造力，可以向世界和后人展示雅典这座城市能够取得多么辉煌的成就。提洛同盟中的各个城邦现在可能发现自己成了雅典"帝国"的臣民。伯里克利引以为豪的是，雅典不仅是"希腊派"的典范，还是一个跨地中海网络的核心，吸引着来自远方的货物（和能工巧匠）。伯里克利因生性冷淡而饱受诟病，但他并不缺乏所谓的"人情味"。据记载，有一次，一个满嘴脏话的人跟了他一整天，但伯里克利没有下令赶走这个讨厌鬼。当政治对手指责他"美化"城市，说他为建筑物涂上的亮丽色彩就像歌妓的饰品和浓妆一样时，他仍能保持自尊自重。他发表了著名的葬礼演说，向在伯罗奔尼撒战争初期失去家人的雅典人表达慰问，并在其中敲打了这些批评者："我们喜爱美丽，但是没有因此变得奢侈；我们喜爱智慧，但是没有因此变

064

得柔弱。"

正如一位雅典哲学家（柏拉图）后来所言，"美是难的"，是千方百计、重重积累、坚持不懈、辛勤努力的结果。雅典卫城虽已是断壁残垣，但依然散发着这种来之不易的美感。可以想象古代游客参观神庙时是何种场景。

· · ·

我们不妨从建筑师穆内西克莱斯（Mnesikles）设计的雅典卫城入口开始，尽管卫城入口并不是工程第一阶段，事实上也从未真正竣工。雅典人在驱逐僭主之后，建造了一个气势恢宏的"门"（propylon，必须从西面进入，因为其他三面都是悬崖峭壁）。这个"门"被毁坏后，原址重建的"门"不止一个，即为"山门"（Propylaia）。山门的结构并不对称，基座高低不一，混合了多立克柱和爱奥尼克柱，是功能性设计的胜利。穆内西克莱斯还注意将迈锡尼防御城墙的很大一部分纳入其中，毕竟那是史前雅典卫城的见证，传说中雅典的基石。

最后，山门设有伯里克利雕像，似乎是为肯定他在开辟这一壮丽通道中所起的主要作用，让他指引着人们走入雅典卫城的"神圣空间"。按照当时习俗，山门建筑拥有鲜艳甚至华丽的彩绘，战利品也随处可见。中央高耸着名为"雅典娜·普罗马科斯"的铜像，意为"战斗在前线的雅典娜"，由菲迪亚斯（Pheidias）用马拉松战役的战利品塑造而成，非常高大，甚至航海者从阿提卡半岛南端的苏尼翁角都能瞥见。在这附近还存放着缴获的各种珍贵的波斯军事装备。还有一座古老的"雅典娜·波

065

丽亚斯"雕像（"城市的保护神"）供奉在厄瑞克忒翁神庙中，由木头制成，体积可能不大。厄瑞克忒翁神庙的名字源自祭祀厄瑞克透斯（见第28页），可能也是由穆内西克莱斯设计，但可以肯定几乎到公元前5世纪末才完工。刻克洛普斯国王和他的女儿们也与附近地区有关。神庙入口两侧有门廊，其中较小的门廊朝南，由女像柱（Caryatid）支撑。无论最初是否有意为之，这些女像柱后来被赋予了象征意义——据说这些柱子提醒了人们伯罗奔尼撒半岛一个名为卡利亚（Caryae）的城邦的命运，该城邦曾在波斯入侵时与入侵者为伍（后来，该城邦男性被杀，女性沦为奴隶）。此外，神庙的布局之中还必须有一棵橄榄树和一个（据称）通往咸水泉的岩石裂缝。这两个特征都与某个雅典早期神话有关，而这个关于雅典娜和波塞冬争夺阿提卡守护权的神话，可以说用雕刻的方式被"描绘"在了雅典卫城最宏伟的建筑帕特农神庙正面朝西的三角楣饰上。波塞冬用三叉戟敲击雅典卫城，创造了咸水泉；雅典娜则种下了一棵橄榄树。刻克洛普斯见证了这场神圣之争，他和雅典人选择雅典娜为守护神，橄榄树成为阿提卡的主要经济作物。被雅典娜的胜利激怒的波塞冬此后给雅典带来了一场可怕的大洪水，但当洪水退去，波塞冬也将在雅典卫城得到供奉。

　　帕特农神庙是古典时期装饰最富丽堂皇的一座神庙。但是，由于古代没有作家愿意详细描述这座壮丽的神庙，我们只能猜测装饰大体可能是什么样。由于我们不确定神庙举行的是什么仪式（几个世纪后才增加了祭坛），这个问题变得更加复杂。维多利亚时代的艺术家劳伦斯·阿尔玛－塔德玛（Lawrence Alma-Tadema）在一幅画中描绘了菲迪亚斯作为帕特农神庙的雕刻大师和"监工"站在脚手架上的情景，脚手架沿着神庙内殿浮雕带饰搭建。在这个"个人视角"的画面中，伯里克利在妻子及情妇的陪同下检查带饰。画面中还有苏格拉底和他年轻的崇拜者亚西比德（Alcibiades），以及手中拿着一份卷轴的菲迪亚斯。菲迪亚斯必然曾将"总体规划"提交给负责这项工程的雅典议事会和委员会批准，① 如果能找到这样一份文件，许多学术争论会就此终结。这座神庙曾经如何"运行"，它的神话意象和宗教光环又是什么，还有待我们推敲。

在建筑背面东侧的三角楣饰上，有另一个超自然场景"雅典娜的诞生"。它超自然到了怪诞离奇的地步，因为雅典娜女神是身披铠甲直接从宙斯的头颅里跳出来的。将一个离奇的场景用写实风格雕刻出来，这体现了艺术的魔力。大理石雕刻的马头占据了三角楣饰一角，马拉着太阳神赫利奥斯（Helios）和月亮女神塞勒涅（Selene）的战车。浮雕战马意态昂扬又透着疲惫，"马味儿"令人着迷。

神庙每侧都有雕刻着不同主题的排档间饰（metope），即多立克式建筑中三角槽排档（triglyph）之间的长方形部分。第一面排档间饰雕刻着众神与巨人战斗的场景，雅典娜在与巨人帕拉斯的战斗中脱颖而出；第二面排档间饰雕刻着与阿马宗人战斗的情形，忒修斯可能参与其中；第三面雕刻着与半人马的斗争（忒修斯也参与其中）；第四面雕刻着特洛伊的陷落。古代参观者可能

---

① 我们将整个工程称为"伯里克利的"，但值得注意的是，在遗址碑文里的众多地方执政官和官员中，并没有出现伯里克利的名字：这就是雅典的民主。

会从中看出一些寓言性质的意义，因为这些或许看上去与同波斯人的战争有着明显的相似之处。无论如何，这座神庙唤起了人们对久远年代的记忆，正是在那个年代，神的秩序得以确立，希腊人尤其是雅典人的身份得以确定。

如前所述（见第 29 页），带饰可能让人联想到厄瑞克透斯献祭女儿的场景。还有一种说法是，这些年轻男子多骑在马背上，代表着马拉松战役的英雄。从人数上看，可以数出 192 人，这与希罗多德记录的伤亡总数似乎惊人地吻合（他们衣着各异，不可能是在参加泛雅典娜节的庄严游行）。无论如何，神庙的这一部分都在提醒着参观者人们为了这座城市而做出的牺牲。

有了这些外部装饰，帕特农神庙从外观上看必然是"完美无瑕"。建筑师们还特意进行了视觉矫正：完全笔直的柱子容易让观赏者产生柱子凹陷的错觉，因此他们将圆柱的一部分略微加宽，以抵消这种错觉；柱子脚下的基石也同样有一个向上凸起的弧度，以看起来显得水平。然而，最为珍贵的装饰是神庙内部的雅典娜"帕特农"女神像。这座雕像表面镀有 1000 多公斤黄金，可以说是提洛同盟的主要金库。我们从碑文中得知，雅典人后来曾经从雕像上"借用"资金，拆除了雕像上的部分战袍。巨大的女神像是菲迪亚斯采用了名为"克里斯里凡亭"（chryselephantine）的技术打造而成，不仅使用了大量黄金，而且使用了象牙（用于制作雕像的头部和身体的裸露部位）。雅典娜头戴王冠，身姿挺拔，长矛和盾牌立在身侧，右手托着张着翅膀的"尼刻"（Nike，也就是雅典娜的胜利女神形象）。这一设计作为雅典人因战胜波斯人而对女神表达的感恩，可说

068

精美绝伦，但如果作为对辉煌未来的祈祷，恐怕只能算是一厢情愿。

· · ·

公元前 5 世纪，在雅典卫城的"宏伟工程"中，最后一座建筑是一座小而精致的爱奥尼克柱式神庙，供奉着胜利女神形象的雅典娜，也就是"战无不胜的雅典娜"。神庙四周的大理石栏杆上雕刻的胜利女神是以前从未出现过的形象：她弯腰调整凉鞋，长袍从肩上滑落，是充满性感的胜利女神。栏杆当时是为了安全而加装的，以提醒朝拜者注意雅典卫城岩石陡峭的西南边缘。然而，在公元前 410 年左右加建这个护栏时，胜利女神似乎已经抛弃了这座城市。胜利女神庙的带饰上展示的是希腊人与波斯人的战斗，但最终结束雅典"黄金时代"的不是波斯，而是不远处的宿敌：斯巴达。

3
斯巴达

　　雅典和斯巴达之间的直线距离并不遥远，如果没有大海的阻隔，双方相距不到 100 英里（约 161 公里）。然而在意识形态上，这两个城邦却相去甚远。这并不是后世才形成的印象。历史上，雅典和斯巴达不仅在战场上是敌人（偶尔也有结盟），还形成了一种对立的发展态势，互相都努力表现得与对方截然不同。书面证据亦如此显示——当然，要承认书面证据主要来自雅典方面，这也是双方巨大差异的一部分。雅典人能言善辩、喜欢表现、勤奋好学；相比之下，斯巴达人却对言语表达毫无兴趣，甚至斯巴达所在的拉科尼亚（Laconia）就是因大家吝啬使用最基本词语以外的词而得名。

　　斯巴达人沉默寡言的（laconic）风气给历史学家造成了一个特殊的问题，就是不得不在很大程度上依赖非斯巴达人的资料，即外人讲述的斯巴达故事。人们可能会立即认为"非斯巴达人"等于"反斯巴达人"，但如果二者之间存在任何差异的话，那么差异的方向恰恰相反。由于观察者存在距离，斯巴达获得了神秘的名声，这有时被称为一种"斯巴达幻象"：人们对斯巴达的看法主要由逸事组成，又由此形成了斯巴达有着完美城邦中"优良秩序"（eunomia）的印象。虽然这缺少不偏不倚的资料佐证，但这一幻象却从古至今一直产生着巨大影响。

　　厘清斯巴达的起源并非易事。在大约 700 年的时间里，斯

北

色雷斯

腓立比 阿布德

佩拉

马其顿

艾加伊
（韦尔吉纳）

哈尔基季基

奥林索斯

奥林匹斯山 ▲

伊庇鲁斯

多多纳

品都斯山脉

塞萨利

科尔基拉
（科孚）

温泉关

尤卑亚

斯库罗斯

帕纳索斯山 ▲

福基斯

伊萨卡

埃托利亚

德尔斐

奇罗尼亚

赫利孔山 ▲

波欧提亚

卡尔基斯

厄瑞特里亚

底比斯

普拉提亚

马拉松

亚该亚

迈加拉

阿提卡

伊利斯

科林斯

萨拉米斯

雅典

奥林匹亚

阿卡迪亚

阿尔戈利斯

迈锡尼

埃伊纳

劳里昂

巴赛

阿尔戈斯

梯林斯

苏尼翁

麦西尼亚

斯巴达

皮洛斯

拉科尼亚

0 20 40 60 80 100英里
0 20 40 60 80 100千米

希腊和爱琴海

地

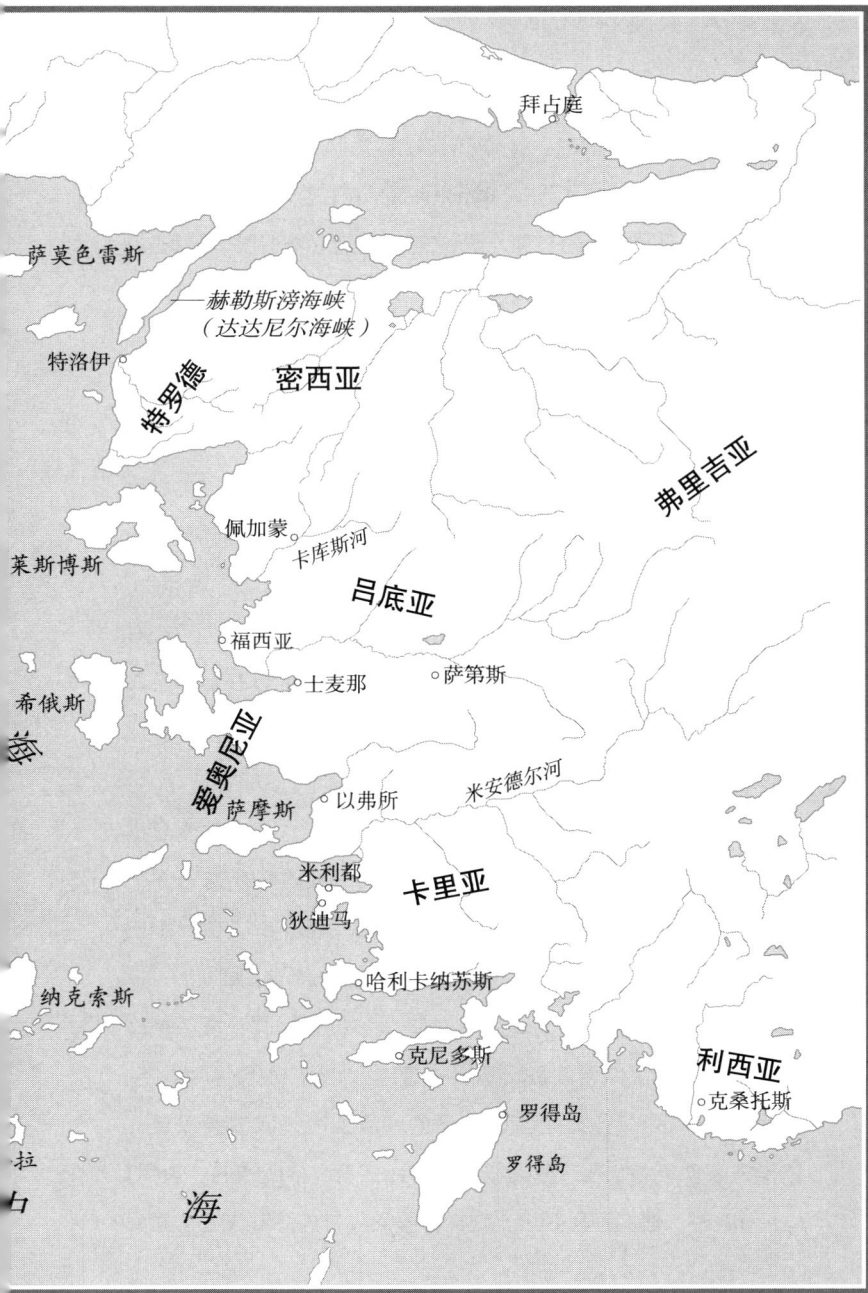

拜占庭

萨莫色雷斯

赫勒斯滂海峡
（达达尼尔海峡）

特洛伊

特罗德

密西亚

弗里吉亚

佩加蒙
卡库斯河

吕底亚

莱斯博斯

福西亚

士麦那

萨第斯

希俄斯

爱奥尼亚

萨摩斯

以弗所

米安德尔河

米利都

狄迪马

卡里亚

纳克索斯

哈利卡纳苏斯

利西亚

克尼多斯

克桑托斯

罗得岛

罗得岛

拉

海

白

海

巴达是"双王制"，即由亚基亚德（Agiad）和欧里庞提德（Eurypontids）两个家族统治。传统上认为两个王室家族的始祖阿吉斯（Agis）和欧里庞（Eurypon）是"赫拉克勒斯之子"的后裔，传说与多利安部落有关，多利安部落在铁器时代早期就占领了希腊大陆、克里特岛和爱琴海其他的一些地区。从公元前900年到公元前220年，斯巴达先后屈服于马其顿和罗马的统治，不过两个王室的传承从未间断。两系王都有名垂千古之人，公元前480年温泉关（Thermopylae）战役中率领"300勇士"的列奥尼达（Leonidas）就来自亚基亚德家族。但传统上，斯巴达城邦的立法元老并不是国王之一，而是一位和蔼可亲的皇家导师——吕库古（Lycurgus）。我们不知道这位吕库古的确切生活年代，古代有资料认为他与荷马同时代，现代有些学者则怀疑他可能并未存在过。然而，因为吕库古在斯巴达幻象中的存在足够"真实"，普鲁塔克才像为伯里克利等人立传一样，也撰写了《吕库古传》（*Life of Lycurgus*）。

普鲁塔克不愿意冒险确定吕库古所在的年代，但他表示吕库古在改革斯巴达宪法前，曾到克里特岛和更远的地方进行了一系列游历，包括可能曾像梭伦一样访问埃及。在人口方面，斯巴达已经非同寻常。公元前900年左右，斯巴达通过征服领土，控制了阿卡迪亚和麦西尼亚地区。当地人被征服后并不真正被算作斯巴达人，仅作为奴隶从事农业劳作。他们一般被称为"黑劳士"（helots），一直是待遇低下的底层人民，偶尔会以叛乱的形式表现不满。在斯巴达城邦周边还住着许多所谓的"边民"（*perioikoi*），他们不是奴隶，有义务服兵役，但并不算完全意义上的公民（黑劳士也可以应召入伍，作为轻装后备军，这就和边民入伍但不享有公民权一样，破坏了希腊人普遍认为的代表城邦作战就能"赢得"公民权这一原则）。因此，"纯粹的"斯巴达人的数量可能相对较少，而且肯定从未因有外来者而增加，因为斯巴达有意维持一个封闭的社会。

普鲁塔克认为吕库古改革主要包括 3 个方面。首先是建立了"元老院"（*gerousia*），共有 30 人（可能包括两位国王）。元老院议员从斯巴达的贵族部族中选出，一方面是防止民主，另一方面则是防止暴政。会议由几位每年选举产生的督政官（ephor）主持。其次，吕库古说服斯巴达公民对土地和财产进行完全平等的重新分配，除了推行这一平等主义政策外，还采取措施防止任何人积累个人财富。因此，黄金和白银不再流通——事实上，任何种类的货币都不流通（甚至铁块也被视为毫无价值）。因此，普鲁塔克赞许说，没有远道而来的推销员到斯巴达售卖商品；没有修辞学教师来斯巴达兜售课程；也没有皮条客、律师、算命先生或小玩意制作商。家具必需品由当地制造，城邦酒器也是自给自足。考古学在一定程度上让人们重新审视了这种自诩骄傲的经济独立和反对市井劳作的固有偏见，不过斯巴达确实没有产生著名的雕塑家或画家。

吕库古制定的斯巴达宪法中，第三项原则是共同进餐。所有公民都应分享同样的食物，因此斯巴达人有"聚餐"（*agoge*）的习俗。这一习俗背后的理由与禁止个人积累财富和倡导公共价值的观念是一样的，也与崇尚节俭和效率的原则相协调。公民们以 15 人左右为一组，甚至国王也必须参与，每人每月获得一定数量的基本供应品——大麦餐、奶酪、葡萄酒——蛋白质补充则来自

078

祭祀仪式或狩猎活动所得。

除了这 3 条法令（显然从未成文，但在经过最初短暂的激烈反对之后，几个世纪以来人们都对此没有争议），吕库古还增加了一系列教育措施。男孩在 7 岁时就被从父母身边带走，由男性公民（也允许对孩子产生性兴趣）进行严格的军事磨砺和体能训练。女孩也要接受体格训练，以使她们的身体能更好地适应分娩。如果婴儿出生时身体虚弱或患有残疾，就会被丢弃到塔伊盖图斯（Taygetus）山脚下的峡谷里，峡谷上方这座白雪皑皑的山终年俯瞰着斯巴达。

男孩们睡在宿舍里，床是他们自己用芦苇编织的。他们衣着单薄，很少洗澡，一般维持着"又瘦又饿"的状态（投机取巧偷窃食物会受制裁，被抓到就要挨鞭子）。关于阅读和写作，可以"根据需要"进行传授。考虑到斯巴达人的说话方式，这估计也没有多少——尽管普鲁塔克本人著述等身，但他依然赞扬了这种少言寡语的习惯。

斯巴达从制度上确立了非常俭朴的日常生活状态，因此当战争来临时，就像得到了某种释放。斯巴达战士成年后可以留长发，他们要确保为战斗保有最佳形象，头发长得可怕。交战开始时会奏乐，他们就像表演编排完美的舞蹈演员一样进入战场。如果相信那句经典的斯巴达格言，那么斯巴达母亲是叮嘱儿子要么带着盾牌回来，要么躺在盾牌上回来。换句话说，要么已经完成战斗（没有为了迅速逃跑扔掉盾牌），要么在战斗中倒下了（用盾牌当担架被抬回家）。

普鲁塔克将吕库古的目标总结如下：

　　他训练自己的同胞，使他们既没有为自己而活的愿望，也没有为自己而活的能力，而是让他们像蜜蜂一样，永远成为整个社会不可或缺的组成部分，簇拥在领袖周围，以近乎满腔的热情和崇高情怀并肩作战，完全属于他们的王国。

　　这里的钦佩之情溢于言表，仿佛吕库古解决了文明生存的一个基本问题——如何将天生贪婪和自私的个体人类塑造成一个集体。那么，斯巴达是一座模范城市吗？

　　斯巴达王国的某些特征，被用于设计一个由"哲人王"管理的完美社会——这是公元前4世纪的一位雅典"斯巴达迷"即柏拉图所追求的理想国（见第134~135页，虽然我们并不知道柏拉图是否曾到访斯巴达）。其他学识渊博的旁观者对斯巴达教育不以为然：他们认为，长者只不过是在训练年轻人接受一种具有迷惑性的服从。普鲁塔克对斯巴达赞誉有加，提不出任何严肃批评。他注意到了有说法称斯巴达布署"秘密警察"（krypteia）大规模屠杀黑劳士，就像"屠宰"非人物种一样，但他并不愿意相信这些诽谤。毕竟，阿波罗在德尔斐神庙（普鲁塔克本人曾在那里担任祭司）的神谕中，给予了吕库古祝福。因此，吕库古死后被尊为古希腊最有智慧的政治制度奠基人。

· · ·

　　透过斯巴达幻象来看真实的斯巴达并不容易，但值得一试。首先，要注意斯巴达曾有一个"市集"阿哥拉。这个事实需要说明一下，因为对于现代游客来说，无法一眼就看出这点——大部分古代遗址都被橄榄树遮住了。已经发现了一个在战胜波斯人后建造的柱廊遗迹，以及一个巨大的罗马时期增建的柱廊遗迹。有一座小型的圆形建筑"天篷"（*skias*），可能是古代旅行家帕萨尼亚斯（Pausanias）提到的斯巴达人的简易议会。除此之外，考古学更像证实了修昔底德的洞见，即当后人根据斯巴达现存遗迹来判断斯巴达的真实实力时，绝不会相信斯巴达曾经统治过伯罗奔尼撒半岛的大部分地区、产生过颇为深远的影响力。与此相反，从表象上看，雅典则具有迷惑性地令人敬畏：至少，如果要预测公元前 5 世纪斯巴达与雅典之间战争的结果，任何人都会错误地认为雅典是战争中更为强大的一方。

在斯巴达，从来没有任何建筑能与雅典的帕特农神庙相媲美。但斯巴达人肯定有神庙吧？他们确实有——在欧罗塔斯（Eurotas）河边，同样是在橄榄树丛中，已经发现了我们所知的斯巴达主要祭祀地遗迹，即阿尔忒弥斯·奥尔提亚（"直立的阿尔忒弥斯"）神庙。然而，这里的考古发掘似乎证实了人们的猜想。许多资料显示，阿尔忒弥斯神庙的祭祀活动非常壮观，甚至不得不建造一个剧场来容纳观众。神庙结构清晰，一直到罗马时代这里都在举行祭祀活动。有一种说法是，祭坛上会堆满奶酪，有个游戏是祭司们手持棍棒和鞭子，保护奶酪不被常处于饥饿状态的斯巴达年轻人抢走。还有一种说法是，斯巴达男孩会在祭坛上接受鞭打，来测试他们的疼痛耐受度。一位女祭司站在一旁，手持古老的阿尔忒弥斯木雕像，如果雕像低于"直立"位置，就表示要加大鞭打力度。据各种记载，这一考验充满血腥，有时容易致命。

阿尔忒弥斯女神在古代，无论在哪里被供奉，都以严厉著称，但在斯巴达被供奉时采用极端的鞭笞仪式，则是因为符合了斯巴达人的个性特征，这点在吕库古打造的军事王国中暴露无遗。因此，我们又不可避免地回到了之前的刻板印象。倘若我们换个角度来看待这个问题：祭坛上的男孩们表现出做好了面对痛苦的准备、甚至愿意自我牺牲的态度，但斯巴达要求公民具备这种"能力"，就真的与其他希腊城邦多么不同吗？

· · ·

定义是否为军事化国家，有一种方法就是引入公民军队的概念；定义是否为公民军队，有一种方法就是谁愿意代表集体进行战斗，谁就有权参与政府管理。在荷马世界里，英雄们在一定程度上适用这种逻辑，在战场上有英勇表现者将被授予贵族特权，得到宴会上的荣誉地位、美酒佳肴等作为奖励。到了民主城邦，这种英雄主义必然变得更加"大众化"，不再是通过一对一的战斗，而是体现在步兵方阵的表现上。

为了得到这种获得集体荣誉的机会，古希腊城邦之间逐渐出现一种特殊的战术。有个术语是"重步兵作战"（hoplite warfare），就是一种全武装作战：士兵会手持圆形青铜盾牌（hoplon），这种盾牌大得可以遮住自己大部分身体部位和同伴部分身体；除了盾牌之外，还有保护鼻子和脸颊的头盔，以及身体盔甲和小腿胫甲（盔甲和胫甲也由青铜打造而成）。这就是普通战士即养不起马的公民的"全副武装"。武器通常是一支或两支长矛（一支用于投掷，一支用于刺击）和一把短剑。士兵们会集结起来作战，紧密排列，盾牌叠盾牌组成方阵（*phalanx*）。这种方阵可以独立作战，也可与骑兵、投石手和弓箭手等兵种共同作战。但步兵方阵本身不仅仅是一种战术，还象征着"西方的战争方式"，这种象征部分是由于这种作战方式重视集体行动，部分是由于这种作战方式几乎像竞技和戏剧一样遵守规则与约定，通过重兵对抗来解决争端，似乎是相对"文明"的战争形式。

古代有些非希腊的观察家认为，这种解决争端的方式违反常理，且会导致伤亡惨重。根据希罗多德记载（或想象），公元前5世纪初的一位波斯将军感慨，希腊地形以丘陵为主，有利于持久游击战，希腊人却会寻找一块平地作战；虽然希腊人有着共同的语言，却不屑于谈判，而是选择大规模步兵对抗，结果是即使战胜也注定要遭受严重损失。

这种从局外人角度对重兵作战的观察，可能会忽略或误解重要的一点：这种作战习俗不仅可以高效、决定性地战斗，而且可以减少伤亡数量。假设两个城邦在某些问题上存在分歧，决定诉诸正式敌对行动，他们就必须找到一个双方都方便的地点来部署各自的方阵。然后双方必须确定一个日期，是农耕年度的某个时间，这个时间不需要所有的人都在地里干活，且不能与神圣的宗教节日（有很多这样的节日）相冲突。

时间和地点确定之后，对阵双方的方阵士兵集结起来。在穿上盔甲、开始列队之前，他们可能还大喝一场。① 集结完毕，双

---

① 雅典喜剧对此有过描述：肾上腺素引发的恐惧会对身体造成一些并不光彩的影响。可能必须用酒精来抑制这种影响。

方可能会对峙并互相辱骂，但鉴于士兵都穿着青铜盔甲，加上平原上可能天气炎热，这种对峙不会持续太久。之后吹号者就位，吹响前进的号角，鼓舞士气。这里要记住，步兵们都戴着完整的科林斯式头盔，耳朵被捂在里面，视线高度受到限制，每人都被夹在重重盾牌组成的队列中，只能靠集体力量前进。如果后方士兵用力一推，前方士兵就会一头撞向敌人。难怪阵亡将士的墓志铭有时会强调"某某战斗在最前列"（en promachois）。但是，如果在前进的方阵中，一方纪律出现涣散，士兵们开始向两侧散开，那么战斗可能在兵器真正交锋之前就已经结束了。在这种情况下，另一方可能会追击杀敌，但更常见的情况是，他们只会收起对方逃跑时丢弃的盾牌和头盔作为战利品。

因此，步兵作战可以被理解为一种正式的"对抗"或"苦战"，与运动员在体育盛会上经历的苦难如出一辙。这样说并不是要贬低方阵战对战斗人员的心理考验。古典文学中许多关于美德的论述都提到了勇气或"男子气概"（andreia），没有什么比近距离重兵交战更能考验这种品质了，从远处或偷袭造成死亡或伤害被视为懦弱。

勇士应该如何行动？"脚尖对脚尖，盾牌对盾牌，翎羽对翎羽，头盔对头盔，胸膛对胸膛"，这段描述来自公元前7世纪斯巴达战争诗人提尔泰奥斯（Tyrtaeus），让人联想到方阵战中的激烈交锋。坚守阵地、并肩作战、在近距离战斗中保持集体行动，这些都是对"卓越"（arete）的考验。这不是像荷马史诗中的英雄那样通过个人能力来证明，而是通过决心为城邦和家族荣誉而战来证明。

关于斯巴达人的英勇卓绝，最有名的就是公元前 480 年抵抗波斯人的温泉关战役。斯巴达指挥官列奥尼达率领希腊城邦联军和黑劳士，加上自己的斯巴达王家卫队 300 人，守卫一个温泉区的山口。这次行动与保护尤卑亚岛北端阿尔特米辛（Artemision）海峡的防御行动相结合，关系到波斯人能否北上到达塞萨利或南下进入阿提卡。当部分联军没能阻止波斯人进入温泉关上方的一条小路时，列奥尼达安排其他盟友撤退，但他和 300 名斯巴达人以及一支约 1000 名波欧提亚人组成的分遣队留了下来，进行最后的抵抗，以此尽可能久地拖延波斯军队——留守部队规模较小，这是他们所能期望的最好结局。据说，列奥尼达很清楚地知道最后结局，他嘱咐部下在战前吃一顿丰盛的早餐："因为今晚我们将在哈迪斯的冥界用餐。"

列奥尼达是温泉关战役中阵亡的将领之一。这一战役很快成为斯巴达对其公民期望的一个缩影：正如提尔泰奥斯所歌颂的那样，斯巴达人毫无逃跑的可耻想法，勇敢地团结在前线。战争遗址上则刻有来自另一位诗人的悼词，来自基奥斯（Keos）的西蒙尼德斯（Simonides）为斯巴达阵亡将士写道："路人啊，去告诉斯巴达人，我们服从法律，在此长眠。"这是传统译法。还有一种更通俗的版本："陌生人啊，去告诉斯巴达老百姓：我们坚守岗位时被干掉了。"

如前所述（见第 53 页），波斯人继续入侵阿提卡，但至少雅典人有时间进行撤离。由于薛西斯当时威胁要进攻伯罗奔尼撒半岛，雅典和斯巴达领导了希腊联军的防御行动。在萨拉米斯海峡的海上交战削弱了波斯舰队的力量，薛西斯本人退了下来，将指挥权交给了将军玛尔多纽斯（Mardonius）。次年（公元前 479），雅典、斯巴达和其他城邦共约 40000 名步兵组成了一支军队，在波欧提亚的普拉提亚附近与波斯人作战。由于波斯人的优势主要在于骑兵，因此不可能进行常规的重兵作战。在一个多星期的时间里，双方都紧张地对峙观望——据称，玛尔多纽斯试图分裂希腊联军（联军有斯巴达人帕萨尼亚斯作为总指挥官，但常分开部署）。最后，当希腊联军向高地移动时，玛尔多纽斯误以为联军撤退而追击，希腊人趁机调转方向，将方阵作战的优势发挥得淋漓尽致。玛尔多纽斯在溃败中丧生，波斯人被逐出希腊本土。

因此，斯巴达和雅典可以在极端情况下联合起来。但是，这次联合行动虽然取得了胜利，却没有促成两个城市的和解。双方基本对立的态势持续发酵，不到半个世纪就演变成了彻底敌对。

. . .

这就是伯罗奔尼撒战争。这场旷日持久的战争，如果不是因为古代历史上一部"开创性"（即使可能并不完整）的著作以此为主题，如今可能几乎不会被提及。这就是《伯罗奔尼撒战争史》（*History of the Peloponnesian War*），由修昔底德在公元前 5 世纪末写成。修昔底德是雅典的将领之一，参加过部分伯罗奔尼撒战争。虽然这场战争同样涉及希腊其他城邦国家，但争端主要发生在雅典和斯巴达之间。鉴于修昔底德站在雅典这边，且毫不掩饰对伯里克利的钦佩之情，我们或许不能期望他有多少中立分析。但是，在漫漫历史长河中，这部著作的力量，恰恰在于它努力确立一种不偏不倚的历史写作新标准。修昔底德采用了史诗叙述手法，虽然他刻意避免像前辈希罗多德那样使用奇闻逸事，但可以证明的是，他也同样喜欢赋予事件神话色彩。尽管如此，修昔底德仍因致力于忠实记述而备受尊敬。正如他所指出的，这场战争不过是一场肮脏而不光彩的"动乱"，没有一个希腊人会因此而感到自豪。然而，通过他的艺术手法，这场战争升华为一部戏剧杰作，观众应该从他所见吸取教训，否则就会重蹈覆辙。

伯罗奔尼撒战争的起因虽然可以大书特书，不过下面几段简述就已足够。随着波斯的威胁减弱，雅典舰队在整个爱琴海地域的统治力日益增强，雅典和斯巴达之间的对立逐渐加剧。公元前461年至公元前456年，雅典人修建了所谓的"长城"，也就是连接雅典与数英里外的比雷埃夫斯（Piraeus）和法勒隆（Phaleron）海港的防御工事。考虑到公元前404年斯巴达人在欢快的管乐声中拆毁了同样的城墙，那么这些城墙就已经具有历史意义。它们象征着雅典不惜以斯巴达为代价，意图增强海外实力。城墙的实际用途——在遭到入侵时为阿提卡乡村居民提供庇护，在遭到围困时提供海上补给——似乎预示了斯巴达将会动员军事力量进攻。

自公元前6世纪起，伯罗奔尼撒诸国就结成了联盟。公元前431年，在斯巴达的主导下，"伯罗奔尼撒同盟"（Peloponnesian League）应成员科林斯的请求，对雅典采取了敌对行动。科林斯除了地缘上夹在雅典和斯巴达之间，还与公元前7世纪科林斯贵族叛乱集团占领的岛屿科尔基拉（科孚）一直关系紧张。当雅典借助海上力量表现出支持科尔基拉的意向时（公元前433），这不仅对科林斯，也对斯巴达传递了一个潜在威胁信号。斯巴达国王阿希达穆斯（Archidamus）率领伯罗奔尼撒军队占领了阿提卡，开始考验长城的功效。于是，伯罗奔尼撒战争于公元前431年爆发。

"雅典要塞"坚持了下来。但随后，雅典内部面临了两波冲击：公元前430年，一场瘟疫在全城蔓延（修昔底德作为幸存者，形象地描述了街道上堆积如山的尸体）；次年，伯里克利去世。在他死后，人们为他创作了著名的雕塑，安放在卫城山门中，似乎是在迎接所有前往"伯里克利的"雅典卫城的朝圣者。雕像展示了他在民主雅典的尊贵形象——作为雅典将军之一、戴着略为后置的青铜头盔。雅典杰出将军的典型形象，在伯里克利这里有着特殊的历史意义。他的远见卓识和坚定决心，无人能够代替。

政客们为了赢得公民大会支持而相互竞争，军事政策也各不相同。对于一个在雅典长大的男孩来说，冲突年复一年持续不断，也许足以证明民主制度天生就容易迎合短期利益。如果是这样的话，柏拉图就从未改变过看法，他认为这种情况下民主制度就会失灵（见第116页）。与此同时，随着昔日的科林斯殖民地叙拉古被卷入，战争地域开始扩大。彼时叙拉古已从西西里岛上最强大的希腊殖民地，发展为世界上最强大的希腊殖民地。但雅典人似乎并没有意识到这一现实，在各种政治野心驱使下，支持亚西比德对叙拉古发动海上攻击。亚西比德曾是伯里克利的门徒、苏格拉底的学生（也可能是恋人），有着奥林匹克获胜者的荣耀，还有外表英俊等诸多优势。他出征西西里岛遭到了政治对手尼西阿斯（Nikias）的反对，但是公元前415年，雅典舰队出发，亚西比德和尼西阿斯担任联合指挥官。

雅典舰队随后在叙拉古港口水域遭到了灾难性打击。亚西比德是否觉得自己对此负有责任不得而知，因为舰队刚刚抵达西西里岛水域，他本人就被召回雅典，去回应针对他个人行为的指控（根据各种资料记载，他的性情用"狂野"来形容可能最恰当不过）。相对谨慎的尼西阿斯继续执行任务，在封锁叙拉古方面取得了一些初步成功。然而，在公元前413年，即便援军赶到，雅典船只还是处于被困状态。普鲁塔克在《尼西阿斯传》（*Life of Nikias*）中，为我们提供了令人难忘的细节描写。他说，许多雅典人被俘虏，在叙拉古的大采石场上做苦工，口粮微薄，多数都死在了那里。还有一些人沦为奴隶。只有少数人因为对戏剧的热情而幸免于难。正如普鲁塔克所解释的，西西里岛的殖民者对欧里庇得斯的诗歌有着特殊的"向往之情"，对任何能吟诵几句的来访者都表示感谢。因此，能够吟诵欧里庇得斯诗句的雅典俘虏，不仅获得了食物和饮品，还获得了自由（他们回到雅典后，可以亲自去感谢欧里庇得斯）。

尼西阿斯被处死。与此同时，亚西比德被雅典召回，但在途中逃离，转投斯巴达。他从那里前往爱奥尼亚，煽动那里的人反抗雅典；在爱奥尼亚期间，他还试图说服波斯人放弃支持斯巴达。驻扎在萨摩斯（Samos）的雅典舰队中，有一支分遣队将指挥权交给了他，在取得了数年战略性胜利后，他又被迎回了雅典。然而，亚西比德再次触怒了公民大会。他投奔法那巴佐斯（Pharnabazus）宫廷，这里代表波斯人统治着小亚细亚的弗里吉亚（Phrygia）王国。但是这一次，雅典的敌人不愿再冒险让他回来，于是在外将他谋害。

读者可能会对亚西比德的经历感到困惑：这究竟是一场什

么样的战争，能让一个主角可以如此流畅地从一方转到另一方。只要追踪下类似的长期冲突事件，就会知道用"一场战争"来描述，其实具有误导性，最明显的一个例子就是 17 世纪欧洲的三十年战争。虽然一个事件看似是另一个事件的结果，或者说可以如此合理化解释，但对于几十年来发生的诸多事件，更好的解释可能是地方机会主义。甚至连雅典人也不太确定，为什么在公元前 416 年，雅典军队要如此猛烈地攻击米洛斯岛，该岛的罪行显然不过只是保持中立而已。

"让我的长矛闲置，任由蜘蛛织网。"欧里庇得斯的悲剧《厄瑞克透斯》如此唱道。到了公元前 5 世纪的最后几十年，许多雅典人可能也同样渴望和平。公元前 405 年被视为敌对状态终结的时间。当年，伯罗奔尼撒已经发展出一支可与雅典匹敌的海上力量。在斯巴达海军统帅莱山德（Lysander）率领下——他是普鲁塔克的另一个传记人物，不过其形象并不令人同情——这支部队在赫勒斯滂海峡，取得了羊河之役（Aegospotami）的胜利。莱山德继续扩大优势，封锁比雷埃夫斯港，直到雅典正式投降。长城倒塌了，斯巴达军队在雅典卫城驻扎下来，在莱山德的支持下，一群后称"三十僭主"（Thirty Tyrants）的雅典寡头登台开始统治。

为了纪念羊河之役的胜利，斯巴达人在德尔斐竖起了一座精美的纪念碑，从这点上也许可以理解伯罗奔尼撒战争的意义所在。纪念碑上不仅有波塞冬为莱山德加冕，还雕刻着宙斯、阿波罗、阿尔忒弥斯和狄俄斯库里兄弟等众神，此外还有莱山德的舰长、祭司和不少于 28 位舰队司令的雕像。因此，斯巴达人是会

092

炫耀的，而这个地方也适合炫耀。德尔斐和奥林匹亚一样，是一个泛希腊或"全希腊"的圣地，从概念上讲，这里崇尚某种"希腊性"或者说民族团结。然而，德尔斐和奥林匹亚一样，同时也是展示希腊内部敌对的舞台，因为城邦之间都以胜过别人为荣。

公元前 5 世纪后期，泛希腊主义（Panhellenism）将逐渐兴起，并会在公元前 4 世纪随着伊索克拉底（Isocrates）等雅典著名演说家热衷这一主题而达到全盛。伊索克拉底在他于公元前 380 年创作的《泛希腊颂词》（*Panegyricus*）中，敦促所有希腊人在雅典和斯巴达的共同领导下团结起来。伊索克拉底也被认为是马其顿进攻波斯的思想源泉——为完成这一进攻计划，马其顿国王腓力二世最终培养了他的一个儿子，亚历山大。然而，在进攻波斯之前，马其顿人将首先征服希腊城邦——有意思的是，不管泛希腊团结一致的呼声多么高涨，各个城邦依然是被逐个击破。

马其顿人改良了作战方阵，他们增加方阵人数，训练骑兵部队来保卫和辅佐方阵，将长矛改成萨里沙长枪（*sarissa*），使士兵从服兵役转向职业化。但其实在此之前，斯巴达在战场上的优势就已荡然无存了。公元前 5 世纪末期，斯巴达显然在希腊所有城邦中拔得头筹。斯巴达国王阿格西劳斯（Agesilaus）虽然天生跛脚，身材矮小，却是一位充满活力、踏实稳重的领袖。他们的生活方式对外人仍然具有吸引力，作为一位杰出军事家和作家的雅典人色诺芬（Xenophon），就选择了在斯巴达控制下的伯罗奔尼撒半岛的一处庄园养老。然而，斯巴达如此之小又自给自足，在宪法上并不适合处理一个"帝国"的外交政策。于是他们就派总督到以前由雅典控制的地区去（事实上，也把总督派到了雅典）。但很明显，斯巴达人（乏善可陈）的教育并不能培养出合格的海外管理者，关于斯巴达人自大、贪婪、无能的指责倍增。更糟糕的是，斯巴达的军事机器开始呈现衰弱迹象。阿格西劳斯可以夸耀斯巴达的方阵中没有陶工或铁匠滥竽充数，但实际上作为职业士兵接受训练的"纯粹的"斯巴达公民，此前人数一直受到限制，现在则人数减少，军事力量越来越依赖于征召边民。亚里士多德将这个问题称为"公民稀少"（*oliganthropia*）。然而下降的不仅是数量，还有质量。

位于波欧提亚的底比斯人，和斯巴达人一样喜欢方阵、视死如归。公元前 371 年，在波欧提亚的留克特拉（Leuctra）战役中，底比斯人大败斯巴达人。底比斯将军伊巴密浓达（Epaminondas）因战术创新而声名远播（这在很大程度上又要归功于普鲁塔克）：说他设计了从侧面攻击方阵的方法过于简化了他的成就，他的创新标志着战术向更加灵活、更富有想象力的方向发展——通过发展这些战术，马其顿人后来取得了巨大成功，将斯巴达人甩在了后面。阿格西劳斯对留克特拉之战的失败没有责任，该战是由他的同僚克利俄姆布罗塔斯（Cleombrotas）统领的（并也在伤亡之列）。阿格西劳斯的晚年也没有不光彩（公元前 361 年，阿格西劳斯去世时 84 岁，当时正率领斯巴达雇佣军代表埃及法老对波斯作战），但斯巴达的鼎盛时期的确已经结束了。

· · ·

"斯巴达精神永存！"（德语："Spartas Geist lebt!"）这句话典型体现了德国在 19 世纪和 20 世纪，出于意识形态教育目的对古

094

代斯巴达的利用。先是普鲁士建立了军官学校，学生主要为贵族子弟，在学校按照斯巴达的"集体"方式，无怨无悔地接受痛苦和艰辛考验。后来，纳粹党又建立了为第三帝国培养军事领袖的学校，这些军事学校也公然"斯巴达化"——事实上，纳粹少年准军事部队"希特勒青年团"也是如此。

英国公立学校出身的老兵们可能会有些感同身受——冷水淋浴、强制越野跑、定期鞭答……至少在这些学校实现现代化之前是存在的——这也是斯巴达模式的功劳，即便并不是刻意为之。

无论古代斯巴达是否为想象中的斯巴达，这两种遗产都让我们对它不可能产生任何好感。从多民族社会中自由主义思想的角度来看，斯巴达热衷由寡头控制的集体生活，这只能让人觉得愚昧。即使是柏拉图，尽管他在原则上欣赏斯巴达的诸多做法，但他也对斯巴达支持下的雅典的"三十僭主"统治感到厌恶。几个世纪后，历史学家阿诺德·汤因比（Arnold Toynbee）将斯巴达视为"停滞的文明"的一个例子。最后，斯巴达这种准极权主义城邦的教训具有警示意义：警惕部落主义、保护主义和保守主义的蔓延，警惕任何本质上类似于训练四足动物的教育体制。

4
叙拉古

　　根据修昔底德的记载，西西里岛上的土著为西克尔人（Sikels），而到西西里岛定居的希腊人，最早一批来自尤卑亚岛上的卡尔基斯（Chalcis），他们于公元前735年左右在西西里岛东海岸建立了纳克索斯殖民地。

　　一两年后，来自科林斯的移民来到了同样位于东海岸的叙拉古（又译"锡拉库萨"），赶走了当地的西克尔人，建立起殖民地。修昔底德知道这支远征队的首领名叫阿基亚斯（Archias），是所谓的"赫拉克勒斯后裔"或"赫拉克勒斯之子"。阿基亚斯在当时的一个近岸小岛奥蒂吉亚（Ortygia）登陆，驱逐了岛上的西克尔人，后来该岛与西西里岛本岛连接起来，殖民地也随之扩大。不过修昔底德只知道这些，或只愿讲述这些。

　　传说中来自德尔斐神庙的阿波罗神谕可以作为补充。来自科林斯的阿基亚斯，与来自雷帕伊（Rhypai）的米斯凯洛斯（Myskellos），出行前均求问神谕。神谕需要知道他们是求财富还是求健康。阿基亚斯选择了财富，米斯凯洛斯选择了健康。神谕指引阿基亚斯前往叙拉古，指引米斯凯洛斯前往意大利本土南端的克罗顿（Croton）。叙拉古将繁荣昌盛，克罗顿将拥有一座杰出的医学院。神谕得到了历史的证明。神谕为发现叙拉古给出的地理指示信息充满诗意：

斯皮纳

马西利亚（马赛）

恩波里翁　　　　阿莱里亚　　格拉维斯卡

科西嘉　　　　　　　　　皮尔奇

库麦

伊斯基亚

帕埃斯图姆（波塞冬尼亚）

撒丁岛　　　　　　　　　锡巴

伊 比 利 亚 半 岛

莫提亚

塞利努斯　　希梅

迦太基　阿格里真托

杰拉

```
0    100   200   300 英里
├────┼────┼────┤
0  100 200 300 400 千米
```

更广阔的希腊世界

莱普

奥尔比亚

潘提卡彭

克森尼索

锡诺普

赫拉克勒亚

科 尔 基 斯

阿布德拉

拜占庭

塔索斯

阿卑多斯

塔蓬托

克罗顿

科尔基拉
（科孚）

米利都

阿尔米纳

法塞利斯

罗得岛

克里特

昔兰尼

瑙克拉提斯

> 在特里纳西亚（Thrinacia）对面的迷雾深处，有一个叫奥蒂吉亚的地方，那里阿尔菲奥斯（Alpheus）河水汩汩流淌，与美丽的泉水阿瑞图萨（Arethusa）交相辉映。

特里纳西亚是希腊人对西西里岛的一种神秘称呼。根据一则令人难以置信的神话，阿尔菲奥斯河的源头位于伯罗奔尼撒半岛西北部的奥林匹亚，从海底一直流到奥蒂吉亚。奥蒂吉亚的淡水水源在当时（及如今）被称作"阿瑞图萨之泉"。关于这次迁徙，普鲁塔克还补充了一些细节。普鲁塔克认为，阿基亚斯出身显赫，来自科林斯一个富裕之家，碰巧爱上了一个名为阿克泰恩（Actaeon）的男孩。然而，阿基亚斯虽然地位显赫，却未能赢得阿克泰恩的心。于是，他决定用武力强行把男孩抢走。阿基亚斯带着一帮醉醺醺的同伙，来到男孩家，企图绑走男孩。男孩的父亲及其朋友们奋起反抗，争斗中可怜的阿克泰恩被撕裂，不幸身亡。男孩的父亲因为儿子之死未能获得一份公道，就到伊斯米亚（Isthmia）的波塞冬神庙跳崖而死，祈求诸神为他复仇。随后，瘟疫和干旱降临科林斯。科林斯人向神祇祈求，求得德尔斐神谕，神谕告诉他们必须为阿克泰恩之死赎罪。在德尔斐时，阿基亚斯就在祈求神谕的科林斯人之中，于是他决定离开，不再返回科林斯。他乘船前往西西里岛，建立起叙拉古殖民地。

这些都是关于这处希腊最伟大殖民地建立的证据。这不仅给后人留下了丰富的想象空间，还引发了关于动机、规模和后勤保障等基本问题的讨论。假设阿基亚斯因谋杀罪需要逃跑，并确实逃离了科林斯，那他怎么知道该去哪里？如果把故事连起来看，神谕关于前往叙拉古的指示，对航海者来说很难发挥实际指导作用。最初只有一船人吗？船走了哪条航线？船上男人、女人和孩子都有吗？到了目的地后，当地居民怎样对待他们？阿基亚斯是否在当地已经有了些关系？

现存的古代资料无一能清楚阐释这些模糊之处——就好像古人并不关心这些问题一样。这点也情有可原：或许只有回顾历史时才能看清，希腊人是在输出城邦的过程中发展出的城邦概念。因此，要了解殖民化进程，还需要考古学做很多贡献。幸运的是，证据将会出现，尤其是如果能对每个殖民地赖以维系的农村腹地进行发掘，对此将是有帮助的。

基于近代历史事件，我们也可以进行一些有用的推测。关于"市场力量"在古代占主导地位并足以构成殖民动机的假设是存在风险的。但是，对比16世纪以来的商业贸易，对比欧洲列强在非洲、美洲和印度打造帝国，甚至对比英国将犯人运往澳大利亚，希腊的殖民化在相似之处上值得深思。

无论这种思考的结果如何，希腊的殖民过程具有重要意义这点毋庸置疑，至少在本书讨论中是如此。如果在公元前8世纪～前6世纪，希腊人没有迁徙，那么"古典文明"几乎不会存在。更准确地说，在地中海的一个地区，如此之多的移民繁荣发展，使得此地被称为大希腊（*Megale Hellas*），这本质上构成了我们将古典定义为"古希腊—罗马"（Graeco-Roman）时中间连字符所暗含的基本关系。在大希腊地区的众多名城中，包括如今名为阿格里真托（Agrigento）、那不勒斯（Naples）、帕埃斯图姆（Paestum）、雷焦（Reggio）和塔兰托（Taranto）在内的诸城，没有哪个像叙拉古一样，地貌如此壮丽，历史上如此强盛。

尽管叙拉古将一座公元前 5 世纪雅典娜神庙的柱子和基座融入了城邦大教堂，但是叙拉古并没有帕特农神庙。要想感受建筑的辉煌亮丽，必须到意大利的其他希腊殖民地：到阿格里真托，山脊上的五六座神庙在城市和大海之间筑起了一道"神圣屏障"；到塞盖斯塔（Segesta），神庙从未完工，似乎一直生长在石灰石和橡树林中；到帕埃斯图姆，那里的多立克式神庙无须装饰就令人惊叹。叙拉古的雄伟，可以从保存完好的剧场及部分古城遗迹中领略。公元前 4 世纪，古城绵延 20 英里（约 32 公里），占地面积达 1830 平方英里（约 4740 平方公里），远超其"母城"（metropolis）科林斯。

然而，直到 19 世纪最后十年，一位来自意大利北端特伦蒂诺（当时属于奥匈帝国）的古典学者应召成为西西里岛该地区的古迹管理员之前，人们对叙拉古的考古遗迹还知之甚少。这位学者名为保罗·奥尔西（Paolo Orsi），他花了将近半个世纪的时间，不仅挖掘了叙拉古及其周边，还探索了大希腊其他地区。奥尔西的发掘工作严谨认真，发表的成果清晰明了。正是由于他的工作及其榜样作用，我们才得以对叙拉古的"物质文化"进行衡量。

叙拉古闻名于世的不止富可敌国。雅典也许建筑更加辉煌，孕育了更多著名诗人、政治家和哲学家，但埃斯库罗斯是在叙拉古而非雅典使其作品达到成熟的；品达将其最伟大的一首胜利颂歌献给了叙拉古而非雅典的一名运动员；正是在叙拉古，柏拉图试图将其对完美城邦的憧憬化为现实；也是在叙拉古，如上一章所述（见第 78 页），雅典舰队遭受了最惨痛一击。

· · ·

　　叙拉古的导游喜欢指着近海的石岛群，说这是独眼巨人波吕斐摩斯因被英雄奥德修斯弄瞎双眼、欺骗和嘲弄而大发雷霆，向奥德修斯投掷的巨石。就像阿瑞图萨泉水的传说一样，这个故事以独特的方式象征着叙拉古与希腊"故乡"间的文化渊源，尽管叙拉古在经济和军事上都是独立的。阿基亚斯在德尔斐神谕指引下来到此地的故事，是否也属于类似的神话呢？

　　我们很容易这样认为。然而，为殖民行动祈求神谕很可能确实诚心进行过。稍微了解一下古代神谕程序，就会知道这种程序事关重大。德尔斐不是阿波罗唯一的神谕圣地，阿波罗也不是唯一的神谕之神。例如，在希腊西北部靠近巴尔干半岛的山区，伊庇鲁斯的多多纳（Dodona），有一个古老的宙斯神示所。从理论上或神学上讲，祈求者来到这些神庙，是想了解神的旨意。祈求者可能是普通人，对未来忧心忡忡：明年会丰收吗？现在是能够成功怀孕的时机吗？诸如此类。祈求者也可能是城邦，是伟大的统治者，著名的例子就是公元前 6 世纪，吕底亚国王克罗埃索斯到德尔斐祈求神谕，问是否应该与波斯人开战，以及公元前 431 年，斯巴达人就与雅典开战一事祈求阿波罗庇佑（结果是"勇往直前"，就像他们在伯罗奔尼撒战争中表现的那样）。到德尔斐寻求神谕的人被允许进入阿波罗神庙的内室，在烟雾和幽暗中，聆听来自地下的骚动和被神附体的女祭司皮提亚（Pythia）的奇怪叫声。在多多纳，宙斯通过一棵大橡树树叶的沙沙声传达神谕。

这些奇怪的声音有何寓意？神庙人员会当场解读。神的旨意通常言简意赅，但极少直接了当。公元前431年，斯巴达人幸运地得知阿波罗会站在他们这一边对抗雅典，只要他们英勇作战，就能取得胜利。通常，神祇的回答都神秘莫测，比如给克罗埃索斯的回答是：如果他与波斯人开战，他将"摧毁一个伟大的王国"——于是克罗埃索斯开战了，但他没想到被摧毁的伟大王国是他自己的王国。

给阿基亚斯的关于发现叙拉古的神谕就有些神秘莫测。但是，德尔斐神谕的作用可以部分得到合理化解释。德尔斐位于科林斯湾出海口，对于人口分散在地中海沿岸的希腊人来说，或多或少处于中心位置（他们称其为"世界之脐"）。如果朝拜者从四面八方而来，那么可以想象，德尔斐的祭司们可能充当了某种情报机构，将带给他们的地缘政治信息进行汇编和整理。因此，给阿基亚斯的信息，虽然使用的是诗歌语言和典型的隐晦术语，但它可能是基于来自西方的叙述，大意是西西里岛海岸的某个地方非常"适宜"定居。

无论是何种情况，神谕的庇佑都能进一步发挥作用。有了所谓的神谕指引，殖民者就可以建起一圈由圣地和神庙组成的"光环"，划定新的领土范围。在对意大利南部西海岸的波塞冬尼亚（即后来的帕埃斯图姆）进行的考古发掘中，可以发现这种划界方式相当明显。波塞冬尼亚位于意大利南部西海岸，公元前600年左右，来自意大利南部另一个殖民地锡巴里斯（Sybaris）的移民到此建立殖民地。当外来的希腊移民宣称他们代表阿波罗占领这里或那里时，当地住民有何反应，我们不得而知。不过，考古学表明，希腊殖民地的神庙和希腊本土的神庙一样，往往建于青铜时代或更早时期就被视为特殊或神圣的地方。

但如果阿基亚斯根本就没去过德尔斐呢？我们不能排除这种可能性，即指示殖民的神谕传统是编造出来的。这要么是因为没有人知道殖民者最初启程的真正原因，要么是因为最好不要知道。普鲁塔克本人曾在公元 1 世纪末 2 世纪初时，在德尔斐担任祭司。他并不想强调神谕，但他叙述的阿基亚斯因即将被控谋杀而离开科林斯，展现了历史文献中经常出现的一种观点，即早期殖民者与其说是在追求未来，不如说是在逃避过去。他们可能是罪犯或"不受欢迎者"，因身为私生子或在父权制土地分配秩序中排位降级而被剥夺了继承权。鉴于这种情况，关于古希腊和古典时期希腊语地区人口变化的估计，可能值得关注：墓葬证据表明，这里出现了相对的人口"激增"现象，从公元前 800 年左右的大约 50 万人口，增加到公元前 300 年左右的大约 500 万人口，这给农业集约化以及对土地和资源的压力都带来了影响。

有些研究希腊殖民的历史学家喜欢采用"先贸易后插旗"这一说法。意思是，建立殖民地的先决条件是开启海运贸易模式。在地中海水域，古代沉船不计其数——记录在案的沉船遗址总数远远超过 1000 个，而且还在不断增加——其中包括一些青铜时代的船只，表明史前贸易网络十分广阔。例如，公元前 1450 年左右，一只杉木船在乌卢布伦（Uluburun）的利西亚（土耳其西部）外海触礁沉没，船上载满了琳琅满目的原材料和"奢侈品"，包括铜锭和锡锭（青铜合金）、油罐以及其他易腐物品，还有大量玻璃、珠宝、象牙和武器等——出发地可能是塞浦路斯和黎凡

108

特海岸，但船上种种物品可能来自更遥远的地方，也许要运往迈
锡尼的一座宫殿。公元前 1200 年左右，随着宫殿被摧毁，这种
横跨地中海的航线时有中断，但并未消失。人们认为，在公元前
800 年左右，尤卑亚航海家就已经活跃在黎凡特沿岸。20 世纪 30
年代，伦纳德·伍利爵士（Sir Leonard Woolley）发现的阿尔
米纳（Al-Mina, 阿拉伯语意为"港口"）遗址——现位于土耳其
南端，靠近叙利亚，处在奥龙特斯河口——常被描述为一个"贸
易殖民地"或贸易站点，即东西方贸易的具体交易之地。这里发
现了形状与风格均别具特色的尤卑亚陶器，体现了尤卑亚人存在
的迹象。

　　古代的商品交换模式与现代对商业活动的理解，在多大程
度上相似是值得商榷的。古代贸易可能是依照条约进行，为了互
惠互利，而不是为了特定收益。存在生产盈余、供需关系以及价
格的市场机制不一定显而易见。两位古希腊作家荷马和赫西俄德
（Hesiod），都以不同的方式表达了对海上贸易的某种蔑视。在荷
马构想的英雄世界里，比起勇士领主追求荣誉，商业贸易追求利
益，显得低贱。荷马充满不屑地将商业贸易与腓尼基人联系在一
起。赫西俄德没有这么爱憎分明，也不反犹。在他的说理诗《工
作与时日》（Works and Days）中，他有一个兄弟，名叫佩尔塞斯
（Perses），此人要么上了商船，要么受到诱惑准备上船。赫西俄
德给出强有力的忠告，提醒尽管这可能会获得丰厚回报，但同样
会面临可怕的风险：一年中只有 6 个星期左右——从 6 月到 9 月
中旬的盛夏"美妙时光"——航行才相对安全，至少是在开阔水
域相对安全（当然还必须夜间能够看到星星）。

赫西俄德在波欧提亚拥有一块土地，位于赫利孔山下的阿斯克拉（Ascra），他对那块地非常不满："冬天糟透了，夏天热死了，没个好时候。"可能也正是这样的理由驱使着人们另谋他地。他毫无忌讳地谈起自己与弟弟佩尔塞斯之间的嫌隙——父亲的田产中，弟弟分走了超过应得份额的数目——这显示出在讨论古希腊殖民时经常提及的另一个因素"土地匮乏"。显而易见，希腊总体而言缺少广阔的农业耕地，而地中海区域地貌鲜为人知的一点是，西西里岛和意大利南部除了土地肥沃、适宜耕种，还有显著的"锯齿状"海岸线，其中湾流密布。这实际上意味着，沿海殖民地不仅直面出海口，还更容易坐拥肥沃的腹地。

公元前8世纪，卡尔基斯和厄瑞特里亚（Eretria）在狭长的尤卑亚岛上发生了一场局部冲突，史称"利兰丁战争"（Lelantine War），这可能是促使人们向外迁徙的原因之一。考古资料有力地表明，无论出于什么原因，在公元前8世纪后半叶，尤卑亚人不仅在地中海西海岸建起了贸易点，还定居下来。公元前750年左右，尤卑亚人在那不勒斯湾伊斯基亚（Ischia）岛上建立了皮特库萨（Pithekoussai），具有开拓性意义。如果这里只作为贸易站点，那么在希腊语中会被称为*emporion*；如果是当作正式殖民地，则会在希腊语中被称作*apoikia*。但皮特库萨似乎介于两者之间。根据当地墓穴遗址可以推断，这里曾有"常住"人口，并且从铁器铸造痕迹可以推测他们不仅从事商品交易，还会在当地生产这些商品。随后的一二十年间，尤卑亚人又进一步在意大利本土库麦（Cumae）建立了定居点——皮特库萨的经验似乎为正式殖民铺平了道路。

· · ·

尤卑亚人是希腊人中的先驱，但他们并不是唯一横跨地中海航行的人。公元前 11 世纪，腓尼基人的船只就已经在东西航线上航行。公元前 6 世纪初，耶路撒冷的祭司、希伯来先知以西结（Ezekiel）在一篇预言（神启）中，列举了流通在腓尼基本土主要港口之一推罗（Tyre）的众多商品，[①] 包括银、铁、锡和铅，奴隶和铜器，马匹和骡子，象牙和乌木，石榴石、锦缎、亚麻细布、黑珊瑚和红碧玉，小麦、肉、糖浆、油和香脂，酒、羊毛和甘蔗，绵羊和山羊，还有其他各种宝石、黄金、织物和布匹。推罗毁灭后，一切都将消失——这毕竟是推罗的哀歌——不过以西结感叹贸易规模的惊人，他对推罗发出呼喊："你们的征途是浩瀚大海。"同样，大量考古证据表明，腓尼基人的贸易点遍布整个地中海，包括埃及尼罗河三角洲的孟菲斯，塞浦路斯的基提翁（Kition），北非海岸的大莱普提斯（Leptis Magna）、迦太基，西西里岛西侧的莫蒂亚（Motya）、厄律克斯（Eryx），撒丁岛上几处，伊比萨岛和伊比利亚半岛南岸一些地方，直布罗陀海峡外的加的斯（腓尼基人称为"加的尔"），摩洛哥大西洋沿岸的利克苏斯（Lixus）、莫加多尔（Mogador）。作为航海家，腓尼基人无人可敌，据希罗多德记载，公元前 6 世纪初，腓尼基人曾受法老委派，环绕非洲大陆航行。还有一种古老的说法认为，他们甚至

---

① 希腊语中的"腓尼基"大概指当今的黎巴嫩，"迦南"涵盖地域更广，该词源于当地的一个称谓。

曾穿越比斯开湾，抵达不列颠最西部的康沃尔郡。

希罗多德讲述了一则关于腓尼基商人的有趣故事：在直布罗陀海峡外的非洲沿岸（希罗多德认为这里就是"利比亚"），腓尼基商人进行着一种"无声交易"。腓尼基人从海上驶来，将货物堆放在海滩上，然后回到船上，发出烟雾信号。原住民看到信号后，来到海边，在堆放的货物旁放上一定数量的黄金，然后撤离。腓尼基人重新上岸，评估黄金的数量，如果足够就拿上黄金离开，如果不够就返回船上，等原住民再加些黄金。希罗多德说，双方互不欺骗。双方没有一句交流，都认为交易公平合理、互惠互利。

但希罗多德提到这种做法只是因为它的特殊性。他知道，贸易站点通常是希腊人与"野蛮人"（*barbaroi*）直接接触之地。补充一句，他使用后一个词时毫无偏见，仅仅是因为在一个希腊人听来，一种非希腊语的发音可能像"baa-baa-baa"。现代学术术语更倾向采用"他者"一词，希腊人与"他者"的接触地点则被称为"涵化"之地。

因此，参与贸易和交换的人可以被视为涵化的媒介。希罗多德知道一个名叫索斯特拉图斯（Sostratus）的商人，此人来自埃伊纳（Aegina）岛，在西向贸易中发家致富。考古学家在伊特鲁里亚城邦塔尔奎尼亚（Tarquinia）的港口格拉维斯卡（Gravisca），发现了一个献给阿波罗的石锚，署名索斯特拉图斯，很可能就是那个商人。在稍往南的地方，皮尔奇（Pyrgi）遗址展示了远古时期的人们如何推动"交流"。在靠近海岸的地方，建有两座神庙。准许或委托建立神庙的，是当地的伊特鲁里亚统治者，他统治着希腊人称为阿吉拉（Agylla）、如今名为切尔韦

113

泰里（Cerveteri）的内陆城邦。其中一座神庙出土了刻有铭文的金板，上面用伊特鲁里亚语和腓尼基语记录了神庙建立的情况。神庙中的祭词清楚地展示，这里是希腊人、腓尼基人和伊特鲁里亚人共同祭祀之所。希腊人崇拜赫拉，腓尼基人崇拜他们的母神阿斯塔特（Astarte），伊特鲁里亚人则崇拜一位相当于赫拉的神祇尤尼（后来拉丁语中的朱诺）。

总的来说，在伊特鲁里亚等地，希腊人留下的"文化印记"更多。这并不是要贬低腓尼基人，可能只是"工艺专业化"的因素在发挥作用：流动的希腊陶工、画师、建筑师和雕刻工在海外找到了工作，不仅输出了他们的工艺风格，还输出了作品的"文化标识"。在切尔韦泰里的一座古墓里出土了一个早期彩绘花瓶，上面有公元前 650 年左右一位希腊艺术家的签名。他的名字"阿里斯托诺托斯"（Aristonothos）是以尤卑亚文书写的，字面意思是"最棒的私生子"。也许他就是那些在家乡被剥夺了土地权利而背井离乡的尤卑亚人之一。当然，一个器具并不能证明阿里斯托诺托斯真的曾在伊特鲁里亚定居生活。不过，伊特鲁里亚人似乎很珍视这件外邦手工艺品。陶器的形状是双耳酒壶，一种在酒宴上用来混合酒和水的器皿。阿里斯托诺托斯在酒器的一面绘制了海战图案，另一面则绘制了一个躺着的巨人被几个人挥舞着长棍戳眼睛的场景。海战我们不知道画的是哪一场，但可以肯定的是，阿里斯托诺托斯想描绘的是荷马史诗《奥德赛》中最著名的故事——养着羊的独眼巨人在一个山洞里囚禁了奥德修斯和他的船员们（见第 8 页）。荷马只是模糊地称奥德修斯的那次冒险位于西方，并没有指明位于西西里岛，不过叙拉古的导游会说在这里。但是，当这些图案呈现在切尔韦泰里的伊特鲁里亚"野蛮人"面前时，又意味着什么呢？器具的主人是否知晓这个故事或故事的某个版本？他能读懂"阿里斯托诺托斯制作"这个铭文吗？阿里斯托诺托斯是否在现场对某些细节进行了解释，比如在独眼巨人后面有个装着调味奶酪的牧羊人篮子（与荷马对洞穴的描述一致）？

涉及早期涵化证据，这些问题耐人寻味。如果再加上公元前6世纪后半叶的一件史实，即公元前540年左右，波斯人入侵爱奥尼亚所产生的连锁反应，那么这些证据的数量就会成倍增加。爱奥尼亚不仅是荷马、希罗多德、赫拉克利特（Heraclitus）和其他许多杰出希腊思想家的故乡，显然也是许多艺术家和工匠的故乡。这些艺术家和工匠因不愿在波斯统治下工作而向西方迁徙，为西方带来了令人瞩目的成果，例如在伊特鲁里亚城邦塔尔奎尼亚周围，出现了大量彩绘墓葬。这是一次创造性人才的流散移居，正因如此，几百年后，罗马人毫无妒意地认为希腊人就是绘画、雕塑和建筑方面的专才。

115

・　・　・

我们已经欣赏和分析了文化接触与文化变迁所带来的显著成果。那在更基本的生物层面上，民族间的交流互动又带来了哪些影响呢？希腊文献记载了公元前600年左右，来自福西亚（Phocaea）的爱奥尼亚人在法国南部建立了马西利亚（今马赛）殖民地的一个有趣故事。① 福西亚有个人做了马西利亚当地国王

---

① 福西亚如今名为福卡（Foca），是土耳其西海岸一座比较荒凉的前渔村。

的朋友。他可能是给凯尔特人供应葡萄酒的商人，有一次在马西利亚做生意时，刚好受邀参加国王女儿的婚礼。这个福西亚人也许并不知道在这个场合有许多求婚者，也不知道有个礼节就是公主会调制一杯美酒，献给她的意中人。没有资料显示，当公主把寓意连理的酒杯献给这位希腊客人时，现场人们的反应，不过可能大家会认为这是个误会。无论如何，国王认为这是神的旨意，给予了祝福，而我们这位福西亚人也欣然接受，意外喜得新娘，并为她取名阿里斯托希（Aristoxene，"最佳外邦女孩"）。这对夫妻的后代绵延不绝。

116　　　除了传说，还有围绕着梅塔蓬托（Metaponto）殖民地的大范围考古项目成果，该殖民地位于意大利"靴子"的足跟位置。考古学家通过考察现代农业活动挖出的上层建筑遗迹，为我们描绘了梅塔蓬托古城外的居住模式。每座城邦都需要有自己的"腹地"（chora）（在殖民进程中，通常以定量面积分配田地，称作"kleroi"）。在梅塔蓬托周围的乡村，很明显，从公元前6世纪晚期开始，小型农场的密度就在稳步上升。考察农村墓地，当地发现的牙齿和骨骼遗骸表明，该地存在外来男性与本地女性通婚的现象。到了公元前4世纪，这里人口似乎已经真正实现"融合"。

　　各民族间互动的模式各不相同。据说在叙拉古，首批殖民者构成了精英派"土地所有者"（gamoroi），把当地的西克尔人变成了农奴。很快，由于优质农田价格昂贵，或者殖民者之间出现不和，某些殖民地出现了自我"克隆"现象。因此，在西西里岛，第一个殖民地纳克索斯分出了莱昂蒂尼（Leontini）和卡塔纳（Catana），一个多世纪后，从杰拉（于公元前688年由来自克里特岛和罗得岛的多利安移民建立）分出了阿格里真托（阿克拉加斯）。殖民地之间纷争不断，哪怕出现了共同敌人，也几乎没有缓和。尽管腓尼基人在西西里岛上设有前哨基地，但企图以军事力量在西地中海称霸的，是北非城邦迦太基（原为提尔的殖民地）。西西里岛上的希腊殖民地面对迦太基的攻击脆弱不堪，这也一定程度上解释了为何雅典是民主政治美德的化身，而西西里岛上的殖民地则常倾向于实施暴政，即"军事君主制"。

许多独裁者都是历史名人，最早的便是公元前 6 世纪初阿格里真托的暴君法拉里斯（Phalaris）。他的名字是无理由残暴的代名词：他的铁匠设计了一个巨大的空心铜牛，可以把敌人关在铜牛里置于火上旋转，将人活活烤死，只是最后铁匠发现自己也成了这个装置的测试者。有些统治者会使用更传统的方式赢得名声，但整体而言，政治生活中弥漫着一种实验精神。一位叙拉古独裁者为哲学家柏拉图提供了实现理想国的机会（见第 133~134 页）；在意大利南部的殖民城市，毕达哥拉斯及其追随者不仅创立了学派，还制定了宪法。

最能反映希腊海外繁荣富饶的就是锡巴里斯人（Sybarites），即公元前 720 年在意大利"脚趾"附近塔兰托湾的锡巴里斯的殖民者。一则关于奢靡的古代论述称，锡巴里斯人率先禁止制造业和公鸡进入城市（因为会影响睡眠）。令他们为人所熟知的是通宵醉饮、蒸浴、训练马匹随着管乐起舞等活动。一位锡巴里斯人表示，看到别人挖沟，他就后背疼；另一位锡巴里斯人则抱怨，光是听到这些就让人头晕。根据古代历史学家的记录，令人颇为满意的是，在公元前 6 世纪末，锡巴里斯在与附近克罗顿殖民地的冲突中被毁。但是，该地区依然充满吸引力。因此，在公元前 444 年左右，这里成为一处非同寻常之地——希腊联合殖民地。

它的名字是图里伊（Thurii）。雅典人在伯里克利指挥下率先前往图里伊，但这座城市对所有殖民者公平以待，也显然采用了民主的意识形态。城市布局由米利都（Miletus）的希波达姆斯（Hippodamus）负责，希波达姆斯与正交网格状城市规划渊源深厚，"希波达姆斯式"是规则网格状布局的街道和建筑的代名词。他在自己的家乡被波斯人摧毁后，以这种方式重新规划了城市，还以类似的方式规划了雅典的比雷埃夫斯地区。图里伊的城市法律则由普罗塔戈拉（Protagoras）起草，这是一位来自阿布德拉（Abdera，色雷斯的爱奥尼亚殖民地）的哲学家，早年在雅典以传播智慧而闻名（见第 129 页）。普罗塔戈拉的民法典没能流传下来，但其主旨可以用他的座右铭概括，即"人是万物的尺度"。作为一个殖民地，图里伊在历史的篇章中可能名声并不响亮，但历史学家希罗多德却选择在这里度过他生命的最后一段时光。

· · ·

数百个规模不大的希腊社区零散分布在地中海和黑海周围，但这并没有影响"希腊性"的概念。相反，距离只会增强人们对希腊人身份（Hellenikon）的认同感——希罗多德将希腊人身份定义为"拥有共同的血缘、共同的语言、共同的祭祀场所和活动，习俗相近"。海上航行尽管充满危险，但远比陆路价格便宜、时间更短（许多航行都是在能够看到海岸的情况下安全进行的）。

因此，距离遥远的社区之间通过商人、祭司、诗人、哲学家、工匠和雇佣兵在海上的流动互相交流，某些圣地发展为海外希腊人偶尔汇聚一堂之地。

当然，德尔斐就是这样一个圣地，前往德尔斐者并非都只是去求阿波罗神谕。或许看似不可能，但由于德尔斐地势陡峭，高处曾有个体育场，可以举行竞技赛（athletics），此外其附近肯定还有一个赛马与战车竞技场。从公元前 6 世纪初开始，每 4 年会在德尔斐举行一次所谓的"皮提亚运动会"（Pythian Games），来自希腊世界各地的选手都可以参加。

音乐、舞蹈和诗歌是皮提亚运动会的主要竞技项目，也是该节日所敬奉的神的象征。其他地方也举办其他体育节，特别是在科林斯举行的地峡运动会（Isthmian Games，纪念波塞冬）和在阿尔戈斯境内尼米亚举行的尼米亚运动会（Nemean Games，纪念宙斯）。地峡运动会、尼米亚运动会与皮提亚运动会一样，都是泛希腊运动会，但这三个地方的声望始终无法与第四个泛希腊运动会举办地奥林匹亚相提并论。

奥林匹亚位于伯罗奔尼撒半岛西北部，阿卡迪亚（Arcadia）的边缘。阿卡迪亚的浪漫之名源于其秀丽的山峦与峡谷景观、对牧神潘神的崇拜以及相对的与世隔绝——时至今日，尽管奥林匹亚吸引了众多游客，但还是有着偏远的一面。奥林匹亚曾经靠近一座叫比萨的小城（与意大利的同名城市无关）。这里有一座青铜时代的古墓，传说是英雄珀罗普斯的埋葬地。珀罗普斯来自爱奥尼亚，想赢得这里国王俄诺玛诺斯（Oinomaus）的女儿希波达米亚（Hippodameia）的芳心。根据神话传说，俄诺玛诺斯曾在战车比赛中挑战女儿的求婚者，如果求婚者输了，就会被处死。珀罗普斯想出了一个赢得比赛的办法，使用诡计得胜，结果其中的诅咒给他的后代带来了可怕的悲剧，从他的儿子阿特柔斯开始持续下去（"阿特柔斯家族"包括阿伽门农、克吕泰涅斯特拉、伊菲革涅亚、俄瑞斯忒斯、厄勒克特拉及其他悲剧人物）。尽管如此，珀罗普斯还是娶到了妻子，并通过这次战车比赛为奥林匹亚成为追求卓越的考验场所提供了基础。

古代奥林匹克运动会自公元前 776 年正式开始举办以来，几乎从未间断，直到公元 4 世纪末被正式命令停办。公元前 2 世纪，在罗马人的控制下，神庙的设施得到了很大程度的"升级改造"，现在能看到的许多遗址都是罗马时代的产物，其中部分可能要归功于一些专门的捐赠人，如尼禄皇帝。然而，在改造之前，奥林匹亚确实是一个考验人的地方。几个世纪以来，运动员和观众只能在这里简单扎营，忍受着周围荒凉的环境。诚然，奥林匹亚有两条河流，水源充足，但在盛夏（4 年一度的节日期间），奥林匹亚非常闷热潮湿，而且随着河流淤塞，还容易滋生疾病。从青铜时代开始，易生雷暴的小气候推动了人们对宙斯的崇拜。最初可能存在某种涉及赛马和其他牲畜的祭祀活动，但祭祀中的竞技比赛不是为了"娱乐"。在希腊语中，将这些比赛称为"*agones*"，"痛苦"（agony）一词就来源于此，这绝非偶然。有传说认为，赫拉克勒斯曾在奥林匹亚的体育场踱步，发起各项力量和战斗竞赛。值得记住的是，赫拉克勒斯正是必须完成 12 项"伟业"（Labours，本意"苦役"），作为对国王的忏悔，这些对身体和精神的考验被称为"苦役"（*athla*）。从这个意义上说，每一个"运动员"都如同赫拉克勒斯，需要努力通过艰苦的训练和严苛的竞争来救赎自己的凡人之身。

在神话中，赫拉克勒斯是宙斯与一位凡人公主私通所生。宙斯之妻赫拉的嫉妒之火从小就折磨着这位骁勇善战的英雄，使他陷入疯狂，并在疯狂中杀死了自己的妻子和孩子。因为这项骇人的罪行，他不得不向阿尔戈斯国王欧律斯透斯（Eurystheus）赎罪。传说中，赫拉克勒斯的许多"苦役"都发生在伯罗奔尼撒半岛，而且需要高超的摔跤技巧。无论如何，赫拉克勒斯都是所有运动员的楷模。考验结束后，赫拉克勒斯获得了神的荣耀，成为奥林匹斯诸神之一。他的崇拜者们无法达到这一点，但只要他们获胜，一种不朽的荣耀就会向他们招手。橄榄叶王冠是荣誉奖品，更多的奖赏会接踵而至。

奥林匹亚的宙斯神庙建于公元前 460 年左右，展示了一系列表现赫拉克勒斯伟业的排档间饰。神庙内有一尊巨大的宙斯坐像——公元前 5 世纪晚期由菲迪亚斯制作的"黄金象牙雕像"（Chryselephantine）——以"胜利使者"尼基福罗斯（Nikephoros）为绰号。宙斯右手托着长着翅膀的胜利女神——理论上运动员应该为了胜利而拼尽全力，但从神学角度讲，胜利是宙斯的恩赐。体育节开始时，所有运动员及其教练和支持者都要向宙斯祈祷；体育节结束后，获胜的运动员（及其随行者）要用祭品和盛宴来感谢神祇。

奥林匹亚之所以成为体育盛会，很大程度上是因为体育节组织者在公元前 6 世纪就设计了丰富多彩、激动人心的挑战项目。在体育节前一个月就召集运动员，在参赛者中预留某种"种子选手"（任何讲希腊语的人都可以参赛，但无望的选手会被直接遣送回家），从而保持了较高的比赛水准。在与比萨的争斗获胜之后，小城邦伊利斯获得了圣地的控制权，并提供裁判。由于绝对成绩没有保存下来，所以我们不知道古代运动员能跳多远或标枪能投多远。但是，获胜者的名字保留了下来。在体育场的短跑比赛中（从一端到另一端，不到200米），谁赢得了比赛，谁就成了整个比赛的代名词。最终，奥林匹克运动会为各地的希腊人提供了一种共同的竞技方式。因此，公元前776年（根据我们推算）是"第一届奥林匹克运动会，伊利斯的科罗伊波斯（Koroibos）赢得了体育场赛跑冠军"。此后，任何历史事件都可以按照奥林匹克运动会次序来排列，尽管也有其他时间测量方法。

123

奥林匹克胜利者的名单虽已残缺不全，但其本身具有重要的历史意义。早年，奥林匹克运动会很多冠军是伯罗奔尼撒地区的运动员，名单中斯巴达人的名字很多。然而，到了公元前6世纪中期，这种局面发生了变化。我们注意到殖民地，尤其是西部殖民地，正出现越来越多的冠军。克罗顿培养了古代最强大的摔跤手米洛（Milo），他曾连续多次获得奥林匹克冠军（第一次是在公元前540年，他的青年时期）。克罗顿在公元前6世纪末的一次奥林匹克运动会中，还贡献了体育场赛跑中的前7名选手。大约在那个时期，约有十几个希腊城市，主要是殖民城市，在奥林匹亚建立了自己的所谓"宝地"（Treasuries）——精致小巧的建筑，俯瞰着神庙主要区域和通往体育场的道路。殖民地（包括杰拉、梅塔蓬托、锡巴里斯和叙拉古）的官方代表可以在各自的

"宝地"安排会议。但最重要的是，这里是胜利之殿，而且不仅展示竞技胜利的奖品，也展示军事战利品：例如某个城邦的重兵方阵击败对手的方阵后，从战场上收集来的盾牌和头盔。

奥林匹克运动会上的成功显然具有可传递的象征意义。克罗顿对锡巴里斯作战时，军队由摔跤冠军米洛率领，米洛头戴奥林匹克胜利的橄榄枝花环，身披狮皮——仿佛是第二个赫拉克勒斯。反过来，我们也可以把体育节看作希腊社会中的一种"动力释放"。有些竞技项目非常原始且有危险，尤其是"全场摔跤"（pankration）或"全场拳击"（all-in-fighting）。虽然男孩与成年男子分开比赛，但摔跤和拳击没有重量分组，也没有软垫手套和绅士规则的保护。不过，田径运动被证明是一种相对无害的争胜方式。根据一篇关于古雅典的古代文学作品的描写，梭伦曾经带领一位来自"野蛮"斯基泰（俄罗斯大草原）的游客游览雅典。年轻的雅典人在沙坑里搏斗，互相拳打脚踢，汗水、鲜血和瘀伤交织，这些锻炼令游客惊恐万分。梭伦从公民角度给出了理由——这些人或是正在为服兵役而辛勤磨砺自身的公民，或是正在为履行职责而训练的城市卫士——然后又补充了一点民法：在其他地方（毫无疑问在斯基泰也是），一个人配刀在城里走动可能是正常的，但在雅典，这是违法的。

在现代工业社会中，有组织的体育运动获得教育价值和公民价值，在很大程度上是与关于古代奥林匹亚的考古发现同步推进的。法国贵族皮埃尔·德·顾拜旦（Pierre de Coubertin）将异教与泛希腊崇拜的某些方面转化为具有骑士精神的基督教运动与国际运动，于 1896 年在雅典发起了一系列新的竞技活动，并沿用"奥林匹克"一词。① 现代奥林匹克的理念与古代不同，顾拜旦坚持最重要的是参与，而不是取胜。同样，体育是种公民美德的正当性得以恢复，并延续至今。"健康的身体里有健康的头脑"（*Mens sana in corpore sano*），这句口号用的是拉丁语，而不是希腊语，出自罗马讽刺作家尤韦纳尔（Juvenal），如今常被引用。也许古典时代的遗产如今没有哪个能比"去健身房""健身"更为普遍。我们没有接纳希腊人的裸体运动习惯——"gymnasion"（健身房、体育馆）的字面意思是裸体的地方，不过罗马人也没有接纳这点。

如果现在有人感到疑惑，这种本质上毫无必要的努力到底为了什么，那么值得知道的是，即使在古代也有人批评这一点。下面的内容来自古希腊哲学家兼诗人色诺芬尼 ②：

> 一个人在奥林匹亚（比萨泉边宙斯的领地）的赛跑、五项全能或摔跤比赛中获胜又怎样呢？一个人通过残酷的拳击或人们称为"全场摔跤"的可怕运动，在公民眼中变得更加光彩照人，在运动会众人瞩目之下赢得荣誉地位，获得国家公费提供的食物，获得成为传家宝的礼物又怎样呢？在战车比赛中获胜了又怎样呢？他不会像我一样值得拥有这一切。我们的艺术远胜于人和马的力量！那些不过是不假思索的赞美。将力量置于艺术之上，是不恰当的。即使一

---

① 当时，考古学家已经在奥林匹亚挖掘了约 20 年——挖掘工作仍在继续。

② 他对宴会的描述见第 46 页。

个民族中出现了强大的拳击手、五项全能中的佼佼者、擅长摔跤的人或脚步敏捷的人——并因此在运动会上傲视群雄——这座城市也不会因此而治理得更好。在比萨河畔的运动会上取胜，快乐微乎其微，获胜城市不会因此而仓储殷实。

从如此愤懑的语言中可以看出，到公元前 6 世纪晚期，竞技体育已经深深地渗透到公民生活中。城邦对获胜运动员有多种表彰形式：他本人及家人将获得免费餐饮和剧院的前排座位——在斯巴达，他将有幸成为国王的护卫。在德尔斐、奥林匹亚、伊斯米亚和尼米亚举行的泛希腊"巡回赛"上，获胜者会得到一顶简单的叶子王冠。但正如色诺芬尼这段话所指出的，运动员所在社区还会给予运动员丰厚的奖励和特权。在雅典举行的运动会，作为"泛雅典娜节"的一部分，会向获胜者提供油罐——数量庞大的油罐，具有相当大的经济价值。获胜的运动员有望过上好日子。除此以外，还可以将运动员的地位描述为"声名显赫"，或许也可借用希腊语中的"荣耀"（kudos）一词。

要理解运动员的这种声名显赫或荣耀，就要重新思考重兵方阵的作战模式，它强调集体行动和团队精神，降低了个人在战场上脱颖而出的可能性。方阵肯定考验着一个人的勇气，斯巴达诗人提尔泰奥斯曾称赞那些在压力下保持稳定的坚韧不拔之人，无论这些人是否为获奖运动员。但是，如果一个人想效仿阿喀琉斯、埃阿斯或过去的任何英雄，倘若不在运动会中，又有什么机会证明自己是"亚该亚人中的佼佼者"呢？

. . .

公元前 412 年，在第 92 届古代奥林匹克运动会上，一位名叫埃克塞内托斯（Exainetos）的短跑运动员在连续获胜的情况下第二次赢得了赛跑冠军。他的城市阿格里真托为他安排了盛大的欢迎仪式，召集了一支由白马拉着、300 辆战车组成的队伍，护送他进城。为了让护送队伍顺利进城，城墙被推倒了一段。

拆除城墙可能具有象征意义：城市防御能力在于其人力的质量，奥林匹克的胜利标志着短跑选手与敏捷的阿喀琉斯拥有相同的战士属性。但是，这一举动也正值西西里岛几座希腊城市政治命运的高点，德尔斐和奥林匹亚的节日已经揭示了，政治领袖可能会以胜利者的姿态回归并重新树立权威。著名的"德尔斐战车手"铜像，属于公元前 480 年左右，是专门纪念杰拉僭主波吕泽卢斯（Polyzalos）在皮提亚运动会上取胜的一组铜像。波吕泽卢斯并不是我们看到的那个长袍飘飘、冷静地握着缰绳的人，他作为获胜者可能仅仅意味着他拥有战马、战车和战车手。但他还是获得了荣誉。一座所谓的"胜利雕像"是一种后世的荣耀。到了公元前 5 世纪，一些雕刻家开始专门从事此类雕刻工作，特别是米隆（Myron），他创作了最初的"掷铁饼者"（Discobolus），一件运动中的作品；还有波利克里托斯（Polykleitos），他对"协调"垂直静止的运动躯体的方法进行了精心调整，甚至写了一篇关于比例和几何的论文来解释。

这些"胜利雕像"主要通过大量的罗马复制品或对原作的

审慎改动而为人熟知，它们带来的直接和深远影响，怎么强调都不为过。在古典世界的城邦里，成功者的雕像作为纪念碑被放置在显著位置，代表"社会支柱"。事实上，有些运动员还被适当地英雄化了，人们为他们设立了神龛和祭坛，把他们当作半神来崇拜。这种精神的一个体现，就是出现了一种诗歌体裁"胜利之歌"（epinikian poetry），最著名的代表诗人是活跃在公元前 5 世纪上半叶的品达（Pindar）。

据我们所知，品达本人并不是运动员，他的诗歌也很少表现对运动员体能或技术成就的兴趣。相反，他的天才在于创作出一种壮丽的胜利景象——铿锵有力的颂歌不仅使被尊为胜者之人狂喜，还唤起了一种"时光深邃"的感觉，并在这一转变出现的时刻达到顶峰。因此，在品达向泛希腊巡回赛上一位又一位胜利者致敬的诗歌中，传说和族谱发挥着重要作用：英雄或远古过去的一些故事将教导人们如何获得正义的祝福，或者如何播下种子、结出胜利的果实。

品达出生于波欧提亚的底比斯，曾在希腊各地为赞助人工作。他很自豪自己的诗句能"像腓尼基商品一样"漂洋过海。他也自豪地相信贵族价值观。无论会多么限制创造力，品达始终坚持强调世袭价值：贵族义务是参加竞技比赛的正当动机，获胜者也应相应遵守贵族准则。公元前 476 年，品达亲自前往西西里岛，创作了一些最杰出的作品，来纪念岛上在马术上取胜的两位暴君：叙拉古的希隆（Hieron）和阿格里真托的塞隆（Theron）。①

---

① 这两位本不是最好的朋友。公元前 480 年，在西西里岛北岸的希梅拉（Himera），两人联手击败了迦太基大军，后来希隆娶了塞隆的女儿或侄女。

129 无条件的奉承并不是品达的风格。领导者就算已经展示出"卓越"（*arete*）的一面，在赛场外也必须继续表现卓越。在《第一首毕典颂》（公元前 470 年，庆祝希隆在德尔斐的战车比赛中获胜）最后，品达对希隆说：

> 既然嫉妒胜过怜悯，就不要放弃伟大的事业。用正义之舵引导你的臣民，用真理之砧锤炼你的舌头……人生的头等奖赏是好运气，其次是好名声，谁能获得并保有这两样东西，谁就赢得了最伟大的桂冠。

在公元前 3 世纪末叙拉古最终被罗马征服之前，叙拉古的历史包括寡头政治、民主政治、僭主复辟和君主制。品达的建议需要被反复引用。但还能更进一步吗？叙拉古能否被重塑为一个完美的国家？如前所述，柏拉图认为可以。因此，我们在追寻古典文明时，必须暂时停下来，思考一个在地图上没有出现过的地方。

5
乌托邦

　　乌托邦并不是一个已知地点。[①] 乌托邦一词模棱两可。在希腊语中，它既可以指"无处"（*outopia*），也可以指"好去处"（*eutopia*）。因此，它介于"无处"和"好去处"之间。然而，乌托邦理所当然地在古典文明中占有一席之地，稍有夸张地说，它象征着希腊和罗马哲学探究的宏大工程。这并不是说所有希腊和罗马哲学家都是理想主义"梦想家"。"*Philosophia*"，意为"热爱知识"（或"知晓""试图知晓"），可以包含各式各样的智力活动——包括那些预示着现代科学的"实证"方法——根据观察或实验现象提出理论，对"生命、宇宙和万物"进行抽象推测。

　　可以说，古典哲学的核心作品是柏拉图的《理想国》（*Republic*），尽管它并不像一本政治"共和主义"手册，但它确实试图描述最完美的城邦——一类"乌托邦"。不过即使在这座城邦，也要消耗大量理性能量，去思考一些问题：如果我们发现了一个可以让自己隐身的戒指，每个人会怎么做？会利用这枚戒指去偷窃、清算报复和制造恶作剧吗？我们良好的行为举止，是否只是为了"看起来"像好人（正如普罗塔戈拉和诡辩家们所主张的那样）？这种假设情景看似与个人道德有关，但本质上具

① "乌托邦"在托马斯·莫尔想象的完美社会中（1516），指的是大西洋某处一个想象中的岛屿。虽然莫尔是用拉丁语写作、受到柏拉图的亚特兰蒂斯神话影响并且这个词听起来像希腊语，但"乌托邦"并不是一个古典概念。

有公民意义。鉴于人类生活在社会中，因此有义务将个人利益与"群体动力"相平衡，自治与群治之间的关系不仅仅是一种隐喻式的设想。国家能否培养出在"能够"通过魔法戒指隐身时，会选择行善而不是作恶的公民？或者说，如果这样的人成为国家的领导者，那么这个国家是不是就成了可以想象到的最好的国家？

这些问题的历史背景可以大致定位在公元前5世纪末的雅典，当时那里的民主正面临危机（见第76~77页）。柏拉图的舅舅克里提阿斯（Critias）是在斯巴达人怂恿下夺取政权的"三十僭主"中的重要人物，年轻的柏拉图最初可能是支持者。很明显，他从不赞成民主，或者至少反感民主使得煽动者和政客有机会迎合人们急功近利的集体欲望。他甚至认为伯里克利也是一个讨好大众的人。柏拉图很快就开始反感三十僭主的暴行，但仍然希望他的善治理论能够得到实施。他数次前往西西里岛，胸怀对叙拉古统治者施加哲学影响的使命——先是对狄奥尼修斯一世，然后是他的儿子和继任者狄奥尼修斯二世。他的努力似乎都没有奏效，但他晚年还是为完美宪法创作了一份规范详细的宣言，即《法律篇》（*Laws*）。

135　　在这方面，柏拉图似乎与自己的导师苏格拉底大相径庭。他不仅在《理想国》中将苏格拉底设为主要发言者，而且在一系列保存相对完好、绝对优雅的"对话"中都将其设为主要发言者。这些"对话"号称记录了苏格拉底与不同雅典年轻人之间的主题式交流。历史上，苏格拉底可能推崇哲学，但他不是哲学家，似乎也丝毫不愿成为政治家。相反，苏格拉底以自己特立独行为荣——"白痴"（*idiotes*）在希腊语中是指一个走自己的路之人。苏格拉底利用这一基本身份，挑战包括他自己在内的任何人在知识上的自满情绪（讽刺是他最喜欢的一种策略，没有什么比自嘲效果更好了）。

公元前 399 年，苏格拉底被认定犯有不虔诚和"败坏青年风气"等多项罪行，当时他已年届 70 岁，被判处自尽。他服毒（毒芹）自尽，表面上平静地接受了法庭的判决。他的几个朋友和追随者站在他身边哀叹，苏格拉底让他们也平静下来。他说，死亡有什么可怕或可悲的呢？要么就像进入梦乡，进入一种被动遗忘；要么就像诗人们所想，前往安放着过去所有灵魂的另一个世界。苏格拉底说，如果能与埃阿斯和阿伽门农等一些过去的灵魂相遇，并能与他们交流，谁会不感到高兴呢？

他被迫自尽并不是一场蓄意的闹剧。但是，如果当时的政治家们认为这样就摆脱他了，那就大错特错了。通过死亡，苏格拉底的影响力得到了进一步放大。事实证明，柏拉图是苏格拉底影响力最虔诚的守护者和传播者。不过需要强调的是，柏拉图是将苏格拉底作为代言者，所以并非逐字逐句记录其言行。柏拉图优美抽象的散文，很容易让人们忘记苏格拉底还有着本地历史背景。

有一些"确凿"的考古证据：据说苏格拉底经常光顾的一个叫西蒙的鞋匠的房子，就位于"市集"阿哥拉西边。我们还从雅典喜剧中了解到，苏格拉底在他同时代人的眼中显然是个怪人。在公元前 5 世纪 20 年代，阿里斯托芬在他创作的戏剧《云》（*Clouds*）中，直接嘲弄了苏格拉底，暗示由他教导别人会给城

136

邦管理者带来麻烦。更笼统地说，我们只要看看遗存下来的公元前 5 世纪戏剧剧目，就会意识到道德困境——尤其是一种绝境或阻塞状态，一种不知道下一步该往何处走的感觉，希腊语中称作 *"aporia"*，苏格拉底喜欢往这个方向引导其弟子——已经成为悲剧的主要思想。

例如，在索福克勒斯的《安提戈涅》中，雅典人不得不目睹以家庭为基础的个人价值诉求与国家现行法律相冲突的悲剧结果。安提戈涅必须埋葬她的哥哥波吕涅塞斯，让他的灵魂得以安息，但根据王室法令，波吕涅塞斯被视为（类似）"恐怖分子"，不应获得安葬。到底是什么理由，才让安提戈涅做出藐视权威的决定，并在她哥哥裸露的尸体上撒了必要的"几把尘土"？

雅典的剧场里排练和演绎着这些谜一般的困境，仿佛它们就发生在那里。戏剧的力量恰恰就在于，观众知道故事"应该"发生什么，但并不完全知道故事将"如何"展开，因此他们不仅紧绷心弦，还实际上充当了一场审判中的陪审团。虽然苏格拉底参与的对话并不总是引人注目——辩论中的对手往往只是表达基本赞同："确实是这样，苏格拉底""当然""是的，确实如此！"——不过，这些对话植根于雅典的辩论和讨论传统。

苏格拉底接受了死亡，但显然享受将"沉思的存在"〔亚里士多德后来将其定义为"理论生命"（*bios theoretikos*）〕积极人格化。未经审视的生活是不值得过的——这是他给弟子的格言——这奠定了个人美德的基础，同时也吸引着任何将辩证法和演绎推理作为理解世界方式的人。在下文中，我们将或多或少地根据古

137

典世界本身的情况来考察其哲学思想：我们暂且不提如果有奴隶来做日常家务，会更容易过上自省反思的生活；我们也不要自以为是地惊叹，因为尽管某些希腊和罗马哲学家在伦理方面建树颇丰，但他们中没有一个人质疑过奴隶制，也没有一个人提到女性受压迫的话题［然而，值得注意的是，许多哲学论述都涉及个人自由和"自治"（autarkeia）］。

我们可以简单地概括古人对物理世界和人体做出的大量猜测：他们没有望远镜和显微镜，因此猜测就是纯粹猜测，不用期待有何真知灼见。然而，他们完成了现代实证科学和演绎思维的基础工作。如果还怀疑古典世界对我们的贡献，那么关于学习的术语本身就可以证明这一点："academia"（学术界）直接取自希腊语，"school"（学校）也是如此，而"education"（教育）则源自拉丁语。

苏格拉底在这个故事中扮演着重要角色。在苏格拉底之前的所有希腊哲学家被统称为"前苏格拉底哲学家"（Presocrates），这足以说明苏格拉底在历史上的绝对重要性。

· · ·

苏格拉底的重要性并不是因为要塑造一个历史人物而被故意夸大的。他是智慧英雄，是"思想者的思想者"，这一地位在整个古典时代一直存在。他特征鲜明的雕像或绘画，出现在众多罗马家庭之中。但是，"前苏格拉底哲学家"这一称谓直到19世纪才出现，这得益于两位德国学者赫尔曼·第尔斯（Hermann Diels）和瓦尔特·克兰茨（Walther Kranz）的耐心坚持与不懈努力，他们陆续收集了古希腊哲学在后世资料中的各种证明。① 在苏格拉底之前，几乎没有关于哲学家职业的描述，尽管一些前苏格拉底哲学家显然凭借他们在各个领域的专业知识维持生计，包括医学、天文学、工程学、政治学和"物理学"（源于希腊语"physis"，即"自然"，该词可涵盖所有探究）。

139

最早一批前苏格拉底哲学家出现在小亚细亚西海岸的殖民地米利都。在米安德（Maeander）河淤泥滋养的这片棉花地上，已很难找出米利都学派（Milesian school）曾在此发展的确凿证据。如今可见的遗址主要是罗马城市的遗址，公元前494年被波斯人报复性摧毁后重建的希腊港口和定居点几乎无迹可寻，更不用说公元前7世纪和6世纪繁荣的殖民地了。因此，要为泰勒斯（Thales）这位古典哲学"奠基人"赋予任何背景和特征，都需要丰富的想象力。如同其他前苏格拉底哲学家，泰勒斯没有留下关于其生平和教导的直接证据，我们对他在公元前6世纪米利都哲学生涯的了解，都来自后世作家和文学家引用他的思想及逸事。有一个故事是泰勒斯利用自己在观星和气象学方面的专长，预测了某一年的橄榄收成，然后通过抢占榨油市场而致富。此外，还有人说他利用天文学知识发明了导航设备；说他曾旅居埃及，凭借几何知识利用自己的影子测量了金字塔的高度。然而，泰勒斯和后世与米利都有关的另外两位——阿那克西曼德（Anaximander）和阿那克西美尼（Anaximenes）一样，所探究者显然并不局限于我们所说的"应用科学"。他还大胆地述及"宏

---

① 第尔斯定义了"古代学术"（doxography）这门学科，字面意思是"观点写作"，即间接撰写哲学学说的文献。

大问题"——天边之外还有什么？宇宙如何起源？

据后世资料记载，泰勒斯认为地球漂浮在水面上，水是所有物质的基本元素。我们只能猜测，这一假说来自经验观察——海水蒸发成盐、河流中可以捞出黄金或者人在炎热时出汗？不管怎样，我们认为这一假说是以观察为基础的，并且像其他所有假说一样，可以反驳或进行发展。阿那克西曼德提出生命起源于海洋元素。至于阿那克西美尼，只需列举他思考的问题就足够了：为什么会刮风？是什么造就了彩虹？为什么会发生地震？为什么我们感觉不到来自星星的热量？

虽然踪迹难寻，但米利都人依旧留下了印记。后来，任何自称"智者"的人都不得不根据观察到的现象对这些问题进行假设。爱奥尼亚是希腊语世界中产生前苏格拉底学者的主要地区，但从他们的传记（现存的传记）来看，这些思想家往往是流动的。他们的"知识"，甚至他们的探究精神，有多少得益于埃及和近东的古老文化（尤其是巴比伦在天文学方面），这一点很难说。米利都与爱奥尼亚海岸的其他城市一样，与尼罗河三角洲有贸易往来。据说泰勒斯来自腓尼基。萨摩斯的毕达哥拉斯，也许是前苏格拉底哲学家中最有名气的人（如果可以用"最有名气"来描述这样一位神秘人物的话），据说他曾远游印度。在前苏格拉底哲学家身上似乎存在一些亚洲萨满传统，当然，即使他们真的剽窃了这些理念，也不会公开承认。① 换一个角度来说，在同

①　希腊人的学术活动通常具有竞争性，但这种竞争是希腊人与希腊人之间的竞争，从不表示自己比其他文化更为优越。

一时间，对世界的非神话解释从三个明显不同的来源出现：前苏格拉底哲学家、佛陀和孔子，这仅仅是巧合吗？

141 　　我们对前苏格拉底哲学思想和讲学的了解完全来自二手资料——基本上是第尔斯和克兰茨收集起来的零散材料，尽管偶尔还会出现新的零散片段引人注意。这些引述有时只有一两个字，因此重建前苏格拉底哲学思想的任务非常艰巨。一个臭名昭著的例子就是以弗所的赫拉克利特发表的"言论"。这些言论有些是探讨世界变迁和纷争的普遍规律，至今仍被人们津津乐道："一切都是流动的""人不能两次踏入同一条河流"；有些看似简单，但可能会形成有意义的类比（"狗对不认识的人狂吠"）。对于赫拉克利特来说，这些言论使他愤世嫉俗的先知形象跃然纸上，因为他不仅对传统的虔诚祭祀仪式投去蔑视的目光（"他们徒劳地用鲜血净化自己，就像一个踏入泥潭的人想用泥水洗脚一样"），而且对史诗传颂者及其绚丽的宇宙也嗤之以鼻（"荷马应该被逐出榜单并遭鞭笞"）。

　　因此，我们已经感觉到，这些古老的"哲学家"认为自己与祭司和诗人——那些自称洞察力非凡的竞争对手是不同的。我们在柏拉图身上再次看到了对荷马的敌意，柏拉图给出了更多不信任荷马的理由。不过，前苏格拉底哲学家并不排斥用诗歌的形式表达思想。阿格里真托的恩培多克勒（Empedocles）的"文学遗产"以优美的笔触描述了对四种"元素"（火、水、土、气）及
142 昼夜更替等的观察。① 鉴于这些文学遗产，人们一般认为是恩培

---

① 恩培多克勒与几位前苏格拉底哲学家一样，认为地球是圆的。

多克勒创造了修辞艺术——驳斥了我们现代人认为的科学家不会写作，而"作家"不懂科学的观念。

因此，这些古代哲学家可能会像诗人一样，受邀在贵族聚会和座谈会上表演。色诺芬尼不仅为座谈会参与者提供行为举止方面的建议（见第 46 页），还用挽歌的韵律提供了"思想食粮"。色诺芬尼不是无神论者，但他尖锐地批判拟人化的宗教：超自然现象一定超出了人类的想象力，那么荷马和赫西俄德为什么坚持赋予众神欺骗、偷窃和通奸等凡人的缺点呢？挑衅似乎是他表演的一个特征，他对于著名运动员浪费公民和经济资源的谴责，听起来像是故意对抗史诗和抒情诗。

与此相反，毕达哥拉斯似乎重视将运动员视为潜在学生，据说他还训练过奥林匹克冠军。毕达哥拉斯的名字大家耳熟能详，因为有个关于三角形的定理与他有关。从后来纷繁复杂的逸事资料来看，算术和几何的确是"毕达哥拉斯课程"的一部分——正如亚里士多德所指出的，对于毕达哥拉斯来说，一切都可以用数字来表达，包括音乐。但对现在的我们来说，也许更重要的是毕达哥拉斯主义是一种"生活方式"。公元前 6 世纪下半叶，毕达哥拉斯从萨摩斯移居意大利最南部的殖民地克罗顿，他的学说在那里吸引了一批弟子。毕达哥拉斯的教导到底在多大程度上是教条的，我们难以衡量：例如有言论称，毕达哥拉斯本人是一个素食主义先驱，然而他的学生之一是著名的奥林匹克摔跤冠军米洛，据说那是个不折不扣的肉食主义者。毕达哥拉斯学派在多大程度上形成了一个政治派别，同样也很难判断，因为即使不是在克罗顿，在意大利南部的其他城市，"毕达哥拉斯学派"

显然也是作为一个政治派别进入政府的。无论如何，毕达哥拉斯作为派别创始者的魅力，似乎很大程度上在于他不仅提供了有关饮食、生理学、数学、音乐等各个方面的智慧，还提供了类似宗教教义的东西。这并不是摒弃传统仪式，而是用特定承诺激励他们为来世做准备（例如，保持沉默以便冥想）。

如前所述，希腊宗教有其神秘元素。各种崇拜，包括那些与狄俄尼索斯和俄耳甫斯（Orpheus）名字有关的崇拜，都许诺给信徒某种重生的机会。毕达哥拉斯提出了"灵魂"（psyche）的概念——尽管由于源于二手资料而有些笼统——认为灵魂是人格的本质，可以通过一系列"净化"从一个躯体被转移到另一个躯体。毕达哥拉斯本人声称，他的前世是荷马史诗《伊利亚特》中的一个（次要）人物。但这样或那样的灵魂所居住的并不一定是人类的身体。有个广为人知的故事讲述了毕达哥拉斯是如何阻止一个人打狗的，因为据说他从狗的哀嚎中听到了祖先的哭声。相信灵魂转世（metempsychosis），可能是毕达哥拉斯不吃动物的一个思想原因。无论如何，无论好坏，他为古典思想引入了身体与灵魂"二元论"的概念。

· · ·

144　　　公元前 6 世纪晚期，克罗顿的另一位杰出人物是医生德摩西迪斯（Democedes），他是已知最早的一位希腊医学传播者。同样，我们也不清楚早期的医疗实践在多大程度上得益于从埃及和巴比伦汲取的专业知识，但希罗多德肯定意识到了知识分子之间的流动，他提到德摩西迪斯，意味着这种交流是双向的，因为德摩西迪斯声名显赫，被波斯的大流士大帝聘为宫廷医师。克罗顿成了著名的医学中心，许多地方培养了"医生世家"。最著名的就是科斯岛（Kos）：公元前 5 世纪下半叶，希波克拉底就是在这里成名的。"希波克拉底誓言"的文本——至今许多医学院仍在使用该文本——将资深医生称为"父亲"，学徒称为"儿子"，学生称为"兄弟"。因此，医学几乎成了一种世袭技能，从业者也成了一种神职人员。事实上，古代医生工作的场所通常是治疗之神阿斯克勒庇俄斯的圣地。誓言的开头是呼唤阿波罗——阿波罗的力量是用那些"潜伏在人们之中的疾病"（"流行病"的字面意思）惩罚凡人，同样也能解除这些痛苦。阿斯克勒庇俄斯是阿波罗之子，有时与许革亚（Hygeia，健康女神）和帕那刻亚（Panacea，治愈百病女神）一起出现，是医学始祖。

这种神圣的联系似乎令人费解。因为希波克拉底通常被称为临床医学的鼻祖，这意味着人们认为他率先发展了以症状诊断为基础的医疗方法，对病因进行实验性研究，并愿意寻求切实可行的治疗疾病的方法。有人将此与"信仰疗法"或将疾病视为神之旨意的观点进行对比。那么，为什么希波克拉底和其他"同行"会在神庙里工作，为什么希波克拉底誓言会呼唤阿波罗？

这个问题的答案——也是为什么我们在故事的这个节点，前苏格拉底和苏格拉底之间，提出这个问题——必然在于古典世界中集体崇拜的特殊地位。不虔诚可以立罪——苏格拉底本人也因这一指控而遭殃——但神权并未一手遮天，祭司并没有强大到可以制定公民法律的地步。在雷暴现象中只赋予宙斯一个象征性角色，并不是不虔诚。当然，"多神"宗教——多个神祇——往往

145

会遏制神的专制主义。（德墨忒耳的女祭司的地位高于狄俄尼索斯的祭司吗？）如果某些前苏格拉底哲学家公开蔑视传统崇拜的某些方面，这种蔑视并不一定等同于无神论、不可知论或亵渎神明。对于医学从业者来说，寻找病因和治疗方法并不等于否定信仰。根据所谓的《希波克拉底文集》（*Hippocratic Corpus*，公元前 5 世纪～前 4 世纪的医学文集，其中没有一篇直接来自希波克拉底）收录的各种文献，可以清楚地看出，疾病的原因和治疗方法属于病人"生活方式"的范围。希波克拉底的诊断着眼于习惯、遗传、个人性格和物理环境（包括气候）。通过收集大量病例笔记，总结出一个广义理论，就是平衡身体内外的元素。但精神疗养并未被低估。阿斯克勒庇俄斯及其医生后裔主导创建了疗养圣地，提供住宿，不仅方便观察病人，还可以进行住院治疗，包括祈祷、梦境分析、催眠、沐浴、锻炼、食用特殊饮食和清肠——甚至还为了用哭和笑进行治疗，去剧院看戏。[1]

宣誓医生承诺遵守行为准则，包括不滥用知识或受信任的地位，拒绝协助死亡或堕胎。显而易见，提供治疗的市场是开放的，有大量"替代医学"可供选择。该信任市场上的谁呢？希腊语中的"*pharmakon*"一词模棱两可，既可以指良药，也可以指毒药。从荷马以来，就有关于植物药剂有害和有益的记载。等到公元 1 世纪，还有一本由迪奥斯科里德斯（Dioscorides）编写的

---

[1] 在伯罗奔尼撒半岛东部埃皮达鲁斯（Epidaurus）附近，阿斯克勒庇俄斯神庙中的剧场是保存最完好的古代剧场之一。

五卷本草药功效指南将会问世。这是否算得上我们所理解的药理学还值得商榷，读一读迪奥斯科里德斯的文字，就会意识到几乎每种植物在某种程度上都能为各种疾病带来效用。

但在希波克拉底的著作中几乎没有提到药物治疗，他的治疗方法重点在于恢复身体力量和物质的平衡，并由此发展出了具备多种要素的"体液学说"，即人的体质和气质是由体内某些液体的相对比例决定的。由血液、黏液、黄胆（*chole*）或黑胆（*melaina chole*）主导的人体，分别属于多血质、黏液质、胆汁质或抑郁质。一种体液过多或体液不平衡就会对健康和气质产生负面影响。在喜欢数字对称的毕达哥拉斯学派那里，这种四重系统还关乎四季、四元素和四种特质（热、冷、湿、干）。

科斯岛上的阿斯克勒庇俄斯神庙作为避难所和疗养院存在了一千多年。事实上，阿斯克勒庇俄斯家族在古典世界一直存在。[①]最终，来自佩加蒙的医生盖伦（生于公元 129 年）成为西方医学史上最具影响力的人物。盖伦通过为受伤的角斗士包扎伤口，积累了初级经验，此后为罗马皇帝马可·奥勒留服务。可以断定这位皇帝没有疑病症（hypochondriac），因为盖伦不仅有时间进行大量的解剖学和生理学研究，还写有大量著述，其中许多都流传了下来（不过他钟爱的藏书已经散失）。盖伦为自己的知识感到自豪，并决心阐明自己与竞争对手的知识有何不同，因此从他的著作中，可以了解其前辈们的诸多情况。

① 罗马的医生通常来自希腊，即使他们有拉丁文的绰号：罗马有记载的第一位外科专家阿卡加忒斯（Archagathus）绰号 *Carnifex*，即"屠夫"。

鉴于在古典世界，要为伤病寻求"速效良方"，行医者在缺少显微镜、化学知识及尸体解剖许可的情况下，还能取得如此大的成就，这令人惊讶，也值得称赞。这应归功于另一位在罗马行医的希腊医生，（意料之中）名为阿斯克勒庇俄斯。这提醒着我们，阿斯克勒庇俄斯的典型特征以及希波克拉底誓言的主要使命是"对人类的爱"（*philanthropia*），即"仁爱"。

· · ·

希波克拉底与苏格拉底几乎处于同一时代。据我们所知，他们从未相识。但两人的生活和工作都处于知识自主和知识竞争的氛围中，在这种氛围中，人们已经开始关注"认识论"——对知识的认识，对如何思考的思考。在这里，从历史的角度来看，我们有可能发现一些"早期苏格拉底学派"（Protosocrates）的前苏格拉底哲学家。其中一位就是巴门尼德（Parmenides），来自埃利亚（维利亚）。公元前 540 年左右，波斯人向爱琴海推进，爱奥尼亚人流离失所，在意大利海岸建立了殖民地埃利亚。巴门尼德提出了方法论的最初原则，他否认"非存在物"的可能性，向宇宙论者提出了持久的挑战。但对我们的故事来说，他的重要性在于（根据柏拉图所言）他在六十四五岁时来到雅典，与年轻的苏格拉底进行了对话。

巴门尼德此行带着"埃利亚学派"年轻的芝诺。这位芝诺——不要与斯多葛学派（Stoics）的芝诺混淆，那位芝诺后面会进行介绍——以擅长提出"悖论"闻名，那实际上是些脑力练习，旨在挫败或迷惑巴门尼德的对手。芝诺以近似游戏的方式，向人们展示了推理过程如何取决于"前提",即讨论开始时的假设或"给定"。例如,如果"移动"被视为一定时间内走过的距离,而这个距离是可以分割的,那么就会出现下面这个悖论:想象一下,阿喀琉斯(擅长奔跑)在与乌龟赛跑时,大度地让乌龟先跑。那么,阿喀琉斯永远也追不上乌龟,因为当乌龟爬行时,阿喀琉斯必须走过一组无限可分割的距离,但永远也走不完这一组距离,所以永远也追不上乌龟。同样,如果一支从弓上射出的箭,在任何时刻都处在某个位置因而是静止的,那么它又是如何飞到任何地方的呢?在引用这些悖论时(它们永远只是被引用),人们很容易把它们讥讽为当哲学家提出关于世界的问题时会发生什么的例子。但芝诺并不是在讨论运动的物理学,也不是在讨论无穷的数学,从根本上而言,他和巴门尼德关注的都是为展开论证建立基本规则,无论是科学论证还是其他论证。

还有三位前苏格拉底哲学家值得关注:一位是阿那克萨哥拉(Anaxagoras),认为"心灵"(nous)是万物的本源和秩序原则,据说他的观点除了影响苏格拉底之外,还至少影响了两位杰出的雅典人(伯里克利和欧里庇得斯);一位是色雷斯阿布德拉的德谟克利特(Democritus),他和留基伯(Leucippus)一起从理论上将物质还原为原子——"不可分割之物"——因此不仅预言了现代粒子物理学的出现,也为宇宙没有神祇参与提供了一种可能的解释;第三位是普罗塔戈拉(也来自阿布德拉),通过柏拉图(在对话录《普罗塔戈拉》中)留下了他的"伟大演说",他认为人类在生理上不如其他许多生物,但能够凭借合作和共同生存的智慧力量更胜一筹。

高尔吉亚（Gorgias）的影响也值得一提，这位哲学家于公元前 5 世纪下半叶从西西里岛来到雅典。高尔吉亚和普罗塔戈拉被视为诡辩家（Sophists）。严格意义上讲，"*sophistes*"的意思不过是"博学的"，但后来表示"在知识和道德问题上进行有偿指导的人"（如《牛津英语词典》中的定义）。因此，它可能成为一个贬义词，尤其是当它与新兴的修辞艺术——公开"展示"知识——联系在一起时。这究竟是一种技能（*techne*），还是仅仅是个"花招"（*tribe*）？柏拉图在以高尔吉亚为主角的对话中，显然对强调说服性的诡辩术持怀疑态度，因为这当中似乎不存在真理，只有观点之争。现代评论家则更有同理心，赞扬高尔吉亚认可散文的艺术性丝毫不亚于诗歌（柏拉图不会接受将否认修辞也视为一种修辞策略）。

因此，苏格拉底即使与任何前辈都没有师徒关系或不存在学徒经历，也有其知识背景。他可能曾经对物理学感兴趣，后来才转向他赖以成名的道德推理。然而，本质上并不存在苏格拉底式的"学说"——除了将提问视为某种义务，对一切学说都进行批判性审视。他不是无神论者，但他的宗教实践也没有超越理性的审视范围（不难理解这种做法会如何被歪曲为"不虔诚"）。最重要的是，苏格拉底象征着以友好开放的方式进行分享和独立判断的精神。

151 苏格拉底对自己进行了漫画式的描绘，这正是（也一直是）他的魅力所在。作为一个强调美的道德意义的人，他本人却与古典美男子的经典印象大相径庭：秃顶、蓬头垢面、膀阔腰圆、大腹便便。他服兵役时充满勇气和毅力，这一点得到了战士们的证明。他的塌鼻子也没有阻碍雅典的年轻人对他们这位老师产生"好感"，其中最"臭名昭著"的是亚西比德，曾试图借额外的摔跤课程挑逗苏格拉底（但没有成功）。然而，苏格拉底显然喜欢扮演反英雄的角色。他表示，保持健康的一个很好的理由，就是能够在战斗中快速逃跑。至于自己的外表，他用作哲学素材。一位朋友克里托布卢斯（Critobalus）请苏格拉底参加选美比赛，苏格拉底同意了，并立即提出了一个问题："那么请告诉我，你所说的美是什么意思？美是局限于人，还是同样存在于其他事物中？"克里托布卢斯回答，牛马也可以是美的，事实上无生命的物体也可以是美的，比如盾牌或剑。苏格拉底进一步让他说出是什么让这些大不相同的东西变得美丽。克里托布卢斯回答，如果一件东西根据需要或用途，制作得很好或形成得很好，它就是美的。这使得苏格拉底揪住一个机会，开始了下面的对话：

苏格拉底：很好，你知道我们的眼睛有什么用吗？

克里托布卢斯：用来看。

苏格拉底：如此说来，我的眼睛比你的更美。

克里托布卢斯：怎么说？

苏格拉底：你的眼睛只是直视前方，而我的眼睛外凸，让我也能看到侧面。　　152

克里托布卢斯：这么说，最美的眼睛是螃蟹的眼睛？

苏格拉底：显然如此！

克里托布卢斯：那么鼻子呢——你的鼻子更美，还是我的鼻子更美？

苏格拉底：上帝赋予我们鼻子，是为了闻。你的鼻孔朝下，而我的鼻孔朝上，所以能闻到来自四面八方的气味。

毫无疑问，在色诺芬的叙述中，任何旁观者都会觉得年轻的克里托布卢斯比苏格拉底更英俊。但在这里，我们看到的是芝诺的辩论技巧被发挥到了令人讽刺的地步。阿喀琉斯当然能跑得过乌龟，苏格拉底当然不可能被称作美男子（亚西比德把他比作羊男萨蒂尔）。既然如此，那么如何定义相对运动或美呢？

. . .

可悲的是，人类试图了解世界的真实面目，然而我们几乎不知道周围发生了什么，如同都被囚禁在某个巨大的山洞里，带着镣铐，只能看着洞穴的后壁。在我们身后，有些人在走来走去，有些人手里拿着依稀可辨的东西，闪烁的烛光将他们的影子投射在墙壁上，我们看到的不过是如皮影戏一般的景象。这就是我们与生俱来的感官局限。我们大多数人会认为这就是"现实"。但是否有出路——走向光明之路呢？

洞穴是柏拉图对凡人生存的比喻，而柏拉图也给出了答案。我们要摆脱感官的禁锢，就要沿着苏格拉底指引的道路前进，成为哲学家，不断努力在墙壁上瞥见的影子中，探寻概念中的真理。爱、勇气、正义、美、善：灵魂对这些品质要素略有所知——能感知到它们的"形式"——但必须经过训练才能去追求这些品质。这是一场向上、向外的启蒙斗争。

据说，柏拉图的名字意为宽阔的肩膀，他在那个时代曾是摔跤冠军。他于公元前 387 年创建了学校，位于雅典郊区的一个体育馆内，该体育馆的名字来自一位默默无闻的英雄阿卡德摩斯（Akademos），据说他就葬在那里。因此，在柏拉图于此进行严格的思想磨炼之前，"学院"（Academy）已经是一个锻炼身体的地方了。从洞穴的比喻中可以看出，我们的身体容易受到欲望、疾病和年复一年老化的影响，这些阻碍了我们通往真理的道路。因此，作为一种成就，知识与快乐相提并论。因此，在寻求理想的爱的真理时，"柏拉图式的爱"必须包含一种超越感官冲动的情感。

20 世纪哲学家怀特海（Whitehead）将所有西方哲学研究著名地概括为"对柏拉图的一系列脚注"。尽管多数俏皮话往往并不准确，但这有助于引导我们超越将柏拉图归结为唯心主义和二元论的范畴，认识到他对"古典文明"更为特殊的意义——他有一个对完美城邦的认真构想。在《理想国》中，他承认这是幻想——正如苏格拉底所说，谁会批评一个画家画了一幅与自然界并不相似的画呢？然而，在《法律篇》中，年长的柏拉图又提出了一个切实可行的方案，以至少实现可以与这一理想相妥协的东西。无论如何，这两种构想涉及的层面都很广泛，涵盖了伦理学、美学、元物理学（meta-physics）、政治理论及其他很多方面。从这个意义上，可以公平地说，柏拉图为后世许多哲学家设定了方向。至于他是否应为哲学家冷漠、古怪和不谙世事的刻板印象负责则值得商榷。这当然不会是他的本意，因为在哲学家的幻想国度，哲学家是主宰。

柏拉图本人也是贵族出身，对普通公民可以联合为国家之

154

船掌舵的观点不屑一顾。一艘船必须配备精通天文、导航和航海技术的船长才能航行，城邦必须由最懂行的人来治理。"芸芸众生"（*hoi polloi*）不关心智慧，就像一群从一个饲养地晃荡到另一个饲养地的牛或猪怎么可能会知道从长远来看什么对每个个体最有利？因此，柏拉图理想中的领导者是"完美守护者"（*phylax panteles*）或"哲人王"。廉洁、公正、睿智、警觉、通情达理、对人关怀备至——哲人王的这一系列特质，我们可能希望任何政治人物都具备。然而，根据柏拉图的分析，哲人王给国家或礼仪之邦带来的影响是深远的，而且对许多现代读者来说是难以接受的。

《理想国》（书名"*Republic*"源于其拉丁文译名"*Res Publica*"）和《法律篇》都是完整的宣言，每一部都是意义完备的整体。摘录柏拉图的建议是不公平的，但也不可避免。只要两个例子就足以说明问题。第一个关于美学，柏拉图谴责许多艺术和诗歌的"模仿"特质——例如画上的一串葡萄看起来就像真的，逼真到鸟儿都可能来啄食这幅画；史诗诗句宣称传达宙斯和阿波罗的言语，写得仿佛诗人真的听到并抄录下来一样。如果艺术家和作家不断创造虚拟现实，人们又如何分辨真假呢？如果不能销毁《荷马史诗》中引人入胜的文字，那么至少也要重写它们，并在城邦中清除任何形式的虚幻艺术。

第二个则关于家庭。倘若将家庭视为一个社会单元，近亲的利益总是有可能与更广泛的社会利益发生冲突。私有财产会助长贪婪，因此应该废除家庭和住宅。可以让一个由妻子组成的社区取而代之，由国家管理的托儿所代替父母抚养孩子。繁育后代之事将分配给体格健壮的俊男美女，出生的畸形婴儿都将被小心处决。

从第二个例子中，我们可以立即看出柏拉图的文章是如何令人不安的。一方面，他似乎是一个原女性主义者，希望把妇女从传统的家务和养育子女的角色中解放出来，使她们能够在公共领域发挥适当的作用；另一方面，他又提倡优生制度，作为确保国家尽可能保持优秀的进一步手段。难怪柏拉图容易被当作极权主义狂人、亲斯巴达主义者、"开放社会"的头号敌人。也难怪，无论在雅典还是叙拉古，柏拉图都没有取得任何可以称得上政治成功的成就。在他绿树成荫的学院里，贵族柏拉图与出身优渥的年轻人在一起，进行"共同哲思"（*symphilosophein*）。柏拉图可能很容易忘记一点——用后来的欧洲哲学家伊曼努尔·康德的话说，人性这根曲木，不可救药。

156

· · ·

公元前 347 年，柏拉图去世，领导学院的位置传给了他的侄子斯珀西波斯（Speusippus）。然而，下一代的学术明星是亚里士多德，一个来自希腊北部斯塔吉拉（Stagira）的医生之子。亚里士多德 17 岁进入学院，与柏拉图一起学习了 20 年。从亚里士多德现存的作品来看——仍有许多作品，但失传的更多——亚里士多德很可能已经准备好毕业了，他自己的哲学和科学兴趣正引导他远离柏拉图式的教导。恰巧此时，曾在学院就读的赫米亚斯（Hermias）成为小亚细亚海岸一个小领地的僭主，他邀请亚里士多德到其首都阿索斯（Assos）去，那里是一个俯瞰爱琴海的田园般的地方。正是在这里，以及后来在莱斯博斯（Lesbos）

岛的米提利尼（Mytilene）居住期间，亚里士多德从事海洋生物研究，对人类知识宝库做出了持久贡献。当他应邀前往马其顿宫廷，担任年轻的王子亚历山大的私人教师时，他的哲学家生涯又发生了转折。后来，他的学生亚历山大挑战征服世界，亚里士多德就回到了雅典，在雅典建立了一所学校，这所学校后来被称为吕刻昂（Lyceum）学园。学园里有一座建筑是个有顶的漫步回廊（peripatos），因此亚里士多德的学生有时被称为逍遥学派（Peripatetics）。在亚历山大死后一年，雅典的反马其顿情绪迫使亚里士多德离开了雅典（他一直是个外乡人，没有公民权）。公元前 322 年，亚里士多德去世。此后，吕刻昂学园由泰奥弗拉斯托斯（Theophrastus）主持，他是一位受欢迎的讲师、多才的生物学家和敏锐的社会类型观察家（《泰奥弗拉斯托斯的人物》是早期经典的人物观察之作）。但没有人能取代亚里士多德。

"Il maestro di color che sanno"，即"智者之师"——但丁在 13 世纪发出的这一赞赏，集中体现了亚里士多德超越时代的非凡地位，不过这一赞誉也对他的原创思想造成了一定伤害。即使在 20 世纪，喜剧演员（伍迪·艾伦）也会嘲弄亚里士多德的形式逻辑体系，对经典的"三段论"（syllogism）——通过两个命题得出某个结论的论证过程——进行恶搞（"所有人都是凡人。苏格拉底是凡人。因此所有人都是苏格拉底"[1]）。在古代晚期和中世纪，包括阿维森纳 [Avicenna，原名伊本·西拿（Ibn-Sina）]、阿威罗伊 [Averroes，原名伊本·路世德（Ibn-Rushd）]、加扎

---

[1] 《爱与死》（Love and Death，1975）中的一句台词。正确的应该是：所有人都是凡人。苏格拉底是人。因此苏格拉底是凡人。

利（al-Ghazali）和托马斯·阿奎那（Thomas Aquinas）等著名学者在内，对亚里士多德的思想感兴趣的既有伊斯兰教学者，也有基督教学者，在调和他们的神学理念与"大师"理念时，势必会造成扭曲。

关于亚里士多德有个奇怪传言，可能是在 14 世纪的欧洲编造的，说他如何被他的学生亚历山大设下圈套、成了恶作剧的牺牲品：一个名叫菲利斯的歌妓受雇来引诱这位伟大的哲学家。亚里士多德被深深地迷住了，甚至让菲利斯手里拿着鞭子，给他戴上缰绳，像骑马一样骑着他。这个怪异的形象是为了阐述基督教训诫异教智慧如何不堪一击。然而，虽然历史上没有记载，但这一插曲并非与亚里士多德的教诲完全不符。柏拉图将人性过度理想化，亚里士多德则更加务实。人类易受激情影响，"无意识地"做出一些行为。亚里士多德对柏拉图信奉的灵魂不朽保持怀疑，试图建立一套实用的道德行为体系，使人能够在今生而非永生中获得幸福或"福祉"（*eudaimonia*）。

要厘清亚里士多德与柏拉图之间的差异，一种方法是看亚里士多德对戏剧的观点。如前所述，柏拉图对模仿性质的诗歌持谨慎态度，例如他并不认为一个会模仿鸡的人多么聪明或有趣。与此相反，亚里士多德似乎明白，人类天生喜欢表现——无论如何表现——并认为观赏戏剧有治疗作用。我们愿意去看一出关于可怕事件的舞台戏剧，引人入胜的舞台表演会让我们忘记自己身在何处，忘记了这只是在演戏（通常是神话故事），会感动得热泪盈眶。我们会很快恢复过来，但这种属于表演却又真诚的情感分享，会带给我们一种"净化"（*catharsis*），使我们得以宣泄日

158

常生活中积累的焦虑。

亚里士多德并没有明确指出在埃皮达鲁斯等大型疗养中心设剧院的重要性。我们也没有他关于喜剧的讲义，分析喜剧（也许）作为补剂有何价值。然而，亚里士多德将神话视为戏剧的基石，含蓄认可我们对演绎故事的人物们的认同，表明他理解舞台心理学。亚里士多德论述的"三一律"（时间、地点和舞台人物），多个世纪以来一直是西方戏剧作家关注的问题。他关于戏剧结构的一些理念，至今仍在揭示好莱坞剧本成功秘诀的课程中传授。

纵观亚里士多德的作品，可以发现他关注的问题包罗万象。有些书并不能确定是亚里士多德所著，有些书实际上不过是些经验汇编，很可能是他的学生收集的——例如关于黄蜂习性的笔记或人类精液冷却液化的方式。无论如何，亚里士多德的智慧涵盖哲学逻辑、物理学、天文学与气象学、感官知觉、记忆、形而上学、睡眠、梦境、生物学（人类、动物和海洋）、植物学、工程学、伦理学、政治学与宪法史、修辞学、"诗学"（文学理论）以及教育学。柏拉图的学院致力于讲学，亚里士多德的学园则增加了研究工作——从这个意义上讲，可以说是现代大学的雏形。

事实上，亚里士多德著作的拉丁文译本构成了巴黎大学和博洛尼亚大学等中世纪欧洲首批大学的大部分课程。在或多或少受基督教管辖的机构中，异教哲学家如此耀眼并非没有问题，但正如几个世纪后红衣主教纽曼所言，"大学的理念"是追求超越任何教条的"普遍知识"。亚里士多德收集数据的实证方法，按照定义、假设、结论等逻辑演绎过程展示数据的方式，仍然是大多数学科的标准做法。

· · ·

亚里士多德昔日的学生亚历山大大帝，与犬儒学派的第欧根尼（Diogenes）的会面（可能是公元前 336 年左右在科林斯，但说法不一），可能是君主与知识分子之间最有趣的相遇。第欧根尼以哲学为生，"居无定所"，住在一个大瓮中。有次第欧根尼正在晒太阳，年轻的亚历山大大帝路过，停下来问第欧根尼自己可以为他做什么。第欧根尼回答："你可以不要遮住我的阳光。"这则逸事可能是杜撰的，却很好地向我们介绍了亚里士多德之后哲学的发展，或者说在公元前 323 年亚历山大死后出现的"希腊化世界"中哲学的发展。王公贵族和贫民，谁才真正拥有幸福和自由？传统上，关于这个问题有着不同的答案，来自四种哲学风格或流派：犬儒学派（Cynics）、斯多葛学派、伊壁鸠鲁学派（Epicureans）和怀疑学派（Sceptics）。

东地中海地区建立起君主制，加上希腊语族范围扩大，进一步破坏了小国寡民、自给自足的城邦理想。哲学家们似乎意识到，除非成为朝臣，否则成为"政治动物"的机会已大大减少，于是他们又恢复了苏格拉底式的怪癖公民姿态。或者说，他们把讲学重点放在了实用策略上，以求达到苏格拉底在面临极端考验时所表现出的那种无所畏惧的宁静状态。

的确，当第欧根尼让亚历山大走开时，亚历山大还未成为所向披靡、征服众多王国的主宰。尽管如此，以这样的方式表明自己的观点也需要勇气。名人和乞丐通常不会被联系在一起，但第欧根尼以名人乞丐的姿态表明，他拒绝将美德与权力和财富联系在一起。

在现代语境中，犬儒主义往往并不意味着美德。但在公元前4世纪初，当创始人安提西尼（Antisthenes）开始在雅典聚起追随者时，定义和实现"卓越"或"美德"（arete）就显得至关重要。安提西尼曾虔诚地陪伴在临终的苏格拉底床前，并效仿苏格拉底的习惯，喜欢在体育馆进行讨论。安提西尼讲学选择的是一个叫作"白犬"（Cynosarges）的竞技场，这可能是犬儒学派绰号的由来。看来，安提西尼并没有把美德作为人生的唯一目标来招揽追随者，他对一个名叫第欧根尼的候选弟子的坚持不懈感到非常恼火。但正是第欧根尼为犬儒学派赢得了"哲学家狗"或"流浪狗"的"恶名"。如果美德才是最重要的，那么财富和家庭舒适又有何用处呢？于是，犬儒学派开始乞讨，第欧根尼则以身作则向雕像乞讨——他说，这样做是为了习惯冷冰冰的回应。

犬儒学派钦佩苏格拉底的坚韧和不拘小节，他们比苏格拉底走得更远，以此证明特立独行。他们不满足于仅仅在集会上喧哗，选择在柏拉图演讲或类似的时候，故意吃容易引起胀气的植物，趁演讲者正说得慷慨激昂或正到某个关键时刻，故意粗鄙嘈杂地起哄。据说第欧根尼曾在阿哥拉的公开场合自慰，当被人斥责缺乏自制力时，他却声称恰恰相反、自己已经表现了极大的自制力——要是帕里斯也能这样做，就永远不会发生特洛伊战争。

这种对公民认知的考验，预示着一种名为斯多葛主义（Stoicism）的自我满足趋势的出现。但是，必须先意识到斯多葛

162

学派持这种态度是出于神学动机。前苏格拉底哲学家赫拉克利特简明扼要地阐述过无所不在的神性：日日夜夜、一年四季，神无处不在；战争与和平、富足与饥荒，神无处不在——换句话说，宇宙自有一种模式，在凡人的生存中或隐或现，不因凡人的祈祷而有任何改变。斯多葛主义也是源自类似的情感。大约公元前300年，芝诺从塞浦路斯的基提翁（Kition）来到雅典，创建了斯多葛学派这一哲学流派。称之为"流派"，就像说柏拉图的学院和亚里士多德的吕刻昂学园一样，会让人不切实际地以为存在教室、时间表、课程等，但事实上，在雅典繁忙的公共场所聚众讲学，一定是相对非正式的思想碰撞。集会地点在阿哥拉广场北侧的斯多噶柱廊（Stoa Poikile，意为彩绘柱廊），因为那里的墙壁上绘有马拉松战役等雅典历史或神话史上重大事件的大型壁画。不过芝诺和他的门徒并不是看重爱国主义壁画。他们认为，宇宙是由火塑造的，但又受到神圣理性（logos）的指引。火最终会吞噬一切，生成新的世界，无论如何，这个过程都将无懈可击、不可改变。

关于斯多葛物理学和神学，就介绍（粗略概括）这么多。这对个人行为的影响是什么？希腊语中有一个词可能恰到好处——但需要解释一下，因为它对应的现代词语在意义上发生了变化。希腊语词"apatheia"可能会被译为"冷漠"，描述一个人软弱或对身边事漠不关心的特征。然而，在斯多葛学派看来，冷漠是重要美德。智者依照神圣理性行事，接纳神圣理性。神圣理性体现在世界上发生的任何事中。因此，抱怨疾病、困苦或不幸不仅无用且不道德。事情都是发生在必然注定的和谐之中，良知与幸福来自对人生起伏淡然处之。以冷漠著称的斯多葛主义信徒，面对人生的起起伏伏不为所动。

在斯多噶柱廊，芝诺有诸多优秀后辈，特别是克利安提斯（Cleanthes）和克利西波斯（Chrysippus）。但斯多葛主义真正兴盛于罗马。将斯多葛主义传入罗马的一位有影响力的人物是爱比克泰德（Epictetus），他来自小亚细亚的希拉波利斯（Hierapolis），在公元 1 世纪尼禄统治时期曾是一名奴隶。据记载，他的主人曾对他施以酷刑。"如果你继续这样，"爱比克泰德平静地说，"就会把我的腿打断的。"主人没有停下。爱比克泰德没有发出任何惨叫，但过了一会儿，他像之前一样平静地说，他的腿已经断了，现在他对主人暂时没有用处了。幸运的是，最终他获得了自由。爱比克泰德先是在罗马讲学，后来又到希腊北部的尼科波利斯（Nikopolis）讲学。他的《手册》（*Enchiridion*）汇编了一系列关于引导个人获得安宁的指南，其根本思想是认识到自己的地位是由神圣的命运所决定的——这是一本使宿命论者感到满足的入门读物，结尾处以苏格拉底平静地走向死亡的形象结束。

斯多葛学派的道德观对罗马人有着明显的吸引力，罗马人已经倾向于将其朴素共和政体下的节俭标榜为"塑造人格"。如小塞涅卡（Seneca the Younger）所言："不历经考验，人就不会了解自己。"他曾担任尼禄皇帝的家庭教师，最终成为皇帝的一个牺牲品（小塞涅卡被卷入一场阴谋，在浴缸中割腕自杀）。两个世纪后，安于苦难在一位皇帝身上得到了很好的展现，他就是马可·奥勒留，他的《沉思录》（*Meditations*）虽然是私下创作

用于自诫的，但在后世广为人知，并于 1559 年首次付印。整体
而言，这本语录相当单调且内容重复。然而单独看来，语录中有
一些很好的句子（"为什么要对你兄弟腋下有气味感到难受？"），
字里行间流露的情感，无一不如他本人的雕像一般，体现了身处
权力中心但坚毅平和的形象。他尽己所能推广斯多葛学派兄弟之
爱的信念。当不得不出席罗马斗兽场的比赛时，他曾下令格斗时
使用钝器或尖端有纽扣的剑。①

　　还有一种深受罗马人青睐的希腊化时期哲学是伊壁鸠鲁主义
（Epicureanism）。创始人伊壁鸠鲁在亚里士多德去世时仅 20 岁左
右，他似乎没有时间去研究这位大师，认为他"逍遥不羁"。不
过，伊壁鸠鲁对当时和此前的许多哲学家都嗤之以鼻，他的讲学
与斯多葛学派的芝诺或多或少处于同一时期（而且位置相距不
远），是出了名的奇特。虽然伊壁鸠鲁出生在萨摩斯，但他通过
父亲获得了雅典公民权。他买了一座带花园的房子，在那里建起
了自己的学派。在这个名为"伊壁鸠鲁花园"的社区里，并不排
斥妇女和奴隶，由此产生的流言蜚语肯定让伊壁鸠鲁难以坚持自
己的座右铭"隐居世外"（lathe biosas）。与斯多葛学派相反，伊
壁鸠鲁认为人们应远离政治和公共事务，并否认至高无上的神
的旨意。死亡并不可怕——死亡只是一种结束，没有超自然的可
怕力量——要享受生活。这被讽刺为庸俗的享乐主义（"享受当
下"），甚至是贪婪。伊壁鸠鲁希望能够无痛苦生活的理想，在拉

---

① 　在罗马坎皮多格里奥广场（Piazza del Campidoglio）的卡比托利欧（Capitoline）
　博物馆中，有著名的马可·奥勒留青铜镀金骑马雕像，旁边原本可能有一个倒
　地求饶的蛮族人雕像。

丁语中被称为"*indolentia*"，成为"懒惰"的同义词。但伊壁鸠鲁提出的哲学生活，是一种较少物质即可满足的生活方式（毕竟胃不是一个贪得无厌的器官）。无节制的欲望通向苦恼和失望之路，自主和幸福的秘诀在于克制而不是放纵自己。

因此，斯多葛学派对伊壁鸠鲁学派的抨击——爱比克泰德说："我不希望为蛋糕感到满足，而希望为正确的原则感到满足。"——似乎有失公允。鉴于伊壁鸠鲁否认神的参与（伊壁鸠鲁并非无神论者，但他认为众神完全不关心人类事务），就很难指望他们能获得基督教的认同。坚定的斯多葛学派门徒可以在罗马帝国无拘无束，一个证明就是在土耳其西部（曾名为利西亚）的奥埃诺安达（Oenoanda），发现了一篇 2 世纪初的篇幅冗长的铭文（估计约有 25000 字，刻在一面约 60 米长的柱廊墙上）。刻石的出资者是另一位第欧根尼，他在铭文开始处就宣称，想在死前与芸芸众生分享他的幸福秘诀。接下来，就目前所能重现的内容来看，这是一部完整的伊壁鸠鲁信仰福音书。公元前 50 年左右，拉丁语作家卢克莱修（Lucretius）在长诗《物性论》（*De rerum natura*）中阐述了该学说。"人最大的财富就是粗茶淡饭、知足常乐"，希腊哲学再一次证明自己与罗马共和国的节俭美德相契合。不过，卢克莱修也能对原子物理进行有力论述，他对无限宇宙的描述在有些地方似乎预见了部分现代量子理论。

・・・

有一段时间，希腊哲学家会被请到罗马帝国的宫廷。哈德良（Hadrian），这位首个蓄有胡须的罗马皇帝——据说是为了营造一种哲学家的形象，不过也可能是为了遮住下巴上的一道疤痕——喜欢进行内容包罗万象的辩论，经常在与客人的论辩中得胜。[1] 这种愉快的辩论在当时非常流行——从"宣示"意义的角度，则呈现了被称作"第二次智者运动"（Second Sophistic）的时代特征和思想传统。第二次智者运动始于公元 1 世纪末，持续到公元 3 世纪初。这一时期的代表性作家是吕西安（Lucian），他融合多家之长，兼收并蓄，文笔优美，幽默风趣。此后，柏拉图的思想得到了明显的复兴（以新柏拉图主义的形式出现，见第276~277 页）。

　　然而，我们对古典哲学的阐述不是以诡辩结束的，而是以怀疑论（Scepticism）结束。也许，这个学说的结语是"没有学说"；值得知道的是，没有人真正知道任何事情。这种思想起源于伊利斯（奥林匹亚附近的城市）一位名叫皮浪（Pyrrho）的教师。据说，皮浪曾随亚历山大大帝的军队前往印度。也许正是因为接触了多种信仰和哲学，他形成了"不武断"或有原则怀疑的理念。事情可能"看起来"这样，也可能"看起来"那样，但互相矛盾的观点总有可能出现。因此，怀疑论者应该不偏不倚地行事。这并不是单纯为了否定而否定。"质疑"或"怀疑"（如"*skepsis*"一词所译）的最终目的，是为了实现"平静沉稳"（*ataraxia*）。

　　皮浪没有著述详细阐述这点，因为如果这样做，也许就会

---

[1]　正如其中的法沃里努斯（Favorinus）后来所言，与一个指挥 30 支军团的人辩论，失败是明智之举。

显得过于武断。此后，追随者们以各种方式吸收了这一非教条主义的教条。直到大约公元 200 年，才出现了关于怀疑论的全面记述，出自一位行医者塞克斯都·恩披里柯（Sextus Empiricus）。塞克斯都知道皮浪曾经是一名艺术家，他用古代最著名的画家阿佩莱斯（Apelles）的一则逸事来论证怀疑论的益处：阿佩莱斯在画一匹正在奔跑的马。他想画出马嘴上的泡沫，然而尽管他技艺高超，却无法画出这一效果。一气之下，他放弃了创作，将画室里的一块海绵扔到了画上。碰巧的是，海绵砸在了描绘马嘴的地方——恰好完成了阿佩莱斯想要的画面。这个教训表明，怀疑论者在放弃了做出属于客观或理性判断的一切努力时，得到了意想不到的满足。

没有记载表明阿佩莱斯是否这样认为。但我们可以猜测，任何依赖偶然性的行为都是在冒犯他的职业自尊。无论如何，只要提到他的名字，就足以把我们从沉思的领域拉回到行动的世界。因为阿佩莱斯是一位历史人物的御用画家，这位历史人物以善于抓住机会、毫不犹豫或迟疑而闻名于世，他就是亚历山大大帝。

6
亚历山大

马其顿国王腓力二世几乎没有肖像流传下来。也许他的形象对其统治并不重要，或者说，至少他的统治不是凭借个人魅力。考古学家声称在挖掘希腊东北部韦尔吉纳（Vergina，该遗址可能是马其顿王国的首都艾加伊城）的一座巨型陵墓时，发现了腓力二世的头骨残骸。根据法医分析，这块骸骨的脸部右眼窝存在暴力创伤。这一创伤与史料相符，据记载，公元前354年，腓力在攻打希腊北部一座城市时，检查射击设备，被一支箭射中了眼睛。

学者们对这座古墓主人的身份仍有争议，对古代马其顿的许多事情也都存有疑问。但某份史料透露了腓力二世的军事指挥风格。他把自己暴露于危险之中，因为自己不冒险，就无法要求别人冒险。这也暗示了曾经小小的马其顿王国能发展成帝国的一个原因。腓力是发明围城战术的先驱，这是一种围困敌方城市或据点、切断补给和通讯的战术。为这种战术而开发的军械设备，包括大型弹射器、攻城平台、攻城锤和隧道工事装置等，多是通过波里比乌斯（Polybius）等人在史书中的描写而为人所知。这一

战术显然对城市建筑产生了影响，参观东地中海古代遗迹时能明显感受得到。在阿林达（Alinda）、普里恩（Priene）等许多地方，坚固的砖石城墙绕成一圈，切割整齐方正（ashlar）、重叠交错（isodomic）、十分考究，即使已是断壁残垣，仍然证明了为攻城做好防御工事的必要性。这些防御工事通常建于公元前4

亚历山大的征战及其继业者们的

索格底亚那

奥克苏斯河

○ 阿伊哈努姆

塔克西拉
（公元前
326）

兴都库什山脉

杰赫勒姆河

印度河

331）

波斯波利斯（公元前331）

斯 湾

亚历山大征战路线

| 0 | | | | 500 英里 |

| 0 | | | | 500 千米 |

国

世纪末至公元前 2 世纪，即马其顿统治时期。关于古希腊城市考古，最具代表性的一个就是哈尔基季基半岛上悲凉的奥林索斯（Olynthus）遗址——公元前 348 年，奥林索斯被腓力彻底攻陷后，再也没能重建。

腓力绰号"独眼"（Monophthalmos），这似乎被后来的马其顿统治者安提柯（Antigonus）当作荣誉勋章；反过来，安提柯的儿子德米特里厄斯（Demetrius）也给自己起了个绰号"围城者"（Poliorketes），他对这种围城战术非常自豪。不过这种方法并非战无不胜，著名例证之一就是，罗得岛在德米特里厄斯围攻下抵抗了一年（公元前 305~ 前 304），当德米特里厄斯放弃围攻后，罗得岛将德米特里厄斯攻城部队发射的数千枚铜弹收集起来，打造了一座巨大的青铜雕像——罗得岛巨像。但这类军事装备的进步，典型体现了马其顿致力于配备全职职业军队的做法，而曾经靠应征公民和休耕农民构成的方阵已一去不复返。马其顿步兵拥有大规模编队，挥舞长达 5 米的长矛，进行复杂的军事演练。骑兵部队协同作战，为侧翼和后方提供保护。最后，随着这支军队向亚洲挺进，强大的骑兵部队中还加入了更为令人生畏的大象队伍。

腓力将希腊诸多城邦置于这支军队的铁蹄之下，没有一个城邦能够抵抗。公元前 338 年，在喀罗尼亚（Chaeronea）战役中，雅典和底比斯率领希腊城邦联合部队，试图阻挡马其顿军队从北面推进（喀罗尼亚扼守向南穿过波欧提亚的山谷通道）。在这次战役中，腓力将一支骑兵的指挥权交给了他的一个儿子——18 岁的亚历山大。也是在这次战役中，"底比斯圣队"遭到屠杀。"底比斯圣队"（"恋人军团"）是由同性伴侣组成的底比斯方阵，是以凝聚力强著名的战斗部队。喀罗尼亚人普鲁塔克说，在大屠杀之后，即使是身经百战的腓力，在看到圣队方阵的士兵战死时肩并着肩、手臂交织，也不禁为之震撼。

喀罗尼亚战役获胜，腓力得以将马其顿的控制扩展到近乎希腊地区全域。在雅典，律师兼演说家德摩斯梯尼发出了最响亮的抵抗之声，他的反马其顿演说对腓力的攻击无比尖锐，甚至成了极端人身攻击的代名词（Philippic）。马其顿人对希腊人的威胁，在多大程度上属于明显的"外来"威胁，这仍然是一个值得商榷的问题——这个话题在现代政治和民族情感中也持续存在。马其顿人除了与非希腊语民族（主要是伊利里亚人和色雷斯人）在语言上亲近之外，还拥有一些在希腊人看来较为野蛮的文化习惯（比如饮用未经稀释的葡萄酒）。然而，马其顿国王奉行希腊化政策。欧里庇得斯的最后一部戏剧是为佩拉（Pella）的阿奇拉（Archelaus）宫廷创作的；当腓力为年幼的亚历山大选择老师时，选择的是当时希腊哲学家中的佼佼者亚里士多德［亚里士多德的父亲尼科马库斯（Nicomachus）曾是王室御医］。

尽管如此，在德摩斯梯尼眼中，马其顿王朝——有时以开国皇帝命名为"特曼尼德"（Temenid），虽然血统可追溯到赫拉克勒斯——从根本上与希腊民主背道而驰。诚然，在适当的时候，马其顿军事上的胜利创造了一个以宫廷专制制度为基础的希腊语或"希腊化"世界。不过，要注意的是，腓力在韦尔吉纳建造的宫廷面积约为 12500 平方米。当然，这可以视为王室高高在上的一种表现，但换个角度，这也等同于统治者在宫殿内设置了一个

176

阿哥拉广场，即公共空间，将"人民"带入宫廷（韦尔吉纳可容纳约 3500 名观众）。传闻在正式接见场合，底层农民能直接向马其顿国王请愿，证明了存在使民意直达宫廷的方法。作为臣民"救世主"（soter）的家长式国王模式，将成为希腊化时代王权成功的一个重要方面，同时也具有重要的宗教意义。

公元前 336 年，46 岁的腓力在王室婚礼庆典上遇刺身亡，地点是韦尔吉纳的剧院，而非宫廷。行刺者是皇家卫队的一名成员，但行刺的原因和动机至今仍旧是谜。一些历史学家认为亚历山大大帝的母亲奥林匹娅斯、甚至年轻的亚历山大都参与了行刺密谋。腓力有多位妻子，他和她们及其他女人育有多个后代。换句话说，宫廷中有诸多人或派系在争夺继承权。腓力去世之前，正准备发动最大规模兵力入侵波斯。结果，腓力似乎迅速被厚葬了，这一使命传承给了 20 岁的亚历山大。

亚历山大如何迅速接过指挥权，进一步拓展腓力的外交政策，在此可以简要概述。亚历山大的这一征程可以成为传奇，尽管细节有待考证，但以下概述得到了普遍认同：公元前 334 年，亚历山大率领一支约 50000 人的部队进军亚洲，部队里不仅有马其顿人，还有希腊人和其他新兵。亚历山大的最初目标是将安纳托利亚的爱琴海沿岸收复为"希腊"，在离赫勒斯滂不远的格拉尼库斯（Granicus）河，他在与波斯人的首次交锋中取得了胜利。亚历山大在特洛伊停留，祭拜阿喀琉斯之墓，这验证了这位年轻指挥官的文化根源及其个人英雄形象的确立。亚历山大向南推进，他的战略是夺取波斯人通往地中海的通道，因此一路穿过黎凡特，进入埃及。途中，公元前 333 年，在西里西亚的伊苏斯，亚历山大与波斯人发生了另一场重大遭遇战，他率领骑兵冲锋，展现了阿喀琉斯之怒。据说，这场战役造成 10 万波斯人死亡，波斯国王大流士三世名誉扫地：这位国王是英勇作战还是突然撤退尚不清楚，但无论如何，他都抛弃了妻子和其他王室女眷，任其被擒（而亚历山大的做法令人起敬）。夺取波斯舰队的地中海基地并非易事，围攻腓尼基的岛上城市提尔耗时 10 个月，还为此修建了一条通往提尔的堤道。至于埃及则欣然投降，称颂亚历山大为解放者，授予亚历山大正式的法老头衔。

公元前 331 年，大流士在美索不达米亚集结了一支来自波斯帝国各地的军队（还包括一支规模庞大的希腊雇佣军），向内陆进军。亚历山大渡过幼发拉底河，在高加米拉村（今伊拉克摩苏尔东北部）附近与波斯军队相遇。这个战场是大流士选择的，他希望这里对其战车有利，战车车轮上都配有利刃。但事实再次证明，亚历山大布局紧凑的方阵、周围部署重骑兵和轻骑兵的灵活战术更胜一筹。大流士仓皇逃离战场，次年被自己的幕僚杀害；与此同时，亚历山大占领了波斯的主要行政中心和祭祀中心。尽管他的军队洗劫了波斯波利斯，亚历山大还是采取措施将其统治与波斯"帝王"的统治结合起来，在大流士死后攫取了波斯"帝王"的称号。他开始佩戴王冠，这是一个非常有力的象征，它代表了一个活着的神。亚历山大佩戴王冠还意味着，他要夺取曾经隶属大流士的东部领土，包括位于今阿富汗北部的巴克特里亚，反对大流士的阴谋家之一贝苏斯（Bessus）在那里自封为"亚洲之王"。自此，亚历山大开始征战，超越了任何意义上的希腊地理范围，所征战之处的地名至今让人感到充满异国情调——赫尔曼德河和奥克苏斯（Qxus）河、撒马尔罕周围的索格底亚（Sogdia）地区以及兴都库什山脉。

公元前 328 年，亚历山大擒获了贝苏斯，攻占了巴克特里亚的首都巴尔赫（Balkh）。他在当地招募了数千名生力军——为什么要在过去波斯帝国的边界止步不前呢？埃及的神谕告诉他，他可以征服世界，现在，亚历山大相信了。只是，这种信念似乎并没有扩散到整个军队。军队已经前进到旁遮普地区，整个印度次大陆近在眼前，但是最终在公元前 326 年，亚历山大最亲密的部下们——所谓的"伙伴骑兵"（Hetairoi），与他一起长大并在重骑兵部队中与他并肩作战——代表全军宣布，拒绝继续前进。据说，亚历山大独自生了很长时间的闷气（就像阿喀琉斯一样）。最终他认输了。但他提出了一个撤退条件，就是让军队打造一个规模巨大的伪营地：帐篷、床铺和装备看起来就像属于超人者的一样。这样会让后人推测，这些巨人没有渡河是出于自身的原因。如果巨人愿意渡河的话，可以轻而易举做到，谁想阻止他们可就要遭殃了。

· · ·

"亚历山大大帝"代表了后人对他军事成就的认可。这个称号反映了他的远大理想，暗示了他狂妄自大（Megalomania，"homegas"在希腊语中是"大帝"的意思），也为他以波斯风格称王称霸提供了空间。但是，描述亚历山大的军事成就，如果只提各场战斗，则是一叶障目。近代世界历史让人充分认识到，赢得战争不仅仅是迫使敌人投降，更艰巨的挑战是在敌人的领土上赢得人心。没有亚历山大在赢得人心方面的成功，就不会有马其顿帝国。因此，让我们暂时回到哲学家身上。亚里士多德是否在塑造学生亚历山大的威严"形象"方面存在影响仍有待推测。但难以否认的是，公元前 4 世纪的人们对相貌学的痴迷对亚历山大的形象产生了影响，我们可以从雕像（大小不一）、钱币、绘画和镶嵌艺术所呈现的亚历山大的形象中发现这点。

分析亚历山大形象的构成要素之前，应该先了解一个事实，即我们至今还无法知道亚历山大的真实相貌——因为他的骸骨还没有找到，所以无法根据他的骸骨重建其面部特征。亚历山大于公元前 323 年在巴比伦去世。古代资料显示，亚历山大的一位将军托勒密（Ptolemy）在两年后组织了一次从美索不达米亚出发的葬礼。这次葬礼究竟是按照亚历山大的遗愿将他葬在埃及绿洲，还是将他的遗体（可能经过防腐处理）运回韦尔吉纳的皇家墓地，我们并不知晓。无论如何，托勒密将目的地改到了亚历山大城。因此，可以想象，有一天我们会在那里发现亚历山大的陵墓，找到他的木乃伊遗骸。如果是这样的话，我们也许就有机会衡量艺术与现实之间的差距了。

这个问题纯粹是出于好奇——非常多的文学资料记载了亚历山大个人的"魅力"效应，因此他的形象就更令人好奇不已。许多逸事都与亚历山大的魅力形象有关。有一个故事是关于亚历山大的马其顿同胞卡桑德（Cassander）：卡桑德是亚历山大在马其顿任命的摄政王的长子，他曾代表父亲前往巴比伦拜见亚历山大，结果不受待见，遭遇亚历山大突然脾气暴躁之祸，被当众殴打。多年以后，卡桑德成为马其顿国王（并对亚历山大的家族进行了一些报复）后，偶然路过德尔斐，看到了一尊亚历山大的雕像。用普鲁塔克的话说（摘自其《亚历山大传》），这座雕像"让他猝不及防，浑身颤抖，无法自已"。从心理学角度看，这一插曲非常可信，这也说明了肖像或雕像拥有创造虚拟存在的力量。这涉及政治、相貌学和美学之间有趣的相互作用。所以，艺术家在创造亚历山大大帝的伟大形象方面，到底发挥了多大程度的作用呢？

古代文献反复提到，有 3 位艺术家深得亚历山大信任。一位是科斯岛的画家阿佩莱斯，我们在上一章中提过他。他可能受托绘制一些战斗场景，它们是著名的亚历山大镶嵌画的蓝本，似乎刻画了伊苏斯战役中一个关键时刻。[1] 还有宝石切割师皮尔格特勒斯（Pyrgoteles），他打造了硬币上亚历山大精巧却迷人的形象。最后一位是利西普斯（Lysippus）。据说，只有利西普斯才能捕捉亚历山大的真正气质，其他雕塑家过于关注亚历山大习惯性的侧脖子和"温润的眼睛"，总是抓不住"男子汉"的枭雄气质。不过，现存的各类亚历山大肖像作品中，没有一件是利西普斯创作的。事实上，虽然现存大量的亚历山大肖像作品，但这些明显都是后人创作的。不过，将这些肖像中重复出现的一些特征综合起来，或许可以让我们了解利西普斯认定的亚历山大的基本形象。

首先，亚历山大的形象永远年轻。他未老先逝，这个事实众所周知，但也需要一些说明。他年仅 30 出头，就在巴比伦死于热病（可能酗酒加重了病情），与其英雄偶像阿喀琉斯一样，没

182

---

① 这幅镶嵌画曾装饰在庞贝的一座房子里，现藏那不勒斯国家考古博物馆。

有经历年老力衰。正如后世一位作家所言，亚历山大的所有形象都传达出"同样的青春活力"。不过，我们还是可以分辨出形象中亚历山大的身份是否为"王储"——在继承父亲的位置之前，他还是个十几岁的孩子。雅典卫城出土过一个精美的头像，就是他的"王储"形象。在韦尔吉纳出土的文物中，有许多象牙制作的小型"王朝图像"作品，其中有一个看起来似乎可以代表年轻的亚历山大。

亚历山大没有胡子。在安全剃须刀发明之前，做这个选择并不容易。从观念上讲，（希腊人认为）面容光滑的男人是娘娘腔，这种联想容易让人对无须产生抵触。但毫无疑问，亚历山大的选择得到了他身边马其顿伙伴骑兵的追随，并进一步在军队的各个队伍中传播开来，于是一种"时尚"流行起来。这使领袖亚历山大一定程度上继承了运动会获胜的遗产——公元前 5 世纪奥林匹克运动会胜利者的雕像往往没有胡须。这也有助于塑造适合亚历山大的神圣形象——像阿波罗一样"闪闪发光"（即便他有着狄俄尼索斯式的饮酒习惯）。

当然，亚历山大的形象还来自他作为一名战士的卓越表现。亚历山大可能是相信自己就像阿喀琉斯一样战无不胜，或者说，即便他在战场上不戴头盔，那也是他军事天才的一部分：让自己变得显眼以鼓舞士气，引起敌人恐慌。在亚历山大镶嵌画中，可以看到他冲入混战之中，兴奋地睁大眼睛，头发闪烁着金光，决心干掉大流士；波斯国王大流士则惊慌地驾驶着战车四处逃窜。我们可能会质疑这一幕是否真的发生过。但根据可靠资料，亚历山大确实会骑着他最喜欢的战马布西发拉斯（Bucephalus，意为

183

"牛头"）率领骑兵冲锋，并且有时没有预先告知伙伴骑兵。

资料还显示，亚历山大虽然身材匀称，但体形并不高大。当他坐上波斯国王的宝座时，双腿是悬空的，离地面还有不少距离，于是手下们急忙搬来凳子。他的朋友赫费斯提翁（Hephaestion）身材更为魁梧，伊苏斯战役之后，波斯国王的后宫女眷们纷纷本能地跪在赫费斯提翁的脚下求饶，而不是亚历山大。然而，人们一致认为，亚历山大目光锐利、令人敬畏。关于他眼睛的大小、颜色和闪烁的光芒，人们有过许多评论，但最重要的是他的眼睛"凝望天际"。因此，许多亚历山大的画像中，他都表现为仿佛受到某种远景吸引而全神贯注凝望远方的样子。崇拜者认为这是他"通灵"（enthousiasmos）的表现。他看上去已超越凡人。

公元前327年，亚历山大向希腊各城市发出指示，要求城市给予他神圣荣誉，这引起了一定程度上的文化冲击。从逻辑上讲，这是他接替波斯大帝的后续。在波斯波利斯，来访宾客在王宫前跪拜是很正常的事情，这种礼节可能要求双手双膝着地，只有经允许才抬起头来。但是根据希罗多德的记录，公元前5世纪，斯巴达使者来到薛西斯面前时，出于宗教原则，他们拒绝这样做。这种卑躬屈膝的拜伏被希腊人称为"跪拜礼"（proskynesis），仅用于敬神。因此，亚历山大的要求遭到了抗议，有记录表明甚至在马其顿同胞中也有人并不服从。然而，这些争议并没有阻止他装扮成各种神祇：他自称的祖先赫拉克勒斯、太阳神赫利俄斯（Helios）以及宙斯在埃及的化身宙斯阿蒙（Zeus Ammon 或 Zeus Amun）。阿蒙的装扮是头戴羊角头饰，亚历山大会以这种装扮出现在宴会上。阿佩莱斯为亚历山大画过一幅画，画中亚历山大像宙斯一样挥舞着雷电，亚历山大对此非常满意。在钱币上刻着亚历山大就是利用了这些联系，尤其是有些地区长期存在着统治者拥有神圣地位的传统。例如在埃及，法老作为阿蒙－拉（Amun-Ra）之子受到尊崇，阿蒙－拉是融合至高无上的神力与宇宙太阳控制力的埃及神祇。亚历山大曾前往利比亚沙漠深处的锡瓦（Siwah）绿洲请求阿蒙神谕。显然，对亚历山大来说，与其将马其顿礼仪规制强加给当地，不如适应当地习俗。如果他的超自然姿态在某些方面让希腊人从感情上难以接受，那也就这样吧，毕竟在他的帝国里，希腊城市只占一个相对次要的部分。

　　攻占波斯帝国时，亚历山大的臣民几乎来自 30 个不同的民族。这就是为什么他的形象如此重要：虽然希腊语（通用方言 koine）作为一种通用语言得到推广，但视觉信息会传播得更为广泛而且直接有力。因此，亚历山大和他的形象塑造者利用了跨文化的吸引力。面相学家认为英勇的亚历山大具有狮子的某些特征。自然，狮子般的人必须有着蓬松浓密的头发，以对应高高隆起的浓眉。至于亚历山大，他（据说）会在头发上撒金粉，以强化狮子般鬃毛的效果。亚历山大的许多形象中都能看到前额头发浓密的典型特征。但最重要的是头发数量，它有着原始的力量。《旧约》中壮士参孙的力量来自他的头发；斯巴达战士习惯留长发；表示"鬃毛"或"浓密头发"的拉丁语单词"*caesaries*"，最终（经尤利乌斯·恺撒）融入罗马帝国的称号之中。[①] 长发披

①　这就是为什么罗马皇帝（讽刺的是，从恺撒本人开始）对自己秃头的话题可能会很敏感的原因之一。

肩让人再次忆起荷马史诗中的英雄。亚历山大在前线英勇战斗，再次证明了长发及肩与英姿雄风的古老联系。

· · ·

公元前 324 年，亚历山大的挚友赫费斯提翁去世。亚历山大为了表达深切的哀痛，可能为赫费斯提翁设立了一个祭拜仪式。他还表明了要如何祭奠自己之死——神化。事实上，在一些传说中，亚历山大在世界各地以各种方式使生命延续了数个世纪——在印度、在伊斯兰文献中（或直接称为"伊斯坎德"（Iskender），或间接称为"双角人"），甚至在犹太经文中都有记载。在中世纪欧洲，亚历山大被奉为骑士精神的"九勇士"（Nine Worthies）之一。当然，在短期内，亚历山大的形象对其"继业者"（Diadochoi）来说非常重要，是帝国形象的代表。虽然亚历山大除了纳妾之外，还娶了一位妻子——著名的美丽"小星"、索格底亚军阀的女儿罗克珊（Roxane）——但他没有留下任何指定继承人（也没有留下任何遗嘱）。据我们所知，在亚历山大的指挥官中，从来没有人认为他们中的某个人会最终独揽马其顿的全部军队大权。有些人可能自认为与亚历山大亲如手足，而有些人作为伙伴骑兵可能相比其他人与亚历山大更为亲密，但没有任何人的魅力能与亚历山大相媲美。因此，当大家瓜分亚历山大的领土时，会充满虔诚地组织对亚历山大的祭拜，维持亚历山大的醒目形象。毕竟，亚历山大是他们掌握权力的护身符。

分歧十分激烈。有个版本认为，亚历山大死时，罗克珊已经怀孕，之后生下了一个儿子，被立为亚历山大四世。但摄政似乎

186

只会加剧马其顿人之间的权力斗争。我们在此不赘言这一连串的复杂血腥事件。亚历山大作为万王之王的领土被分配如下：已经有些分裂的马其顿落入卡桑德手中；黑海地区和色雷斯落入利西马科斯手中；小亚细亚被安提柯占据；幼发拉底河以东的亚洲区域则归塞琉古。可以想象，他们彼此争斗不休。在小亚细亚，一位精明的官员受亚历山大之托，在特罗德（Troad）地区一个名为佩加蒙（Pergamon）的地方看守积累的战利品，最终他成功建立了一块格局紧凑但具有重要文化意义的新领地，下一章我们将重点叙述。

　　在这里，我们将重点讨论托勒密吞并的埃及。托勒密从小就是亚历山大的伙伴骑兵之一，后来还自称是亚历山大的半个兄弟，他全面参与了亚历山大的远征。亚历山大的随行者中有一位官方编年史家卡利斯提尼斯（Callisthenes），显然每天都写着"皇家日记"，但托勒密自己也进行了记述。记述文本尽管没有流传下来，却是后来一位名叫阿里安（Arrian）的历史学家的主要信息来源。阿里安对亚历山大战争活动的描述虽然略有偏颇，但仍是我们所知最为可信的资料。

　　埃及被托勒密视为战利品。托勒密的前战友佩尔狄卡斯（Perdiccas）随即发动了一次对埃及的入侵，但被托勒密击退，因为埃及的一个优点正在于易守难攻。波斯人的总督不战而降，孟菲斯的行政中枢坐拥王室金库。托勒密乐于效仿亚历山大，采用古代法老的统治模式，但他将首都从孟菲斯迁了出去。虽然新首都冠以亚历山大的名字，也有着亚历山大般的宏伟设计，但在很大程度上是托勒密的杰作。这里成了古典文明的重要中心之一。

. . .

188 　　亚历山大和父亲腓力一样，遵循了王家宫廷习俗，因此从理论上讲，他的任何臣民都可以觐见，但觐见者会多到拥挤不堪，想要挤到最前面也是一项挑战。一位来自罗得岛的建筑师狄诺克拉底（Dinocrates）有个宏伟的计划希望博得亚历山大关注，为了从人群中脱颖而出，他想出了一个怪异的点子。他装扮成了赫拉克勒斯——基本上只穿了一张狮子皮，拿着一根满是节疤的棍子。他穿着这身奇怪的装束，大摇大摆地跟在人群后面。果然，他引起了王室注意，亚历山大招手让他上前。然后，狄诺克拉底向亚历山大介绍了他的计划：整块陆地，也就是从卡尔基斯向南延伸的阿托斯山半岛，都将被塑造成亚历山大的样子，如同一个半自然的巨大的躺着的国王塑像。然后在国王右手的位置，将建造一座城市。

　　这一构想是为了迎合君主的虚荣心。不过，亚历山大发现了一个实际问题：如何保证城市用水？据我们所知，狄诺克拉底早就想到了这一点，并规划了宏伟的水利工程。但是，君主们喜欢认为自己对各种事情都了如指掌，也许是出于谨慎的考虑，亚历山大必须做出明智的评估。无论如何，狄诺克拉底并没有失望而归。亚历山大喜欢他这个大胆的建议。最终，狄诺克拉底应该确实是受命去建造一座城市，但选在了一个合情合理的地方：尼罗河三角洲的通商要道边上，这里是埃及通往地中海的门户。

　　亚历山大在征战期间，建造了多座城市，包括 18 座亚历山

189 大城和两座以其战马布西发拉斯（在印度西北边境的杰赫勒姆河

畔战死）命名的城市。有些只留存下了能让人忆起遥远曾经的名字（如坎大哈），有些连城市位置都还有待确定。最东边的亚历山大城似乎是阿伊哈努姆（Ai-Khanoum），位于奥克苏斯河畔兴都库什山麓。在这里，一支法国考察队成功地发现了一座古典城市的正式遗存，即拥有神庙、剧院、体育馆等，但之后该遗址在20世纪80年代遭到战争破坏。这很可能就是亚历山大奥克西亚那（Alexandria Oxiana）。遗址中发现了一块希腊语碑，碑文作者是一位名叫克雷阿尔克斯（Klearchos）的人，他可能是亚里士多德的追随者。他告诫公民们要听从德尔斐的阿波罗智慧训诫。训诫内容为："孩提时，要学习良好的礼仪；青年时，要控制激情；中年时，要公正不阿；老年时，要给出明智建议。这样你就可以死而无憾。"德尔斐被希腊人视为"世界之脐"，虽然距离遥远，但在阿富汗北部这里却能引起共鸣。

除了成为传播古希腊价值观的灯塔，建立这样一座城市的目的是什么呢？值得注意的是，大多数"新建"城市实际上都位于过去波斯统治的枢纽之地，因此体现了一种延续性。这些城市还为亚历山大安置士兵提供了场所。① 但是，最重要的原因还是商业需求。大规模战争和军事占领具有破坏性，建立这些城市在一定程度上弥补了这一损失，促进了东西方贸易的发展——虽然古老的丝绸之路依然是主要的商业贸易路线。

如果欧洲想从亚洲的财富中获益，那么海岸线上就必须有合

---

① 时至今日，在巴基斯坦，有些部落——卡拉什人（Kalash）和帕坦人（Pathans）——仍声称他们是亚历山大军队的后裔。

适的港口。亚历山大死后，爱琴海畔建起了一座这样的城市，并最终被命名为亚历山大特罗亚（Alexandria Troas）。但几个世纪以来，狄诺克拉底在尼罗河三角洲以西建立的那座城市一直独占鳌头。早在公元前 6 世纪，爱奥尼亚希腊人就在法老雅赫摩斯（希腊人称阿玛西斯）的特许下，在三角洲的瑙克拉提斯（Naukratis）建立了一个贸易站点。瑙克拉提斯位于距海岸线 45 英里（约 70 公里）处，到公元前 4 世纪已经衰落，部分原因是尼罗河每年泛滥造成淤塞。虽然现在看来，亚历山大城的地理位置是个理想的港口，但在公元前 331 年亚历山大勘察该地区时，情况并非如此明朗。当时海岸线上只有一个叫罗克提斯（Rhakotis）的小村庄。法老时代的埃及是臭名昭著的"封闭"社会，除了特许的瑙克拉提斯之外，它对与地中海其他地区做生意几乎毫无兴趣。此外，当地也没有淡水供应。但亚历山大和他的建筑师认为，他们可以弥补这一不足，并着手划定"大城市"（*megalopolis*）的范围。

马其顿王国在韦尔吉纳和佩拉建有都城，在奥林匹斯山脚下的祭祀中心狄翁也曾建过一座小城，但其规模都无法与亚历山大城相媲美。就城市范围而言，雅典和叙拉古可能规模更大，但都无法与亚历山大城发展起来的密集城市区相比。狄诺克拉底建造了一条宽阔的纵向轴线，标志城市规模，根据古代资料，这条中央大道宽达 30 米。实际更可能是 15 米，但也是条宽阔大道。街道相互交错成网格，整个城市有 5 个住宅区，以希腊字母标记。其中一个发展成了一个大型犹太社区，公元 1 世纪，正是这个犹太社区的一位著名人物斐洛·尤迪厄斯（Philo Judaeus），为我们提供了有关亚历山大城在托勒密王朝时期及其后繁荣发展的许多信息。流传下来的这些书面资料尤为珍贵，因为古代亚历山大城几乎没有留下什么痕迹。

"进入这里的考古学家们，放弃所有希望吧"——19世纪充斥着这种情绪，当时在亚历山大城进行的考古发掘面临着切实的障碍和官僚主义的阻挠，连施里曼那样的乐观主义者都望而却步（施里曼曾到这里寻找亚历山大的陵墓。这里曾有古代罗马皇帝来祭奠，但在公元4世纪时却"消失"了，至今踪迹难寻）。几个世纪以来，地下勘探揭开了供水的秘密——蓄水池和水渠星罗棋布，水源来自尼罗河卡诺匹克（Canopic）支流的运河和季节性降雨。最近，亚历山大港口的水下探查发现了一些托勒密时期的巨型侵蚀遗迹。但对比1922年英国小说家E.M.福斯特（E. M. Forster）写的那本亚历山大城旅游指南，现在的情形并无多大变化。我们观察这座古城，主要是透过它在文学上的名声——当今时代的福斯特和希腊诗人卡瓦菲斯（Cavafy）等使亚历山大城的文学声誉远播。

古代亚历山大城远不止是一座文化名城，但它在文学上如此声名显赫也是有特殊原因的。如前所述，托勒密本人就算得上是一位历史学家。公元前304年，托勒密称王，他将领土扩大到塞浦路斯、巴勒斯坦和爱琴海的部分地区，并抽出时间撰写了亚历山大战争回忆录。他还是一位藏书家，而且将他对文学的推崇传给了他选定的继承人，即他与第三任妻子贝雷尼克（Berenike）所生的儿子，托勒密二世费拉德尔普斯（Ptolemy II Philadelphus）。公元前282年，托勒密一世寿终正寝，在此之前有几年父子俩共享权力。很难说到底有多少是父辈的功劳，但托勒密王朝在埃及（以及更遥远之地）的行政和财政制度似乎是在费拉德尔普斯时期随着他扩建亚历山大皇城（Brucheion）建立起来的。这些制度对埃及的管理和经济至关重要。不过，宫廷内有另外两个机构获得了更高的赞誉：图书馆和博物馆。

二者都不是新发明。雅典有卷轴收藏，法勒隆的德米特里厄斯（Demetrius of Phaleron）是位亲马其顿的雅典政治家，他可能参与了将"缪斯圣地"（shrine of the Muses，源于希腊语 *mouseion*）这一概念传播到亚历山大城。德米特里厄斯是吕刻昂学园泰奥弗拉斯托斯的学生。在吕刻昂学园，"缪斯圣地"由书籍和教学材料组成，但亚历山大城的项目规模不止于此。在托勒密王朝的慷慨赞助下，亚历山大城的图书馆和博物馆相辅相成，既是艺术中心，又是研究机构。

缪斯通常有 9 位，赫西俄德称她们为宙斯的女儿。距离赫西俄德在波欧提亚的家不远，有座赫利孔山，是与缪斯关系密切的一个地方。缪斯是诗歌、音乐、舞蹈和各种智力活动的灵感之神，她们的名字后来分别被赋予了特定领域，如历史（Clio）、舞蹈（Terpsichore）和天文学（Urania）。赫利孔山上的一座"博物馆"保存着赫西俄德的诗歌文本、诗人雕像以及其他被认为通灵的凡人雕像。亚历山大博物馆则更为活跃，为来自希腊语世界的学者们提供付费（免税）住宿。据估计，无论何时，住宿学者的人数都在 100 到 1000 之间。这里有一个华丽的公共餐厅、一系列演讲室和长廊，当然还有一条路通往图书馆。①

---

① 主图书馆就在附近，而另一个图书馆位于稍远的海岸线上。

希腊语中"*schole*"是"闲暇"的意思，因此学校（schools）和学术（scholarship）不应被视为工作，而应被视为我们从维系日常生计的劳作中解脱出来后可以做的事情。在柏拉图的对话中，洋溢着这种悠闲的追求精神，但在亚里士多德建立吕刻昂学园时，这种感觉已经消失殆尽。托勒密王朝有效地实现了学者职业化。公元前 5 世纪，诡辩家和其他学者开始向听众进行付费讲学。从此，人们可以为了研究而研究。有些研究很可能产生了实际应用，甚至创造了巨额收入：古代最聪明的工程师之一阿基米德就曾利用他在亚历山大城的时间，开发出了螺旋提水装置，帮助埃及等地的农民开展灌溉工作。① 除此之外，按照亚里士多德的方式，图书馆包容超然物外的好奇心，随着图书馆的繁荣，语文学、古文字学和文学批评等学科也应运而生。如果荷马史诗《伊利亚特》的文本出现在图书馆，就会成为审视对象。什么是"善本"，什么又是"败坏"的手稿？如何将诗人的原始词句与他人的篡改或抄写者的误解区分开来？

众所周知，亚历山大图书馆毁于火灾，但目前还不清楚火灾是在哪个历史时期发生的，也不清楚是否为人祸。不过，从某种意义上说，图书馆的实际命运并不重要。重要的是，它为其他城市（佩加蒙、罗得岛、安条克等）树立了榜样，相关学者定义和发展了希腊文学和学术。"著述不懈，没有尽头"，希伯来传道者（Ecclesiastes）曾如此感慨。这句忧伤之言可以追溯到公元前 200

194

---

① 回到家乡叙拉古后，阿基米德利用自己在杠杆和弹射器方面的专长，对付罗马围城。

年左右，当时他已深刻认识到在亚历山大城学无止境。

亚历山大城的学术声誉并非只有光鲜的一面。当然，没有特殊聪明才智也有可能成为高级学者，而聪明也从来都不排斥虚荣和风波，托勒密宫廷的故事就证明了这些是亘古不变的真理。但有一个特别的问题值得注意：如果认为过去的作品树立了绝对标准，那么现在的作家又该何去何从？据估计，图书馆的藏书量在 10 万卷到 50 万卷之间，图书的系统编目归功于卡利马科斯（Callimachus），他本人也是一位高产的诗人。他与自己的一个学生兼图书馆员阿波罗尼乌斯（Apollonius），在诗人是否应该尝试史诗的问题上发生了争执。"别指望我打雷，"卡利马科斯宣称，"打雷得靠宙斯。"两人争执得相当激烈，最终阿波罗尼乌斯搬去了罗得岛。似乎是为了证明自己的观点，他在那里创作了《阿尔戈英雄纪》（Argonautica），一个关于伊阿宋寻找金羊毛的传奇故事。

读者必须自己判断，在这场文学之争中，哪一位更能赢得后世的青睐。如果以部分现存作品，即一些讽刺短诗，来评价卡利马科斯，就要提及一个经典译本，因为它体现了优雅而简洁的诗歌创作理想：

> 他们告诉我，赫拉克利特，他们告诉我你死了
> 他们给我带来了痛苦的消息，让我流下了痛苦的眼泪
> 我不禁泪下，因为我想起，你我经常畅聊不休
> 从日出，讨论到日落

现在你躺下了，我亲爱的卡里亚老客人

一把灰白的骨灰，安息在很久、很久以前

而你那悦耳的声音，那夜莺般的歌声，依旧如故

因为死神带走了一切，却带不走它们

收集诗歌的"花环"，也就是汇编"文学之花"（希腊语 *anthologia*），能够很好地反映书目编选者的倾向，典型之作就是《希腊文选》（*Greek Anthology*），此书经久不衰。然而，托勒密宫廷中的诗人名单之长，杰出者之多，表明尊崇"古典"前辈并没有阻碍新的诗歌创作。忒奥克里托斯（Theocritus）从叙拉古来到亚历山大城，开创了田园诗派，他创作以理想田园生活为主题的抒情诗集（*idylls*），诗中的牧羊人歌唱爱情、时光易逝和死亡来消磨时间。来自佩拉的波西迪普斯（Posidippus）开创了被称为"艺格敷词"（*ekphrasis*）的以文述图的修辞艺术，我们可以形象地将其视为现代博物馆中许多绘画和雕塑观众喜欢使用的头戴式耳机解说的鼻祖。赫罗达斯（Herodas）可能来自科斯，他的"哑剧"模仿市井下层生活，娱乐宫廷。诗人也要付出代价，就是要吹嘘恭维：托勒密一世自称"索泰尔"（Soter），即"救星"，诗人们也争先恐后地将他誉为无所不能的宙斯。卡利马科斯有一首诗尤其饱含溢美之词，讲述了贝雷尼克三世的一卷头发如何变成一个星座。但这就是赞助。诗人可以尽职尽责地歌颂君主；天文学家不费吹灰之力就可以用王后的名字命名一颗新星；天才数学家，如埃拉托斯特尼（Eratosthenes），以前所未有的精确度计算了地球的圆周，可以直接将自己的方程献给托勒密。

196

...

虽然托勒密王朝是高雅文化的忠实守护者，但也利用了"盛大庆典"即所谓"戏剧国家"的力量，这是一种建立在奢华表演和奇观基础上的君主制风格。抬着巨型神像的游行队伍，向每家每户分发的无尽美酒，使得亚历山大城因狂欢节和宗教游行而声名远播。托勒密一世精明地判断，王国建立的基础是种族团结或者说"全民一心"（*homonoia*）的精神，这也许源于亚历山大。他需要一个（除了自己之外）超越隔阂的崇拜对象。于是，他引入了塞拉匹斯神（Sarapis）。塞拉匹斯神的起源始终不清楚，可能从来都不明朗。从功能上讲，塞拉匹斯神是一个多面手，掌管生育、宇宙秩序和冥界；他的妃子是伊西斯（Isis），一直被埃及人尊为"万物之母"。至于这位新神的祭司要如何将塞拉匹斯与伊西斯寻找被肢解的奥西里斯（她的兄弟兼丈夫）的古老传说联系起来，这是一个神学话题，不在本书讨论范围之内。塞拉匹斯在古典时代兴盛了 500 年，知道这点就足够了。在艺术家的想象中，他留着胡子，慈眉善目，一头卷发。可怜的是，他的头饰在现代人看来像个花盆，但其实是象征着他与冥界联系的谷物量器——这也暗示了他在庇佑谷物丰收方面的作用，丰收是埃及繁荣之本。

托勒密王朝建立亚历山大城，是为了使其成为通往"凡人世界"（*oikoumene*）的文化灯塔，这一点显而易见。当然，作为一个主要港口，城市也需要用于航行的灯塔。亚历山大和狄诺克拉底在选址时大概也考虑到了这一点，因为像提尔一样，亚历山大城也有一个近海小岛，可以通过防波堤与大陆相连。于是，两个港口应运而生，而这座名为法罗斯的小岛也成了一座壮观灯塔（同时也非常实用）的所在地。

灯塔的结构必须足够坚固，才能承受灯塔底部火焰不停燃烧的热量，并且要分层，这样光线才能通过一套镜子系统（可能是抛光铜镜）从约 100 米高的塔顶反射出来。灯塔在海上照射的范围被证明在 30~300 英里（约 48~483 公里）之间。这座建筑最终在 14 世纪因连续地震而倒塌，一座土耳其堡垒取而代之。不过，通过钱币图案和显然是作为纪念品出售的陶制小模型，可以对灯塔的设计进行重构。在古代，亚历山大城的法罗斯灯塔就已被列入值得观赏的七大奇迹。卡利马科斯的众多著作中，有一本是关于"奇观"（thaumata）"景点"（theamata）的汇编——这份清单似乎已浓缩为以下必游之地：（1）吉萨大金字塔；（2）巴比伦空中花园；（3）奥林匹亚宙斯雕像；（4）以弗所阿尔忒弥斯神庙；（5）摩索拉斯陵墓；（6）罗得岛巨像；（7）亚历山大法罗斯灯塔。

一般认为，在这份清单中，只有一个幸存下来：法老胡夫的大金字塔，建于公元前 3000 年，希腊人称其为契奥普斯（Cheops）（希罗多德给金字塔定下了令人惊叹的基调，尽管他对其建造过程中的劳作有所贬低和夸大）。根据人们对"幸存"的定义，情况并非如此惨淡。在以弗所，我们可以看到阿尔忒弥斯神庙的某根独立的柱子（柱子上通常有一个鹳鸟巢）；在奥林匹亚，人们从雕刻家的作坊中发现了制作菲迪亚斯的巨型宙斯雕像时留下的模具、碎片和其他残片；在哈利卡纳苏斯，从陵墓遗址中发掘出了许多令人印象深刻的雕塑和建筑碎片，这是公元前 4

198

世纪代表波斯人统治该城及小亚细亚卡利亚地区的当地摩索拉斯王朝的高大陵墓。尽管如此，这些古迹奇观已基本消失，一去不返。

托勒密王朝的亚历山大城也是如此。因此，最后让我们用文字来回忆它特有的辉煌，以此告别。以下出自莎士比亚对普鲁塔克著作的改编，描述了公元前 1 世纪末统治托勒密王朝的克利奥帕特拉七世（Cleopatra VII），如何"俘获"了罗马将军马克·安东尼的心。当她从河边抵达西里西亚行省与他会面时：

> 她坐在驳船上，如同光辉宝座
>
> 在水面燃烧。船尾金碧辉煌
>
> 紫色风帆，香气袭人
>
> 风也为之痴迷。船桨闪耀银色，
>
> 随着笛声悠然划动……
>
> ……关于她本人，
>
> 妙不可言。她躺在
>
> 亭子里——身着金色绫罗——
>
> 我们似乎看到了维纳斯
>
> 幻想与自然的完美结合……
>
> ——《安东尼与克利奥帕特拉》，2.2.196

没过几年，托勒密王朝就臣服于罗马，迎来终结。但直到最后，托勒密家族依旧以极尽奢华的方式，尽显王朝风采。

7
佩加蒙

如本书序言所述，"古典"一词含义多变，它可以涵盖整个古希腊与古罗马时代，也可以指"古代"和"希腊化"这两个历史分支之间的时空。在后一种意义上，"古典"具有承前启后的意义——至少在历史学家眼里，喜欢给过去强加植物般生长、繁荣、衰败的隐喻。这种比喻本身由来已久，不过在这里，我们只要知道它在十八九世纪欧洲一些具有影响力的知识分子中非常流行就足够了。例如，德国考古学家 J.J. 温克尔曼（J. J. Winckelmann）在其 1763 年出版的古代艺术史开山巨著中描述，希腊艺术从其太古时代的"种子"，逐渐发展成熟为一种"宏大或高雅的风格"，典型代表就是公元前 5 世纪中叶菲迪亚斯的作品；到公元前 4 世纪变得"更加优雅和恭顺"，此后在"模仿者"旗下逐渐"衰败""没落"。

温克尔曼从现代启蒙运动的角度，认为自由是"艺术百花齐放"的关键要素。因此，当希腊的民主城邦——尤其是雅典——屈服于马其顿的专制统治后，艺术之花必将枯萎："艺术萌生于自由，必将随自由的终结而衰败。"因此，尽管马其顿王国的统治者可能也慷慨解囊资助艺术，但损害了艺术作品的质量。温克尔曼认为，"慷慨的赞助有损艺术的真实性和兢兢业业"。如今反观，这一指责似乎有些言过其实——他本人先是在萨克森，后来又在梵蒂冈获得赞助，难道他不知道，在文艺复兴时期佛罗伦萨的美第奇家族统治下，艺术家们如鱼得水的先例吗？但是，希腊化时代是一个衰落的时代，这种感觉是挥之不去的。

"希腊化"（Hellenistic）一词是 19 世纪 30 年代温克尔曼的同胞 J.G. 德罗伊森（J. G. Droysen）发明的。作为一名学者，德罗伊森开创了"伟人"史，代表作就是他年轻时撰写的亚历山大大帝传记。然而，当德罗伊森开始续写亚历山大的继业者时，他采用了一种更为笼统的方法定义这一时代：从亚历山大的"成年"（公元前 336）开始，历数各个王朝的继业者，到公元前 30 年托勒密王朝的最后一位统治者克利奥帕特拉去世为止（虽然德罗伊森作为坚定的路德派信徒，认为也可以用基督的诞生作为终点）。"希腊人"（Hellenistes）一词来自《新约》中的用法——这里指以希腊语为日常语言的犹太人个人或群体的这种用法。德罗伊森认为，亚历山大的主要遗产是推动了希腊与亚洲之间的文化"融合"（*Verschmelzung*）。因此，"希腊的"（Hellenic）与"希腊化"之间的显著区别在于，"希腊的"是"希腊"的同义词，而"希腊化"则意味着"有希腊风格的"。①

德罗伊森的最终目标可能是要解释一个非凡现象：起源于加利利湖畔的异教，是如何成为一大世界性宗教的。德罗伊森和我们一样，受过教育，拥有知识背景。他在柏林师从黑格尔。黑格尔"美学"体系（历史的、通用的，包括音乐、诗歌和其他艺术）的出发点，是"艺术的内在萌生"与可按照时空分类的一系

205

---

① 当腓力和亚历山大出征时，还没有希腊这个民族，只有大约上千个分散的独立希腊城邦。

列"世界观"有关。黑格尔历史观的典型特征是，一个时期可以用随之而来的"时代精神"（*Zeitgeist*）进行定义。这种概述方法在整个 19 世纪占主导地位。在英国，乔治·格罗特（George Grote，伦敦大学的创始人之一）出版了十二卷本的《希腊史》（*History of Greece*），认为"首席执政官（Prime minister）"伯里克利领导下的雅典民主是古典时代的伟大遗产。在他看来，希腊的历史到亚历山大就结束了。巴塞尔大学教授、文化历史学家雅各布·布克哈特（Jakob Burckhardt）肯定了希腊文化的颓势是随着马其顿的崛起而出现的。在布克哈特看来，古典时代具有代表性的"对名誉的追求"，到了希腊化时代，变成了"对低俗名流的追逐"。

然而，就在布克哈特将这一观点付梓之时（1872），小亚细亚的考古发现却对这一共识提出了挑战。

· · ·

卡尔·胡曼（Carl Humann）不是一位德国教授，而是一位来自鲁尔区的公路与铁路工程师，是他将佩加蒙纳入考古地图。1864 年末，他在安纳托利亚西北部的特罗德地区进行勘测时，发现在一个特殊的山坡上，当地的建筑工人正在将出土的大理石碎片用作石灰水泥材料。胡曼看出这些都是精心雕刻过的大理石，于是出面制止了破坏行为，开始了挖掘计划。20 年后，一座极其令人震撼的古代雕刻遗迹在柏林进行了重组，这就是来自佩加蒙的宙斯大祭坛。如果温克尔曼当时还活着，他一定会赞美如此造型鲜活的精湛工艺——根植于古典时期，但又成熟稳重且与众不

206

同。正如胡曼所赞叹的，"这是一个全新的艺术时代"。

挖掘工作持续了一个多世纪，揭示出尽管宙斯大祭坛与众不同，但只是一座更为宏伟壮观的建筑的一部分。大祭坛所处的位置有着引人注目的效果：海拔约 400 米的天然高地，雄踞凯库斯河平原，是一座天然卫城（高地之城）。卫城剧院可容纳约 10000 名观众，在同类剧院建筑中坐席最为陡峭。这座城市似乎会成为一块广袤领土的都城。

这种印象存在一些误导性。相比曾与亚历山大在亚洲并肩作战的塞琉古所占领的地区，佩加蒙的领土，在亚历山大死后（见第 162 页）被兼并，所占面积相对较小。和亚历山大一样，塞琉古也娶了一位巴克特里亚女子，但这并不妨碍他再娶一位马其顿妻子——此举表明了他在地缘政治上的"双重身份"。塞琉古首先在美索不达米亚建都，即底格里斯河畔在今巴格达以南不远的塞琉西亚城；10 年后，他又在叙利亚奥龙特斯河畔的安条克（土耳其西南边境城市安塔基亚的前身）另建了一个都城，为其统治服务。这两座城市均可通航（在塞琉西亚，底格里斯河有运河连接幼发拉底河），非常适合东西方贸易。塞琉古对以希腊人、马其顿人和犹太人为主的外来人口采取"门户开放"政策，确保了这两座城市甚至其他许多城市的繁荣，其中许多城市是以塞琉古或安条克（塞琉古的父亲和继任者儿子的名字）的名义建立的。达芙妮是安条克郊区的一个休闲胜地，成了奢华甚至奢靡生活的代名词。然而，从考古学角度来看，这些伟大的塞琉古城市遗迹很难与佩加蒙相比。原因一方面是在历史变迁中幸存有限，另一方面是表明即使在古代，佩加蒙也有着特殊地位。

就领土面积和人口数量而言，佩加蒙显然属于希腊化时期的一个小王国。该地属于米西亚（Mysia）地区，以肥沃土地、松树林和矿藏闻名。然而，在历史上，佩加蒙的成功要归功于运气好，或者说归功于某些马其顿军官恰逢其时，在亚历山大去世时恰好在正确的时间出现在了正确的地点。

众所周知，亚历山大在征讨波斯期间积累了大量金银财宝。继业者们当然为此大动干戈。在公元前 301 年的伊普苏斯（Ipsus）战役中，色雷斯的统治者利西马科斯与安提柯在弗里吉亚（位于安纳托利亚中西部）交战，争夺该地统治权。在塞琉古的支持下，利西马科斯取得了胜利。他把大部分财宝带到了色雷斯，但有一部分留在了小亚细亚，交给一个管理人看管。这名管理人就是菲莱泰罗斯（Philetairos），马其顿将军阿塔罗斯之子。留下的黄金价值 9000 塔兰特——雅典娜"帕特农"雕像上所有黄金加起来也不过用了 44 塔兰特，足以想象价值有多高。存放黄金之地选择了佩加蒙。这个地方将增建一圈防御城墙，不过这里原本就是一个天然要塞。

菲莱泰罗斯可能从小就被作为宫廷资金的"掌管人"培养——取决于他成为宦官是出于偶然还是父母有意为之。钱币上他的肖像显示，他是一个坚毅果断之人。无论如何，事实证明他是一位精明的保管人，没有儿子也没有影响到他的继承计划。利西马科斯去世时，这笔财宝毫发无损。公元前 281 年，当利西马科斯的盟友塞琉古遇刺身亡后，菲莱泰罗斯仍然保管着这些财宝。最终，关于佩加蒙及这笔珍贵财宝应属于哪个王朝变得模糊

208

不清。由于菲莱泰罗斯早已采取预防措施，布置了良好的防御工程，他可能会声称亚历山大的遗产由他保管比交给其他人保管更为安全。佩加蒙名义上由塞琉古王朝监管，但在公元前 263 年菲莱泰罗斯去世后，由其侄子欧迈尼斯（Eumenes）管理。在随后的 20 年里，欧迈尼斯实际上已经使佩加蒙处于独立状态，虽然他从未真正称王，但我们认为他是"欧迈尼斯一世"，是阿塔利德王朝的第一位国王。

直到欧迈尼斯的继承人继任，才自称为王（basileos），即阿塔罗斯一世（Attalos I）。他希望自己看上去像亚历山大，至少在官方肖像中看起来像亚历山大。但佩加蒙作为一个城市并不具有马其顿城市的特征。佩加蒙形成了对雅典娜的崇拜，发展出了一个本地版本的泛雅典娜节，在图书馆里存放着雅典"典籍"（如记载着德摩斯梯尼怒斥腓力的书籍），还矗立着大理石的雅典娜"帕特农"雕像。哲学流派特别是斯多葛学派中人，在佩加蒙聚集，文字评论家、地理学家、几何学家、雕塑家等也汇聚于此。当然，这种城市的存在先例是托勒密的亚历山大城，但典范则是伯里克利的雅典。

佩加蒙不在托勒密王朝的军事范围之内。两座城市的竞争，体现在无形的对抗之中——比如对立学者间的互相蔑视。亚历山大城的学者用词考究，有时甚至到了荒谬的地步；佩加蒙的学者则偏向横向思维并因此遭到谴责。为了遏制佩加蒙图书馆的发展，亚历山大城还曾恶意阻止莎草纸出口，那是用一种埃及盛产的植物制成的物品，用于书写。结果，佩加蒙的文士们开发出了自己的书写材料——动物皮（小牛、山羊或绵羊），他们将这些皮拉伸并使之干燥，制成了我们所说的羊皮纸。①

　　阿塔利德王朝的佩加蒙与伯里克利的雅典一样，认为自己是展现文明价值观的城市载体。与雅典一样，要阐明文明的含义，就必须与敌对的外来者形成一定的对比。但阿塔利德家族毕竟是专制君主，而伯里克利的雅典则因民主享有盛名。诚然，民主作为一种制度，在古代并不像后来在乔治·格罗特等人笔下那么备受推崇。不过，专制易遭非议，一个以拥有德摩斯梯尼真言而自豪的城市肯定也会敏感地意识到这点。阿塔利德家族作为独裁者如何挽回形象？几乎是天意弄人，敌对的外来者出现了。他们不像波斯人那样来自东方，而是来自欧洲。

　　称他们为"高卢人"（Gauls）可能容易产生误解。严格来说，应该称他们为"加拉太人"（Galati）——来自约公元前300年起，沿着多瑙河迁徙，穿过巴尔干半岛，在公元前278年渡过赫勒斯滂海峡的凯尔特人（Celts）。最终，他们定居在安纳托利亚中部地区，也就是后来的加拉太地区（Galatia）。据记载，他们在迁徙途中袭击了德尔斐圣殿。虽然可以将他们雇为雇佣兵来利用他们的侵略性，但在公元前3世纪和公元前2世纪的大部分时间里，这些高卢人一直困扰着几个希腊化王国。大约在公元前240年，阿塔罗斯一世在凯库斯与他们交战。我们不知道这是一次全面交战，还是仅为引导高卢人东进的战术行动。历史学家怀疑是后者，部分原因在于佩加蒙（大概）从未有过足够的人力来组建一支强大的军队。不管事实如何，这次战役被当作佩加蒙卫

<hr>

① 羊皮纸（parchment）一词源于拉丁语，指材料的出处 "*pergamentum*"。

城一场伟大的胜利进行纪念，特别是在雅典娜胜利女神庙中竖起了一组雕像，其中至少有 3 尊真人大小的青铜雕像。这组雕像呈金字塔形，顶端是一个长发、宽肩的高卢人雕像，侧着头，从锁骨上方将自己的剑插入心脏。他的另一只手臂上软绵绵地挂着一个女子的尸体，尸体的鲜血还在往外渗。她应该是这位战士的妻子。战士在杀死妻子后自杀，原因都一样，为了不被活捉。旁边是战场上的另一具尸体，胸部受了致命伤，除了戴着凯尔特人的特色金颈环外，全身上下都被剥光了。他正扭身想换个姿势呼吸最后一口气。他的盔甲不见了——被敌人缴获了——但圆形的战斗号角还在身旁。

211

　　在罗马的博物馆中，可以看到这组雕像的大理石版本。在17 世纪初这组雕像被发现后，"垂死的高卢人"就变得家喻户晓。早期这组雕像被称为"垂死的角斗士"，拜伦勋爵曾形容："这表现了某个不幸的战俘'遭到屠杀'以庆祝罗马假日。"温克尔曼则重新进行了诠释。他认为，这个"垂死的角斗士"的雕刻及英雄化效果非常完美，因此，必然是来自备受推崇的古典时期。但古典时期还没有角斗士比赛。因此，这座雕像（温克尔曼认为）一定代表了一位在战斗中阵亡的奥林匹克预言家。现代学者认为这是由罗马人委托雕刻的，以佩加蒙的胜利群像为基础，但也许还存在着新的动机。一个颇有吸引力的可能是，雕像是用于装饰恺撒大帝的庄园的，恺撒大帝出于个人原因，喜欢看到被打败的高卢人形象（见第 214 页）。

　　侵扰佩加蒙的高卢人在亚历山大城臭名昭著。卡利马科斯在一首诗中，不仅嘲笑他们是野蛮人、"无知的部落"，还把他们讥讽为对神圣秩序发起疯狂攻击的"现世泰坦"。后世一位希腊作家指出，高卢人有用石灰水洗头的习俗，这使得他们的头发浓密而蓬乱，看起来就像半人半兽的萨堤尔甚至潘神。为阿塔罗斯一世创作的这组纪念雕塑，成功捕捉了人们对凯尔特掠夺者的这些刻板印象，同时又没有将他们贬为"敌人"。因此，这是一座没有胜利者的胜利纪念碑。我们见到的是身强力壮的对手，他们对自己的身份怀有自豪感，展现了绝不投降的意志和战败时的尊严，即后来罗马作家在德国凯尔特人身上所欣赏的那种精神。阿塔罗斯战胜了这些斗志昂扬的对手，取得的成就便更加突出，因此，他可以像托勒密一样，获得"救星"的称号。但是，将高卢人比作混乱的泰坦巨人，也让那些"佩加蒙分子"重新思考阿塔罗斯与奥林匹斯众神之间的神圣联盟，这一特殊关系将在阿塔利德王朝的下一代君主欧迈尼斯二世（Eumenes Ⅱ）这里全面展开。

· · ·

欧迈尼斯二世的统治从公元前 197 年持续到公元前 160 年或公元前 159 年。最后一年，他与最终继承他位置的兄弟共治。这一时期，城堡内部进行了大量建设。谨慎管理资金，并没有阻碍阿塔利德王朝开展宏大建设工程。欧迈尼斯建造了图书馆，满腔热情地采购名家书籍；还增建了富丽堂皇的剧院和体育馆，剧院遗址基本保留了下来。可能就是在他的赞助下，大约在公元前 168 年或公元前 166 年后，宙斯大祭坛建成。欧迈尼斯死后被神化，（根据后世碑文）似乎在公元前 150 年左右，祭坛成为神圣之所，祭祀奥林匹斯 12 神以及神化的欧迈尼斯。

过去，祭坛（altars）结构简陋，是放在神庙入口处的结实桌子。在古希腊王室的赞助下，祭坛在规模和装饰上得到了精心设计。在叙拉古，公元前 3 世纪，僭主希伦二世（Hiero Ⅱ）资助建设了一个巨大的祭台，可以在上面同时屠宰约 450 头牛。在佩加蒙，祭坛本身并不显眼，但周围装饰非常豪华——四周都是柱廊，还有伸出的侧翼。在祭坛平台的外墙上，长达 100 多米的带饰（约四分之三留存于世）不仅清晰可见，而且直观易懂。一眼就能看出，它表现的是众神与巨人之间的原始战争。在神话中，这代表了宙斯及奥林匹斯神族对大地上的原始居民建立起至高无上的统治——天神之力战胜了"地上生灵"——因此，这个主题非常适合用来装饰奥林匹斯神族的祭祀场所。

从印象派的角度来看，带饰表现了一场骚动，场面之喧嚣甚至蔓延到了入口处的台阶上。然而，在这场骚乱中，奥林匹斯神都面容平静，巨人则都面部扭曲、惊恐万分。"巨人之战"是一场伟大的战斗，但在这场较量中，一方对另一方有着绝对优势。在古代观赏者眼里，这场景在多大程度上象征着阿塔利德战胜高卢人，我们无从得知，但该场景似乎意在如此。

祭坛内院的内部带饰勾勒了阿塔利德王朝史诗般的神圣起源。当然要有赫拉克勒斯：赫拉克勒斯是宙斯之子，忒勒福斯（Telephos）之父［忒勒福斯是他与许革亚的奥革（Auge of Tegea）所生］，也是阿塔利德王朝的祖先。发掘出土的带饰远不完整，因此我们也无法直接得知这部无疑是王室授意创作的史诗的全貌。尽管如此，我们仍然可以看出，这部史诗在艺术创新上毫不逊色：时间和地点转换十分流畅，节奏紧凑，既压缩了故事篇幅，又不失英雄气概。在各种叙事线索中，最重要的可能就是忒勒福斯参与特洛伊战争，他有时是希腊人的对手，有时是希腊人的盟友。这种神话上的模棱两可非常适合阿塔利德人，因为他们必须越来越努力去平衡亲希腊文化与对罗马外交政策。当罗马人从特洛伊战争中的特洛伊一方来追溯起源时，阿塔利德人（他们的王国毕竟包括特洛伊和特罗德地区）正好有机会像个多年邻居一样，与罗马人结盟。

阿塔罗斯二世（Attalos Ⅱ，公元前 160~ 前 138）进一步推动了亲罗马的友好关系，他在亚洲建立了两座新城市［其中一座位于潘菲利亚（Pamphylia）海岸，名为阿塔莱亚（Attaleia），即如今的安塔利亚（Antalya）］。但他依旧维持着与雅典的关系。公元前 150 年左右，阿塔罗斯二世为雅典沿阿哥拉东侧建造了一座新的柱廊（1956 年重建），柱廊的"佩加蒙式"柱头采用了亚洲的棕榈叶图案，以稍不显眼的方式体现了东方的影响。对于这一馈赠，我们还要提到，在雅典卫城的西南墙上，曾经可以看到佩加蒙馈赠的雕刻。这些雕刻包括多座雕像（可能是青铜雕像），纪念相互关联但又截然不同的几场战斗：众神与巨人的战斗，雅典人与阿马宗人的战斗，雅典人与波斯人的马拉松之战，还有佩加蒙人与高卢人在米西亚的战斗。每一组似乎都有死去或濒临死亡的人物；有些胜利者骑在马背上；其他人可怜地跪在地上，畏畏缩缩地躲避被打。每场胜利仿佛出自同样的普世道德正义：巨人因极度自大而威胁到原初的神定秩序，于是遭到镇压；阿马宗人威胁到史前雅典，于是被击退了；

215

波斯人威胁到历史上的雅典，于是也被打退了；最后，高卢人威胁到了东方的雅典——佩加蒙，于是获得了与其邪恶前辈相同的命运，被阿塔利德人击退。这座小高卢人群雕（这个称呼是为了与更早的阿塔罗斯一世纪念群雕区分开来）显然是由研究过古典时代雅典象征主义模式的人设计的。

群雕拉奥孔（Laocoon）也散发出一种先于现在的、神话般过往的气息——温克尔曼曾对这尊雕像赞不绝口，因为它既充满了炽热的情感，又展现了令人起敬的情绪控制。这座雕像于 1506 年在罗马发掘出土，立即被认定为老普林尼（Pliny the Elder）所说的大理石雕像中的杰作。[①] 据说米开朗琪罗当时也在发掘现场，他参与了将这组雕像置于梵蒂冈奉为古代精品的过程。拉奥孔的故事广为人知，但说法不一。根据希腊文献如索福克勒斯等人的记录，拉奥孔是特洛伊的祭司，特立独行，因不虔诚的行为触怒了阿波罗——例如，他本应独身却生了一对儿子。对于罗马作家，特别是维吉尔来说，拉奥孔是有先见之明的特洛伊人，他警告同胞不要接受希腊战士留下的"礼物"，也就是他们（看似）放弃了对特洛伊长达 10 年的围攻后留下的巨大木马（"即使希腊人带着礼物来，我也害怕他们"）。无论如何，拉奥孔都死于阿波罗的愤怒，阿波罗派了两条巨蛇攻击这位祭司和他的儿子们——雕像展现的正是这个痛苦时刻。

以"反映现实"来思考这一事件，在道德或美学上是否有益？ 18 世纪末，温克尔曼对这座雕像的热衷，引起了一场价值

---

① 我们在梵蒂冈看到的拉奥孔群雕是否真的为普林尼所见的那组雕像，这个问题还存在争议。

辩论——关于用平面或立体的方式来使恐惧可视化，而非用文字来暗示恐惧。这一辩论如今依然存在，只不过转移到了电脑游戏和虚拟现实的话题上。与此同时，学者们一致认为，在罗马发现的大理石拉奥孔群雕很可能不是原作。从风格上看，这座雕塑属于佩加蒙——很可能公元前二三世纪在佩加蒙是尊青铜雕塑。

为什么拉奥孔的故事会让人联想到佩加蒙？一种假设是或许阿塔利德王朝认为，特洛伊和佩加蒙这两座城市的命运在历史上是对称的。公元前 138 年阿塔罗斯三世（Attalos Ⅲ）掌权，但当时东地中海已经出现了一个更大的势力。如前所述，他的前任努力与罗马保持某种联盟关系。反对者的下场显然很危险：公元前 146 年，罗马将军穆米乌斯（Mummius）下令彻底摧毁科林斯古城。阿塔罗斯膝下无子，据说他对动物学的兴趣超过了对王朝政治的兴趣。他起草了一份遗嘱，指示将佩加蒙及其所有财产——包括那些菲莱泰罗斯受托看管的核心宝藏——遗赠给罗马。

没有任何文献资料证明，阿塔罗斯三世是否委托制作过一尊表现拉奥孔惨烈结局的雕像。只有回过头来看才会发现，这似乎是佩加蒙的绝唱。如前所述（第 4 页），"佩加摩斯"是特洛伊的一个别名。拉奥孔殊死一搏，想要拯救自己的城市，阿塔罗斯可以说试图用自己之死拯救佩加蒙。遗赠并没有什么戏剧性——虽然似乎让受益人大感意外——但结果证明，这作为拯救城市免遭毁灭的手段非常有效。

这个雕塑也很好地利用了神话命运的逻辑。特洛伊注定要陷落，事实证明了拉奥孔是对的。然而，当特洛伊城的塔楼熊熊燃

217

烧，希腊勇士洗劫普里阿摩斯的王宫时，一位特洛伊英雄带着小儿子、背着父亲，走出了特洛伊城。根据神谕，他们三人将向西行进，建立一座新城。他们并不知道具体到西面哪里，但这位名叫埃涅阿斯的英雄有预感、也有决心，使这座新城的实力超越所有其他城市。因此，当他向特洛伊投去离别的一瞥时，他承诺："我们会回来的。"

8

罗马

公元前 8 世纪来到罗马的游客会发现一幅田园牧歌般的景象——这里是牧羊人（拉丁语为 *pastores*）的家园，他们住着由木柱支撑、用荆条泥巴墙围成的椭圆小屋，以茅草为屋顶。家家户户圈养牲畜，分布在连绵的小山和丘陵上，下面是台伯河在火山岩上缓慢冲刷出的陡峭河谷。靠近渡河口，加上山顶居住的优势，显然是这里建立居民点的原因。不同季节，其他地方的牧草可能更加丰美，但在下游找不到这样天然的渡河浅滩，在上游近处也找不到。因此，牧羊人住在了山上（传统上认为有 7 处山丘，尽管这并不确切，也无统一意见）。

按照考古学说法，罗马最初的定居时期被称为早期铁器时代。罗马城内已经发掘出了这一时期的一些墓葬遗址：与北部伊特鲁里亚人的墓葬遗址相比，这些遗址并没有显示出当时或即将出现辉煌的迹象。在罗马以东的阿尔班（Alban）山——例如帕莱斯特里纳（Palestrina）和（加比附近的）奥斯特里亚德尔奥萨（Osteria dell'Osa）——进行的考古挖掘，能更全面地展现意大利中部地区的早期铁器时代社会。但是，现代罗马的游客，如果意识不到这座城市起源的模糊性，也是可以原谅的。漫步在古罗马广场，拱门和圆柱林立，我们很容易接受彼处象征着罗马成为一个帝国的中心，从大西洋延伸到幼发拉底河，从多瑙河延伸到撒哈拉沙漠。

北

威尼托

波河

利古里亚　　艾米利亚

拉文纳

比萨　　阿尔诺河

良切尼人

台伯河

波普洛尼亚　　伊特鲁里亚

翁布里亚

亚得里亚海

塔尔奎尼亚　　萨宾人

科西嘉

凯雷
（切尔韦泰里）　罗马　沃尔西人

萨莫奈人

拉提乌姆　　坎帕尼亚

阿普利亚

第勒尼安海

那不勒斯

卢卡尼亚

布林迪西

撒丁岛

帕埃斯图姆
（波塞冬尼亚）

塔兰托

雷焦

西西里

迦太基

叙拉古

地 中 海

0　　　　　　　　100英里

罗马与前罗马时期的意大利

0　　　　　　　100千米

　　然而，旅游指南告诉我们，这里才是罗马建国者的居所。在帕拉丁（Palatine）山上确实可以看到些椭圆形的柱洞。这很可能是早期铁器时代的居住遗址，或至少与那个古老时代的建筑相关。这里使用带着引号的"罗慕路斯的小屋"（*Capanna di Romulo*）作为路标还是可以接受的，因为曾经有关罗马起源的建筑和场所是可见的，或者说是有人特意为之的。在公元前 1 世纪中叶，也就是罗马最负盛名的演说家马库斯·图利乌斯·西塞罗（Marcus Tullius Cicero）的时代，城市中公开展示着一座茅屋，号称是罗马第一位国王罗慕路斯的故居。罗马第一位皇帝奥古斯都也选择在附近建造自己的居所（后来，帕拉丁山上的豪华居所越来越多，使得帕拉丁山的名字也变成了"宫殿"的代名词）。那么，既然为罗慕路斯的原始房屋设立了路标，为什么没有标注出罗慕路斯故事中的其他元素呢？例如，双胞胎男孩在台伯河浅滩被冲上岸时旁边的那棵无花果树？或者母狼哺喂两个男孩的那个山洞？

　　总之，这些要素似乎遵循着一种全球性的、跨文化的模式。阿尔巴隆加①的一个国王（努米托尔）被弟弟（阿穆利乌斯）推翻。弟弟由于害怕出现王位竞争对手，强迫国王的女儿（瑞亚·西尔维娅）成为女祭司并发誓独身（作为贞女之一）。她被一位神祇（罗马战神玛尔斯）俘获，生下了一对双胞胎（罗慕路斯和雷穆斯）。她的叔叔下令将婴儿扔进台伯河，但婴儿被河水带到了罗马。一只母狼把两个婴儿带到洞穴里，和小狼放在一起抚养长大。后来男孩们被牧羊人发现，长大后向母亲的叔叔复仇，在罗马建立了自己的联合王国。再后来兄弟关系破裂，二人各自在

223

---

① 如今这里被称为甘多尔夫（Gandolfo）城堡，是教皇在阿尔班山上的避暑山庄。

领地上筑起了城墙。雷穆斯跳过了罗慕路斯城墙（帕拉丁附近）嘲讽罗慕路斯。罗慕路斯杀死了雷穆斯，统治罗马长达40年，最后被尊为神。

因此，这里有其他故事的影子——摩西、俄狄浦斯以及该隐与亚伯的故事等。尽管如此，这个版本还是得到了人们的认可。按照罗马传统历史，罗慕路斯称王是在特洛伊战争16代之后，相当于公元前753年，继位者是努马·庞皮利乌斯。后来还有5位王室统治者，直到公元前6世纪末暴发革命，建立起罗马共和国。这些国王是如何先后继位，又是如何统治（看似）如此之久，至今仍是个谜。同样神秘的是，特洛伊沦陷后，埃涅阿斯逃难到意大利，背负着建立一座城市的使命，有朝一日既要为特洛伊复仇，又要超越特洛伊。埃涅阿斯离开特洛伊时，背着父亲安奇塞斯（Anchises），带着小儿子阿斯卡尼乌斯（Ascanius）。当埃涅阿斯最终抵达意大利时，接待他的将是他父亲的老朋友伊万德（Evander，尽管安奇塞斯已在途中去世）。伊万德已在帕拉丁山上建立了一个居住点或殿堂，据说赫拉克勒斯曾拜访过他，还帮他打发了一个叫卡克斯的偷牛怪。在故事中阿斯卡尼乌斯［又名伊卢斯（Iulus）］成为阿尔巴隆加的第一位国王，从而与罗慕路斯的故事产生了微妙的衔接。但即使是古代作家也意识到，埃涅阿斯的故事和罗慕路斯的故事更像是关于罗马起源的两个对立版本。无论哪一种，真的可以称得上是历史吗？

· · ·

考古学在考证关于罗马建城和早期王政时代的民间传说方面

终究能力有限。尽管如此，19 世纪在英国曾有一次著名的尝试，试图重现那些早已失传的拉丁诗篇的语调与风格。那些诗篇曾传唱过霍拉提乌斯·科克莱斯（Horatius Cocles）的传说那样的动人故事，这位英雄曾以一己之力挡住了企图入侵罗马的伊特鲁里亚大军。托马斯·麦考莱（Thomas Macaulay）创作了一部热情洋溢的《古罗马叙事诗》（*Lays of Ancient Rome*），想象着这些脍炙人口的民谣最终被纳入罗马最古老家族的编年史中，将"诗歌真实"转化为"历史真实"——他的英文诗篇成功捕捉了充满韵律的爱国主义真实情感。麦考莱在"霍拉提乌斯"一节中，以公元前 4 世纪为背景，开篇就塑造了一个意志坚定的对手形象：

克鲁西翁（Clusium）的拉尔斯·波森纳（Lars Porsenna）

以九神之名起誓

让伟大的塔昆（Tarquin）家族

不再蒙受不白之冤……

可耻的假伊特鲁里亚人

还在家乡游荡

而克鲁西翁的波森纳

正向着罗马进军

225

伊特鲁里亚人来自北方（出发点是他们的城市克鲁西翁，即今托斯卡纳的基乌西），一路势如破竹。但是，如果能及时拆除一座木桥，就可以阻断他们通往罗马之路。于是，霍拉提乌斯和两个同伴自愿在拆除木桥时阻击伊特鲁里亚人的进攻。"无畏三人组"英勇善战，伊特鲁里亚人的尸体堆积如山。当桥开始落下去时，三人中有两人刚好得以安全通过。然后，令敌军惊讶并钦佩不已的是，霍拉提乌斯跳进了汹涌的台伯河。桥木已经被河水冲走，他最后游到了岸边，受到了人们的热烈欢迎：

> 在哭泣和欢笑中
> 故事经久不衰
> 在昔日英勇岁月中
> 霍拉提乌斯在桥侧奋战

我们认为，公元前4世纪末开始构建罗马远古发展历程的作家和史学家们，对这种"昔日英勇岁月"的记载更为平实。后来，移居国外的希腊知识分子，特别是波里比乌斯，也对此进行了研究（台伯河畔的一个牧羊村如何征服整个希腊及更广地域，自然是一个颇受关注的问题）。到公元前1世纪末，帕多瓦出生的历史学家李维（Livy）开始撰写"从建城开始"（ab urbe condita）的罗马史，长达142卷。这部鸿篇巨制仅有35本书流传下来，但其中有关于罗马王政时代的记载。李维无法弥合埃涅阿斯与罗慕路斯传说之间的鸿沟，罗慕路斯的继承人也多少处于不确定状态。尽管李维是个爱国者，但罗马作为一个城市并非由罗马人创造，这个事实他无法掩盖。

公元前6世纪，伊特鲁里亚国王在罗马统治了大约一个世纪。王朝统治者名为塔克文（Tarquins），尽管有些历史学家认为这个姓氏起源于希腊（科林斯），但这个姓氏表明它与伊特鲁里亚人的一座城市有联系，即当今的塔尔奎尼亚，位于罗马以北约 60 英里（约 97 公里）的第勒尼安海沿岸。没有任何记载表明这些伊特鲁里亚人是武力入侵的。事实上，在罗马人记忆之中，第一位塔克文的形象通常比较正面，他极大地改善了城市建设状况。考古学证实了这一观点。在这位"老塔克文"统治时（一般认为是塔克文·普里斯库斯，罗马的第 5 位国王，公元前 616~ 前 578），广场地区建设了排水系统并铺设了路面；卡比托利欧山上筑起了一座大型朱庇特神庙；帕拉丁山坡上建起了第一批大型住宅。

　　后来的家族成员并没有增光添彩。继承人的一个著名称号"高傲者塔克文"（Tarquinius Superbus）足以说明问题，显然其统治暴虐无道。然而，是他的儿子塞克斯图斯（Sextus）导致了王政的突然终结。这位王子参与了一个男人们关于妻子贞操的玩笑，心血来潮去刺探一位名叫卢克蕾蒂娅（Lucretia）的女士，这位女士按其丈夫所称可谓举世无双。塞克斯图斯看到她兢兢业业地在织布机前忙碌，而其他妇女可能已经要摆脱家务劳作，于是决心征服她。塞克斯图斯选择了一个她丈夫和其他男性亲属可能不在的机会，不请自来地到了卢克蕾蒂娅家，趁着夜色潜入她的起居处。他用匕首抵住她的喉咙，威胁说不仅要杀了她，还要在她身边放上一具裸体的奴隶尸体，就像她与奴隶做了肮脏的风流事后自杀一样。他得逞后离开了。卢克蕾蒂娅的丈夫和父亲在各自朋友的陪同下回到家中，发现她悲痛欲绝，但神情坚决。她不愿让人质疑她的清白，请求他们替她伸张正义，随后将匕首刺进了自己的身体，自尽身亡。

这就是"强暴卢克蕾蒂娅"的故事——一个具有深远政治影响的悲剧故事，正是因此塔克文家族被逐出罗马。推动驱逐行动的，是卢修斯·尤利乌斯·布鲁图斯（Lucius Junius Brutus）。他见证了卢克蕾蒂娅的痛苦，他的名字与坚定的反君主意识形态联系在了一起。当他两个儿子被卷入塔克文家族的复辟阴谋时，布鲁图斯毫不犹豫地将他们处死。数百年后，当罗马再次可能要出现专制统治时，尤利乌斯家族的后代马库斯·布鲁图斯（Marcus Brutus）同样将理想信念置于个人情感之上，诛杀了暴君。

公元前 509 年，塔克文家族被流放——读者可能会注意到，这个年份与雅典僭主庇西特拉图家族垮台的时间异常接近。然而在罗马，新宪法并没有标榜"民主"（demokratia）。罗马宪法的基础概念是"res publica"，字面意思为"公共事物"。共和国究竟是由什么构成的？如何确保其完整性？这些问题将困扰罗马政治家和演说家数个世纪。与此同时，罗马还选出了两位首席行政官，每位任期 1 年。随着时间的推移，这些官员将被称为"执政官"，理论上，他们共享权力、彼此平等。第一届行政官是布鲁图斯和卢克蕾蒂娅的丈夫科拉蒂努斯。

是否可以将罗马建立共和国视为一种激进的宪制改革？讨论这个问题的原因在于，关于伊特鲁里亚人在罗马的故事中，有一个名为塞尔维乌斯·图利乌斯（Servius Tullius）的人，他在罗马推行了一系列重要的政治改革。塞尔维乌斯在伊特鲁里亚人中的名字似乎是马斯塔纳，他可能是一个篡位者——也许正如他的拉丁名字所暗示的那样，他出身农奴（servile）。无论如何，在公元前 6 世纪中叶（公元前 578~前 535），他在其统治期间采取了一系列措施，似乎为建立某种共和国铺平了道路（包括为了进行人口普查而设立"监察官"，即"censor"，该职位的权责后扩展到监督"公共道德"）。改革的最初动机很可能是服务军事目的。罗马军团的编制以 100 人（"百人队"）为基本单位。百人队由部落（curiae）的亲属团体组成，而携带武器的古老权利很可能带有某种财产性质。由此产生的问题可以简单地说：如果要扩大罗马军队，罗马需要更多的公民。塞尔维乌斯在进行第一次人口普查时，将罗马的人口划分为几个等级，承认财富和财产等级制度；同时，他似乎使各个等级人数成倍增加，更多城市居民获得了公民权。最上层的是可以充当骑兵的人——"骑士"（equites）；然后是步兵，根据土地和财产价值不同而分为重步兵和轻型步兵；最后是小兵和非战斗人员（炊事员、吹号手等）。

罗马共和国在社会和政治变迁中从未放弃过这种军事色彩。事实上，直到罗马帝国末期，还一直保留着这种称谓，"骑士团"的构成和权力可能会发生变化，但仍然是由骑士组成的。任何人要想了解罗马是如何从牧羊村转变为世界强国的，这都是罗马发展早期的一个重要方面。罗马历史上充斥着我们可以称之为"阶级斗争"的事例，一方是平民（plebeians），另一方是贵族（patricians）。卢克蕾蒂娅的故事为李维等历史学家提供了一个戏剧性的转折点，象征着罗马从君主制向共和国过渡的关键时刻。然而，这一过渡实际上可能是渐进式的，并非一蹴而就。在共和制建立后不久，平民就发起了一系列的"撤离运动"，离开城市、暂停劳作，以通过其代表（护民官）争取公职和政治代表权。

关于共和国早期持续存在的社会紧张局势，李维著作中载有另一个悲剧故事，即科利奥兰纳斯（Coriolanus）的故事。他原名为盖乌斯·马奇乌斯（Gaius Marcius），出生于一个贵族家庭，幼年丧父。为了缓解丧父之痛，他将自己训练成一名出色的士兵。他不乏证明自己勇敢的机会：公元前5世纪初，罗马与东边的邻居沃尔西人（Volscians）之间时常发生战争。在攻打沃尔西人的城市科利奥利（Corioli）时，马奇乌斯发现自己冲在了最前面，甚至有一阵子在城墙内单兵作战。他因此被授予"科利奥兰纳斯"的称号，以表彰他作战的英勇。他被贵族侪辈提名为执政官候选人，但平民的支持仍然是必要的。按照惯例，像科利奥兰纳斯这样的战斗英雄会公开展示他在前线受的伤。不知是出于谦虚还是骄傲，抑或两者兼有，科利奥兰纳斯拒绝公开展示他战斗中的伤疤——听任"妖魔化闲话"流传。护民官指责他贵族式自大，将他驱逐出城。

科利奥兰纳斯因对罗马不满，愤然离去，转投昔日的敌人——沃尔西人，并成为他们的指挥官。他率领沃尔西人直逼罗马，准备发起复仇进攻。然而就在此时，他的母亲、妻子和孩子出来恳求。值得注意的是，他们的恳求，并不是因为科利奥兰纳斯背弃家庭，而是因为他背叛了罗马——他的"乳母"。科利奥兰纳斯同意了他们的请求，虽然他悲哀地知道，这意味着自己将失去荣誉并面临死亡。

· · ·

罗马不仅扩大了对沃尔西人的统治，而且扩大了对"整个意大利"（tota Italia）的统治，这一过程值得分析。首先，罗马很明显在台伯河沿岸采取了些局部小动作，以确保河道畅通。下游是菲卡纳（Ficana）的盐田，以及有潜力建设为渡口的后来的奥斯提亚（Ostia）；上游是肥沃的萨宾山。传说，罗慕路斯曾在菲德内（Fidenae）建立了向北穿越台伯河的罗马渡口——为了增加罗马人力，他还策划了一个无耻计划：邀请萨宾部落集体参加一个节日，然后劫持妇女，强迫成婚。公元前 496 年左右，在雷吉勒斯（Regillus）湖边发生了一场战役，通常认为这标志着罗马战胜了近邻拉丁人。还有其他一些内陆"意大利"族群需要考虑，但罗马扩张的主要对手是南部的萨莫奈人（Samnites），还有伊特鲁里亚人，伊特鲁里亚人的领地不仅占据了意大利半岛的大片"绿色心脏"，还延伸到亚平宁山脉和亚得里亚海沿岸部分地区，有一段时间将坎帕尼亚（Campania）的部分地区都囊括在内。

231

如前所述（第 98 页），伊特鲁里亚人富甲天下，与广阔的地中海地区联系紧密。他们的葬礼习俗和精美的随葬品充分证明了他们对来自东方和希腊的奢侈品情有独钟。伊特鲁里亚贵族以奢华生活而闻名，显然喜欢希腊人称之为"座谈"或"饮宴"的社交形式。令希腊人惊讶的是，伊特鲁里亚人的妻子也同样可以参加这种聚会，不过这倒并不影响希腊商人向伊特鲁里亚人提供数以千计的聚会所需的彩绘陶器——酒罐、酒壶和酒杯。这些器皿主要产自科林斯和雅典，被小心翼翼地存放在地下墓穴中，似乎是为了在来世供养它们的主人，如今可在世界各地的博物馆藏品中见到它们。这让我们不禁思考，这些通常以神话为主题的彩绘装饰在伊特鲁里亚人眼中有着怎样的重大意义。

在意大利中部的火山地带，分布着大约 50 万座伊特鲁里亚人的坟墓——是个规模庞大的逝者社区。然而，生活中的伊特鲁里亚人社会究竟有多么统一和连贯呢？最终，罗马人认为"伊特鲁里亚"是一个地区性特征。伊特鲁里亚人的各个城市，虽然构成了一个联合体，但似乎从未紧密团结起来。这十几个主要城市的政体似乎都是寡头政治或君主政治，权力掌握在某些家族的手中，他们控制着地方行政机构和宗教机构。除了他们之外，就是在很大程度上被剥夺了权利和财产的下层社会。至少，有些罗马历史学家是这样描述伊特鲁里亚人的，他们认为，内部不和导致伊特鲁里亚人的城市很容易被征服。至于罗马人是利用了受压迫奴隶的不满情绪，还是采取将现有的精英"罗马化"的方法，我们现在还无法确定。关于伊特鲁里亚人如何屈服的故事已经失传，不可能再找到了。

伊特鲁里亚人物品上的铭文虽然不属于印欧语系，但一般都可以理解。然而，伊特鲁里亚人的文献并没有流传下来，因此，除了考古记录之外，关于罗马如何征服伊特鲁里亚的一切记载都来自罗马历史学家。据罗马史料记载，第一个沦陷的伊特鲁里亚城市是维伊（Veii）。维伊与大多数伊特鲁里亚城市一样，位于高原之上，自然防御力较高。公元前 5 世纪，维伊增建了坚固的城墙和城门，但这些都不足以抵挡罗马人的持续围攻，这座城市于公元前 396 年投降。罗马攻占该城后，不仅获得了城内的大量财宝（据说其中有许多金像），还获得了遍布地下水渠灌溉系统的富饶腹地。罗马的下一步行动就是利用该农业资源。

词源学再次为我们追寻历史进程提供了重要线索。"殖民地"

（colony）和"殖民者"（colonist）这两个词直接源自拉丁语，原词分别指向动词"耕种"（colere）和名词"开垦者"（colonus）。罗马扩张的核心任务是为其士兵和民众建立定居点。如果说个人携带武器的权利——以及服兵役的义务——是建立在小农土地的原则之上的，那么这些士兵兼农民就需要土地。

这种制度注定会引发或导致各种社会和经济问题。无论如何，罗马人采用"网格分割法"（centuriation），利用测量工具将土地分配给殖民者，对地貌造成了巨大的影响。我们认为殖民地是一个城市单位，因此有部分是城镇（urbs），在这里有市场、店铺、神庙以及政治与行政活动场所，如大殿（有顶的公共大厅）。这些建筑基本是沿正交排列的街道布局的。先有一条东西向的主轴线（decumanus maximus）、一条南北向的主轴线（cardo maximus），然后平行的道路规律排列，形成一个向乡村延伸的方形区域网络。这种向乡村延伸的街道，揭示了罗马测量师（通常称为田地测量师，即"agrimensores"）的主要活动。测量单位不尽相同，但原则上都基于基本单位"尤格"（iugerum），即一个犁耕者和两头牛一天可以耕种的土地面积（略多于 2500 平方米）。

在公元前 3 世纪被殖民过的波河流域的广袤土地上，如今仍然可以观察到这种网格分割法。在这里，罗马人有一笔特别的账要算，因为在公元前 390 年，罗马遭到了这里一支招募自凯尔特部落的军队袭击，罗马人称这个地区为"阿尔卑斯山这边的高卢"（Gallia Cisalpina）。随着伊特鲁里亚城市或放弃抵抗、或与罗马结盟，罗马人得以向北推进。公元前 268 年建立的阿里米努姆［Ariminum，里米尼（Rimini）］殖民地，成为攻占凯尔特人领地和威尼蒂（Veneti）人占领区的桥头堡。当然，网格化过程中不可或缺的是建造由笔直的道路组成的道路系统，一个例子就是，为了连接罗马与里米尼和亚得里亚海，罗马人修起了一条弗拉米尼亚大道（Via Flaminia）。弗拉米尼亚大道的名字源自盖乌斯·弗拉米尼乌斯（Gaius Flaminius），他于公元前220~前211年在罗马担任监察官期间，开展了这项长达321公里的工程。

公元前326年，希腊城市尼亚波利斯（今那不勒斯）与罗马结盟，共同对抗萨莫奈人。不到30年，萨莫奈人就被"平定"了，尼亚波利斯的民众可以庆幸他们选择了胜利的一方。但位于东部沿海的塔伦图姆（今塔兰托）就没那么有远见了。塔伦图姆人就一项海军条约向罗马挑衅，并从希腊西北部的伊庇鲁斯求得援助。公元前280年，伊庇鲁斯国王、能征善战的指挥官皮洛士（Pyrrhus）抵达后，取得了初步胜利。但是，正如他在一次战役后所说的那名句言一样，"再来一次这样的成功，我就完了"。双方伤亡都很惨重，但罗马人更容易征召新兵。公元前275年，皮洛士在一处名为马勒文托（Maleventum，意为"坏事件"）的地方被击败。罗马人随即将该地改名为贝内文托（Beneventum，意为"好事件"），"皮洛士式的胜利"（Pyrrhic victory）也因此用于表示需要付出巨大代价才能换来的成功。

皮洛士效仿亚历山大，在战斗中使用大象。在战略上，大象能发挥多大作用值得商榷，其影响可能更在于在敌军中造成恐慌，而非对敌人造成实际伤害。但是，如何处理将长毛象带入战场的后勤工作，却使罗马历史充满想象空间——至少在李维和波里比乌斯的记载中，在为遏制罗马蓬勃发展而展开的一场雄心勃勃的跨大陆行动里如此明显。这场行动就是汉尼拔入侵意大利。

. . .

汉尼拔在流放亚洲期间自杀身亡，享年 60 余岁。即便他写过回忆录，也没有流传下来，因此我们只能从罗马人的资料中了解他的故事。这些资料并不带有明显的偏见——事实上，人们对这位迦太基将军的钦佩之情溢于言表——但要想了解汉尼拔的动机却很难。他的父亲是哈米尔卡·巴卡（Hamilcar Barca），据说是狄多之兄弟的后裔。传说在汉尼拔儿时，父亲就要求他庄严宣誓，永远与罗马为敌（罗马人喜欢把巴卡家族描绘成与埃涅阿斯有宿仇）。哈米尔卡是所谓"第一次布匿战争"（公元前 264~ 前 241）中的主要人物，这场战争使他的三个儿子——汉尼拔、哈斯德鲁巴（Hasdrubal）和马戈——与罗马有账要算。然而，其中起因却更为久远。

前文提过（见第 96 页），大约在希腊殖民同一时期，腓尼基人也是地中海西部的探险家。他们于公元前 800 年左右在北非海岸建立了"新城"（Qart-Hadash），即迦太基。除此之外，腓尼基人还在西西里岛、撒丁岛、科西嘉岛和伊比利亚半岛建立了定居点和贸易据点。公元前 6 世纪末和公元前 5 世纪初，腓尼基人与希腊人之间的竞争极为激烈，腓尼基人先与伊特鲁里亚人结盟，后与罗马人结盟，他们被罗马人称为"布匿人"。但当罗马人在意大利本土扩张时，势必会挑战布匿人（迦太基人）的利益范围。

随后发生了三次布匿战争。第一次战争主要是海上遭遇战，

236

最后以迦太基人被强行驱逐出西西里岛告终。罗马随后要求割让撒丁岛和科西嘉岛。显而易见，在迦太基看来，如果要维持通往欧洲的贸易路线，就必须加强布匿人在西班牙的势力。这确实成了哈米尔卡的方针：他从加德斯（加的斯）基地出发，将布匿人控制区域推进到东海岸的阿利坎特（Alicante）。汉尼拔陪同父亲一起远征，进一步推进了这一战略。公元前 219 年，汉尼拔围攻了巴伦西亚北侧的萨贡托（Saguntum）城，8 个月后围城胜利。萨贡托与罗马结盟，因此这次围攻是直接挑衅。于是，第二次布匿战争爆发了。

迦太基舰队在第一次战争中损失惨重，这也是汉尼拔决定从陆路进攻意大利的部分原因。凭借总兵力约 10 万人（包括约 12000 名骑兵和 30 多头大象），他可能相信自己必胜。但同样，这也是一支行动迟缓的部队——而且途中显然有许多地形障碍，更别说罗讷河下游河道宽阔。汉尼拔是如何带领纵队穿越阿尔卑斯山的，这个话题至今仍引发热烈讨论。这个话题在古代也同样引人入胜，人们常年争论通行的实用方法（例如，通过加热劈开巨大的岩石，然后用醋浸透它们），还为学生进行说服性演说提供了素材——学生们需要设身处地想象险峻的挑战、冰雪与严寒、疲惫的辎重队列、当地部落的骚扰……如果是汉尼拔，会说些什么来鼓励自己的部下？

汉尼拔完成这次穿越（耗时两周，可能是在 10 月下旬）后，他的入侵部队可能已经疲惫不堪。汉尼拔宣称要将该地区的高卢人从罗马手中"解放"出来，而高卢人在多大程度上配合了他，目前尚不清楚。当公元前 217 年迦太基人穿越亚平宁半岛时，似乎有一大批高卢人加入迦太基人的队伍。不过，罗马人似乎低估了汉尼拔的威慑力和战斗力。在提契诺河谷和随后特雷比亚河的交战中，迦太基占了上风。罗马人被迫匆忙取消进攻北非的计划，调集更多军团，在意大利中部阻击汉尼拔。汉尼拔将军队隐藏在特拉西梅内湖上方的山丘中，伏击并屠杀了盖乌斯·弗拉米尼乌斯率领的一支约 25000 人的部队。

　　人们普遍对汉尼拔是否真的想攻下罗马城表示怀疑。他希望（据推测）赢得意大利境内明显受到罗马扩张压迫或威胁的地区和派系的支持，通过强迫罗马撤出最近侵占的西西里岛和撒丁岛等地，恢复西地中海的力量平衡。就这样，公元前 216 年，他在阿普利亚的坎尼（Cannae）进一步展示了他的战争天赋：他率领军队包抄了人数占上风的罗马人及其盟军，大肆屠杀（罗马方面伤亡 50000 人）。古文献对他没有立即进军罗马表示惊讶。此后，事态发生转变。罗马人意识到，他们有一位指挥官，人称"拖延者"（Cunctator）的费边·马克西姆斯（Fabius Maximus）尝试过的一个战略最适合当前情况。"费边"战术是通过逐步消耗而不是直接战斗来拖垮迦太基入侵者，最后实现双方胶着。汉尼拔在意大利南部开展了数年军事行动，虽然表面上未尝败绩，但从未完全投入战斗。与此同时，他让兄弟哈斯德鲁巴驻守的西班牙，也在西庇阿父子率领的罗马军队的进攻下屈服。西庇阿家族中，儿子普布利乌斯·科尔内利乌斯（Publius Cornelius）是坎尼会战的幸存者，他随后向非洲挺进（最终赢得了"征服非洲的西庇阿"的称号）。公元前 202 年，在突尼斯海岸扎马（Zama）附近的一场战役中，汉尼拔失去了许多极为忠诚且富有经验的部队，

238

被迫返回故乡。迦太基别无选择，只能接受随后被强加的侵略性和平条款。

· · ·

"迦太基必须毁灭"（*Delenda est Carthago*），这句话出自罗马共和国最具特色的政治家之一——"监察官"加图（Cato）。监察官的头衔拥有相当大的权力，包括并不限于对潜在的政治家进行监督[如果一个人被认定有成为政治家的资格，就会穿上象征性的白色长袍"变成白色的"（*candidatus*），这就是候选人（candidate）的词源]。监察官还负责征税和处理公共开支项目。加图在担任军事护民官期间表现出色，后成为监察官（及执政官）。他出身乡野，并非贵族，是典型的共和主义者，认为自己主要身份是务农者和作战者——尽管他也是一名出色的律师，但他一直将前两者放在身份首位。他对拉丁语创作的最大贡献也与他的政治立场相称：一本农耕建议实用手册，拉丁语句特意"未加润色"，读起来抑扬顿挫。

也许是农耕智慧使然，公元前 153 年，加图在跟着一个代表团访问迦太基时，认为罗马必须彻底摧毁这个北非敌人。迦太基的力量已经被削弱，如果重新恢复，只会变得更加强大。有一次，为了证明自己的观点，加图来到罗马元老院，手里提着一篮子新采摘的无花果。"看，这些无花果多新鲜啊！"他说，"它们来自迦太基，我们的死敌离我们多近啊。"没过几年，加图就遂愿了。罗马人找到了一个战争借口，引发了第三次布匿战争，而投降并不足够——公元前 146 年，罗马军队彻底"抹灭"了迦太基城。

同年，科林斯城也差不多遭到毁灭——这是惩罚科林斯人在反罗马希腊城市联盟（亚该亚联盟）中发挥领头作用。据说，指挥这次行动的将军卢修斯·穆米乌斯（Lucius Mummius）对从科林斯圣殿洗劫的许多雕塑和艺术品的命运毫不关心。不过，科林斯的许多墓地也遭到了洗劫——并非出于任何军事原因，而是因为当时在罗马有一个古董市场，交易从古希腊墓葬中发掘的珠宝、花瓶等收藏珍品。

240

从这里我们感受到，军事征服的过程在罗马人中间引发了某种身份危机。根据李维的记载，这场危机始于公元前 211 年马塞勒斯（Marcellus）洗劫叙拉古。这不仅标志着西西里岛上的独立希腊城邦已经终结，也预示着罗马人的"品位"发生转变。繁华的巨型城邦叙拉古拥有多样化的财富——不仅有大量不同媒介的艺术品，还有科学仪器和其他有价值的知识产权造物（如地球仪）。因此，尽管著名科学家阿基米德本人没能在围城中幸存，但可以说罗马人俘获了他的知识。回到罗马后，传统的做法是举行一次"凯旋"。最初，这种场合是为了让凯旋将军"去军事化"：将军必须在城市边缘交出武器、换上平民服装，坐在一个移动的宝座上，一直游行到广场。敌军的战利品（spolia）和俘虏是游行队伍中引人注目的一部分，罗马大众开始期待一部分战利品能成为"城市装饰品"（ornamenta urbis）。因此，罗马成了希腊雕塑杰作的展示厅、异域奇珍的博物馆和"外来智慧"的宝库。一些共和政体的拥护者，尤其是加图，对罗马因此失去了原始的淳朴而深感悲痛。正如诗人贺拉斯（Horace）所言，"被俘虏的希腊俘获了她残暴的征服者"。

然而，除了人们对希腊艺术、修辞学、科学和哲学越来越

241　感兴趣之外，共和拥护者还有一个更为切实的忧虑。每一场战争获胜，每一次成功围攻，都会带来活人战利品，即大量奴隶。男人、女人、孩子，无论他们的年龄或社会地位如何，都是胜利者应得的。他们被（亚里士多德）定义为"两条腿的动物"，当我们想起许多受过高等教育的人（包括希腊哲学家，如斯多葛学派的伊壁鸠鲁。关于斯多葛学派，见第 141~142 页）因被罗马征服而成为奴隶时，这一定义尤其显得不恰当。公元前 3 世纪末，罗马"商人"（negotiatores）占领了基克拉泽斯群岛的提洛小岛，该岛成为这种人口贩运的议价和分销中心，据说每天能交易 10000 多名奴隶。向意大利半岛随时供应如此廉价的劳动力，与以公民农民为核心的共和国的精神格格不入。以"地中海式混合农业"——谷物、水果、坚果和蔬菜混种，兼养牲畜，"什么都有一点"——为特点的自给自足的小农耕种，让位给了所谓的产业化"大农场"（latifundia），即依靠奴隶们，由管家代表地主进行管理。

　　至少在公元前 2 世纪下半叶，格拉古兄弟（提比略和盖乌斯）担任护民官时，还是这幅景象。公元前 133 年左右，他们发起了旨在恢复农村小佃农（以及罗马军队中自耕农）的土地改革，不过并没有解决问题。

· · ·

　　"社会战争"；内战；与东方敌人的战争，尤其是在黑海区域、罗马人常说的本都之地，与波斯后裔米特里达梯（Mithridates）及
242　其继承者的战争——在罗马共和国中后期，这些冲突接连不断、相互影响。这一时期可概括为：阶级不和导致了民粹主义领袖与

将军马略（Marius）的崛起；招募职业军队，军队在海外作战胜利使马略等将军富裕起来，使军队效忠于某位将军而非罗马，因此出现了对立派别和竞争。就马略而言，他的主要对手是苏拉（Sulla）。苏拉是一位贵族，他的军事才能使他在政治上更加大胆，最终在公元前 81 年，苏拉（依靠他本人及贵族朋友）获得了罗马"独裁官"（dictator）的称号。

"独裁官"意为"发号施令者"，说出对象，然后要求对方"必须做什么"。这是共和国宪法中的一个特殊职位，主要是为了赋予一位地方长官"紧急权力"，以领导军队、平息叛乱或应对国内外的其他危机。当面临汉尼拔的威胁时，曾有人行使过这种权力。现在，苏拉恢复了这一头衔，并修改宪法，对政敌进行"放逐"（proscriptions）。该词原指一份清单（proscriptio）——最初是一份因破产或未偿还债务而要出售财产的清单。在苏拉时期，它成了一种公开处罚方式，将某些"被放逐者"列为国家公敌，轻则没收其财产，重则立即处死。

苏拉在下台一年后，于公元前 78 年去世。他不经意间展示了共和国将如何走向失败之道。下一代雄心勃勃的领导人包括恺撒（Caesar）、克拉苏（Crassus）和庞培（Pompey），他们将在公元前 60 年组成"前三头同盟"（triumvirate）。他们的结盟只是权宜之计。克拉苏将后悔率领罗马军队远征帕提亚人（Parthians）——半游牧的帕提亚人自塞琉古时代以来，领土就从幼发拉底河一直延伸到印度河。公元前 53 年，在美索不达米亚北部的卡莱（Carrhae）战役中，罗马军团的鹰旗罕见被夺，这是罗马的一场军事灾难。庞培在东方击败了米特里达梯，取得了较大胜利。不

243

过，恺撒在高卢的战役（公元前 58~ 前 51）最为保险、获利最
丰。据古人估计，在这场战争中，高卢人死亡达 100 万人，被俘
达 200 万人。但关于这段历史，恺撒自己的记述在历史上占主导
地位——其中既没有这样的统计数字，也没有任何懊悔之情。

如果记述风格反映性格，那么恺撒的性格便可由此窥见一
斑。他在叙述中，无论是对高卢部落还是罗马同胞，都采用第三
人称（"恺撒命令……"），其内容是娓娓道来、耐心冷静的散文
典范。叙述的主题是战争，不是对战争的怜悯，而是对战争无情
的控诉。"恺撒的军队已经登陆，一个适合扎营的地方已经被占
领"（*Caesar exposito exercitu et loco castris idoneo capto*）……一
代又一代的拉丁语学习者已经注意到恺撒将军偏爱某种语法技巧
（"ablative absolute"，即将名词和动词的一部分连在一起表示"完
成某事"）。恺撒这种有条不紊的写作风格，反映了他是如何战胜
高卢人的首领维钦托利（Vercingetorix）、庞培和其他对手的。他
会挑出一些个人、赞扬其突出的英雄行为——比如公元前 54 年
跳海率领两栖部队突袭不列颠的旗手——但更多时候，叙述的是
一个关于稳步筹备和集体决心的故事。

244　　凯尔特人的战斗口号——"*Cecos ac Caesar*"或"*Merde à
César*"（意为"去死吧恺撒"）——无须更多翻译。在恺撒看来，
集结起来对抗他的不列颠人是一群乌合之众，表面上粗野可怕，
但在高超的战术、训练有素的部队和精良的军事装备面前，轻而
易举就会被击溃。但是，关于拓展罗马疆域的叙述，以及叙述者
的谦逊风格，两者都具有欺骗性。恺撒对权力（*imperium*）的追
求主要是为了自己。当他在罗马的反对派，包括庞培等，说服元

老院取消他的指挥权时，恺撒突然将军团兵力从西北欧转移至自己的祖国意大利。

公元前 49 年初，他渡过了意大利与山南高卢（Cisalpine Gaul）的分界线卢比孔河。"赌注已经下了"（Alea iacta est），这句谚语与恺撒这一举动有关，意味着这是一场赌博。的确，这在政治上和军事上都是一场赌博：庞培不仅在罗马有支持者，在国外也有强大势力和盟友。当恺撒向罗马进军时，庞培和他的元老院同僚们逃往希腊。随后，地中海周边发生了一系列战役。公元前 48 年，庞培在塞萨利的法萨卢斯（Pharsalus）被彻底击败，随后在埃及寻求庇护时被刺死；他的子嗣在西班牙的蒙达（Munda）被击败。在小亚细亚，米特里达梯的儿子法尔纳塞斯伺机叛乱。恺撒迅速有效地对这一威胁采取行动，然后他以第一人称（向一位朋友）发表了简短的宣言："我来，我见，我征服。"（veni, vidi, vici）

是胜利冲昏了他的头脑吗？公元前 45 年，开始出现印有恺撒头像的硬币，恺撒宣称自己成为终身"独裁官"。他拒绝了国王（rex）的头衔，但对一些罗马人来说，他已经做得太过分了。公元前 44 年 3 月 15 日（the Ides of March），马库斯·布鲁图斯和盖乌斯·卡西乌斯（Gaius Cassius）领导了一场暗杀行动。伊特鲁里亚占卜者曾给出不祥的预言"小心 3 月 15 日"，而与大多数占星预言一样，这过于神秘，没发挥任何用处。人们熟知的恺撒临终遗言是："et tu, Brute?"（"还有你吗，布鲁图斯？"）——疑惑自己视为朋友的人为何也参与其中。另一份报告将这三个拉丁语词写成了希腊语："kai su, teknon?"（"还有你吗，儿子？"）——

245

结合恺撒与布鲁图斯的母亲塞维里娅有染的传言，可以从字面上
理解这句话。

　　名义上，恺撒没有留下子嗣。一般认为，是他的一位前幕僚
马库斯·安东尼乌斯（Marcus Antonius，通称马克·安东尼）公
开了其遗嘱，恺撒在遗嘱中将一笔现金遗赠给罗马的每一位公
民。然而，安东尼并不是指定的继承人，因为从遗嘱中得知，恺
撒还收养了外甥女的儿子作为继承人，他的名字日后将是盖乌斯·
尤利乌斯·恺撒·屋大维（Gaius Julius Caesar Octavianus）。年仅
19 岁的屋大维要找机会挑战安东尼。但他首先要为恺撒报仇，为
此他需要安东尼的军事经验。屋大维和安东尼选择了与对恺撒抱
有感激之情的贵族雷必达（Lepidus）合作，组成了另一个三巨头。

　　在参与刺杀行动的 20 多名元老中，也许大多数人都是出于
对恺撒权力的嫉妒，这使得布鲁图斯恢复公元前 6 世纪末建立的
共和国（他的祖先曾参与其中）的愿望无人响应。无论如何，罗
马的氛围并不友好，在恺撒军团中尤其如此。布鲁图斯和卡西乌
斯到了国外，在地中海东部组建了军队。他们在马其顿的腓立比
（Philippi）遭遇了以安东尼为首的三巨头部队。公元前 42 年 10 月，
一场旷日持久的战争爆发。布鲁图斯和卡西乌斯战败后自杀身亡。

　　马克·安东尼是一位战绩显赫、自信满满的将军，深受官僚
和平民的欢迎，同时也是一位喜欢运动、酗酒、爱夸夸其谈的人
物，喜欢扮演"光荣战士"（miles gloriosus）的角色。他有些出
格行为——在广场上赤膊大摇大摆，在战车上驾驭一队狮子，在
社交婚礼上对着新娘呕吐等——引起了某些人的强烈不满（例
如，西塞罗就非常厌恶安东尼，并且在这一点上表现得言辞激

烈）。雷必达性情温和，优柔寡断，永远不会成为对手。但屋大维真正与众不同，他身上似乎体现了与阿波罗有关的两句格言——"认识你自己"和"恰到好处"。时机成熟时，屋大维会挑明他对阿波罗的亲近之情。与此同时，马克·安东尼则很容易被视为一个极端、放荡的狄俄尼索斯类型之人，因为安东尼已经与托勒密十二世的女儿克利奥帕特拉七世产生了暧昧关系。这种公开的暧昧关系本身就足以在罗马引起谣言，让人们认为安东尼计划在托勒密的亚历山大城建立权力中心。但是，随后安东尼娶了屋大维的妹妹屋大维娅，这桩丑闻变得更加复杂。

安东尼的兄弟卢修斯领导了一场波及意大利多个城市的起义，屋大维和安东尼之间的关系受到了考验。这次起义主要是抗议恺撒军队的退伍老兵分配到优质农业区土地。尽管这些地方性的抱怨可能是合情合理的，屋大维却趁机在意大利中部翁布里亚地区的佩鲁贾展开大规模处决，集中惩罚自己的敌人。三巨头彼此允许各自列出一个处决"重点名单"，因此反过来，当安东尼报复性处决屋大维最得力的干将西塞罗时，屋大维也无能为力。

屋大维成功赢得了军团的青睐，但他在战场上的指挥才能却乏善可陈。幸运的是，他儿时的朋友马库斯·维普萨尼乌斯·阿格里帕（Marcus Vipsanius Agrippa）不仅英勇善战，而且是个可靠的下属。阿格里帕的肖像显示他性情坚毅、下颌突出，人们相信，在他接到改造罗马下水道系统的任务时，他曾用独木舟划过罗马的主排水沟（Cloaca Maxima），向人们展示了排水系统的卫生状况。公元前36年，在他的指挥下，屋大维的海军成功击败了庞培的小儿子塞克斯图斯率领的西西里流寇舰队。屋大维和安东尼之

247

间的对决自此无法避免——尽管屋大维在公元前 32 年宣战时，已经适时地将克利奥帕特拉认定为敌人（因此这不是内战）。

次年，双方的海陆部队在希腊西北部的一个岬角集结。在这个被称为亚克兴（Actium）的岬角附近海域最终发生了什么，至今仍模糊不清——我们只能透过诗人和各派别后来编造的奇妙胜利光环来窥探一二。由于屋大维拒绝在陆地上作战，安东尼略处下风，屋大维的战术似乎是通过海上封锁切断安东尼的军队。双方舰队势均力敌，安东尼的舰队有托勒密船只支援。然而，公元前 31 年 9 月 2 日，安东尼的舰队正在交战、要打破封锁时，克利奥帕特拉及其船只放弃了交战，返回埃及。安东尼选择追随她是否"全为爱情"？有份报告指出，从前忠心耿耿的军团拒绝为安东尼战斗。无论何种原因，他与克利奥帕特拉一起驶向亚历山大城，实际上是抛弃了他的主力部队。

这些部队并没有立即投降，屋大维花了一周左右的时间与他们谈判，并且显然付出了一定代价。谈判达成后，他在希腊停留了几个月，然后继续追击。屋大维接受了这些部队投诚，使安东尼和克利奥帕特拉失去了海外盟友，被困在了亚历山大城。公元前 30 年的夏天，屋大维的军队抵达亚历山大城，安东尼集结军队准备最后一战。战斗正酣时，安东尼得知了女王已死的消息。他让侍从厄洛斯杀死自己，厄洛斯拒绝了，并自杀身亡。安东尼也拔剑自杀——之后才得知，克利奥帕特拉还活着。他最后死在了克利奥帕特拉的怀里。

这是一出悲剧（如同莎士比亚继普鲁塔克所言），而且尚未结束。克利奥帕特拉当时已年近 40，她可能曾想引诱这位年轻的征服者，就像她曾迷惑过其舅公尤利乌斯一样；屋大维则盯上了她所拥有的托勒密王室宝藏，以及她的整个王国。如果女王有任何举动，这一切都会受到威胁。最终，克利奥帕特拉如屋大维所愿，自杀身亡。

几十年来，罗马一直怀有侵占埃及王国之心，埃及丰饶富庶，能为罗马提供丰富资源，尤其是提供大量的谷物。有传言说托勒密十一世曾签署一份遗嘱，将埃及献给罗马，就像阿塔罗斯三世遗赠佩加蒙一样，但被其继承人隐瞒了下来。屋大维将克利奥帕特拉与安东尼的后代赶出了历史舞台，并暗杀了她与尤利乌斯·恺撒所生的当时已十几岁的儿子（恺撒里昂，或称"小恺撒"，曾被安东尼盛赞为下一个托勒密）。埃及王朝就此灭亡。屋大维控制了王朝的国库，并以法老的神圣身份自居。从此，埃及处于罗马统治之下，但与其他行省不同，埃及是皇帝的私人财产。皇帝的代理人是一名非元老院级别的总督；亚历山大城没有民选议会；只要埃及这块私人领地是"罗马的面包篮子"，皇帝本人就可以随心所欲地保证或切断罗马民众的供应。

· · ·

就在亚克兴之战后的几年间，年轻的屋大维摇身一变，成为令人尊敬的"奥古斯都"。恺撒已被神化，因此养子屋大维被称为"神之子"（*divi filius*）。公元前 12 年左右，雷必达去世后，为了顶替其职位，屋大维被任命为共和国的"大祭司"（*pontifex maximus*），进一步巩固了其神圣地位。"*Pontifex*"的字面意思是"架桥者"。这里的桥梁是指凡人与神之间的形而上联系。屋大维承担着国家祭祀、神庙维护等职责，变得"值得敬拜"似乎合情合理。

据传闻，他曾考虑过自称罗慕路斯，但无论他多么努力寻求恢复罗马作为一个城市的初衷，这个名字依旧会让人产生（包括手足相残在内的）各种联想，不适合用于领袖或"第一公民"（*princeps*）。西塞罗在年轻的屋大维身上看到了拯救共和国的希望。实际上，成熟的奥古斯都所做的恰恰相反：他把养父恺撒的名字泛化，扩展了"发号施令者"的军事内涵，建立起执政者既是"恺撒"又是"皇帝"的独裁统治。但奥古斯都刻意掩饰了这场宪政改革。他自己对这场政治变革的表述如下：

> 在我担任第六任和第七任执政官期间（公元前28~前27），在我结束了内战之后，尽管大家都同意我拥有一切权力，但我还是将国家权力从我的手中交给罗马元老院和人民管理……从此以后，我在权威上无人比肩，但我的权力并不比在各地行政机构中与我共事的其他人更大。

对于"权威"（*auctoritas*）在哪里结束，"权力"（*potestas*）又从哪里开始，我们可能会有疑问——但"同侪之首"（*primus inter pares*）这个自相矛盾的词，一针见血地点出了这种模糊性。

共和国的所有职位都保留了下来（尽管这些职位是由一个人及其亲信担任），古老的祭司制度和古代仪式也得到了恢复。人们关注过去，有种"奥古斯都和平盛世"（*pax Augusta*）所孕育的新时代，实际上回到了所谓"萨图尔（Saturn）时代"的史前纯真年代的感觉。在农神萨图尔统治的时代，还没有人想到要把树木变成造船或制作栅栏用的木材，没有冶炼金属制造武器，可以自由为牲畜挤奶，农作物生长茂盛，四季花果飘香。对这一幸福时代的回忆，不仅体现在公共建筑中，如公元前 13 年建造的"和平祭坛"（Ara Pacis），其带饰上面的莨苕叶缤纷匀称；还体现在小型物品和私人空间中，如奥古斯都的妻子利维亚位于罗马北部的别墅餐厅：这个餐厅的画作保存相对完好，是古代最为精美的画作之一——至少整体来看无与伦比，创造了一幅宛如人间天堂的美景图象。只有走近细看，才能注意到画中奇特的生物多样性。春天绽放的花朵，如蓝色长春花，与秋天成熟的果实，如槟榔，交织在一起。鹌鹑、鸫鸟、黄鹂、夜莺等鸟儿使林间生机勃勃，其迁徙习性则不被理会。这就是奥古斯都打造的黄金时代之奇迹。

奥古斯都规范了新金币（aureus）的生产。早期发行的金币上，奥古斯都坐在执政官的椅子上，手里拿着卷轴，表示他已经恢复了罗马人民的法律和权利。信息和媒介的结合很能说明问题，因为奥古斯都在政治上的成功很大程度上归功于他自己的慷慨解囊。在奥古斯都留下的自传性铭文"功业录"（Res Gestae）中，他说自己为公共事业捐献了不少于 6 亿第纳尔，用于包括安置退伍士兵在内的各项事务。① 当然，这些资金来自他的臣民（"当时，恺撒·奥古斯都颁布法令，向全世界征税……"）。然

---

① 比较一下，一名军团士兵的年薪约为 225 第纳尔，可以想象这个数字有多大。

而，作为省级行政管理的一项原则，奥古斯都开始向罗马官员定期支付薪水。"*Salarium*"（意为"买盐钱"）最初指发给士兵购买食盐的津贴，后来指给总督和其他在国外为皇帝服务者的报酬。这笔钱使他们有义务对皇帝负责，并在理论上降低他们向当地臣民索取钱财的倾向。

阿格里帕在罗马打造了一个校准过的"世界地图"（*Mappa Mundi*）供公众参观，强调世界上有多少地方属于罗马。有一尊奥古斯都的雕像，皇帝光着脚，但身披铠甲，铠甲上的浮雕意在庆祝公元前 20 年一场"不流血的"胜利，当时帕提亚人不仅被说服归还了 100 多面罗马军旗，还交出了数千位罗马战俘。这意味着，即使在罗马军队失败之地，奥古斯都的力量也能发挥作用。

在罗马，令奥古斯都引以为豪的是，他将都城从用泥砖和火山岩砌成的杂乱建筑群，变成了一座堪比雅典或佩加蒙的城市——一座拥有金碧辉煌的柱廊的完整城市。希腊的伟大雕塑、埃及的方尖碑、北非斑斓的大理石成为城市结构的一部分。玛尔斯广场（Campus Martius）更是改头换面，这里也被称为"战神广场"（Field of Mars），因为在共和国早期，这里曾是军事演习场所，也将成为和平祭坛所在地。这里还陈列着一艘古老的船，据说就是这艘船当年把埃涅阿斯从特洛伊带到了这里。公元前 10 年，（用特制的船只）从埃及的赫利奥波利斯运来两座方尖碑，其中一座被竖起来作为巨型日晷：在皇帝的生日，即秋分日（9 月 23 日），日晷的影子会触及和平祭坛。奥古斯都还在附近为自己修建了一座大型"陵墓"（Mausoleum），墓顶是一座他本人的雕塑。与此同时，阿格里帕还捐建了几座公共浴场和一座

253

供奉"众神"的神庙，即万神殿。由于这一时期的万神殿已遭焚毁，此后由一位颇具建筑天赋的皇帝（哈德良）重建，因此我们无法确定其现有设计与原设计的吻合程度。从正面看，科林斯式的门廊给人一种标准希腊神庙的印象。然而一旦进入殿内，高 43 米的混凝土穹顶、直径 43 米的圆形大厅，却丝毫没有"标准的希腊风格"。

于是，罗马变得富丽堂皇。然而正是在这个时候，"田园生活"的乐趣和美好首次出现在了西方艺术和文学之中。在此之前，亚历山大宫廷的诗人已经发展出田园诗或乡村诗歌这类体裁。这些拉丁诗人拥有小农自给自足、勤俭节约的共和国传统，诗歌中不仅增加了朴实无华的元素，还具备道德寓意和丰富的象征意义。

拉丁诗人既清楚自己的田园起源，又深怀农耕士兵的共和国理想，有着歌颂农经的传统。加图以其粗犷的农场管理说教手册独领风骚。公元前 1 世纪，博学的瓦罗（Varro）对畜牧业等主题进行了更精炼的阐述。意大利乡村遗址上的考古学家们耐心地收集碳化遗迹，通过浮选法进行分离，仔细研究植物学痕迹，证实了这些拉丁文资料所描述的农作模式。小麦、大麦和燕麦是常规作物，蚕豆和扁豆是补充作物；绵羊、牛和猪是主要的家畜，红鹿等野味则是餐桌上的常客。

254

一些声名显赫的拉丁家族可以从这种生活习惯中找到家族的"根"，例如"费比乌斯"（Fabius）来自"蚕豆"（faba），"西塞罗"（Cicero）来自"鹰嘴豆"（cicer）。自给自足是一种美德，社会普遍认为，拥有一个作物丰富的花园（hortus）是值得家庭主妇引以为豪之事。我们在庞贝看到了这一点，那里根据有机残留物对部分花园进行了重建，一种风格独特的壁画流派看起来像是西方静物绘画的开端。一盘苹果，一碗鸡蛋，一捆芦笋，无论是赠予还是接受，都是盛情款待的象征，也是"城市乡村"（*rus in urbe*）的标志。罗马的艺术家们开始创作草地、森林、溪流等"风景"，显然是为了风景本身而创作，而不仅仅是作为某些神话故事的背景。诗人也开始创作乡村题材的作品。

在奥古斯都的亲信中，有一位生活惬意的伊特鲁里亚贵族后裔，名叫梅塞纳斯（Maecenas）。他在罗马的埃斯奎林（Esquiline）山上建造了一座郁郁葱葱的庄园，并配备了一个热水游泳池和一座俯瞰全城的高塔。1874 年，人们在这里发现了一座小建筑，立即将其命名为"梅塞纳斯礼堂"。这座小建筑曾被精美地装饰成花园景色，似乎是用于欢快聚会和诗歌朗诵的封闭场所。奥古斯都时代的文豪们，维吉尔、贺拉斯和普罗佩提乌斯等，是在这里首次展示他们作品的吗？这一时期被公认为是"拉丁黄金艺术"时期——一系列技巧（词序、韵律等）充分利用了屈折语的灵活性。但这种风格并不是精湛表达的唯一形式。这种主题宗旨，这种独特的"时代精神"，还感染着散文作家（尤其是李维）和诗人兼哲学家（卢克莱修，见第 144 页）。

奥古斯都本人在多大程度上参与以确保诗人"一脉相承"，这一点并不清楚。他成熟的政治才华一部分就体现在他并不显得独断专行。几个世纪以来，奥维德可以说是影响最大的罗马诗人，他的例子很有启发性。奥维德的《变形记》（*Metamorphoses*）巧妙地将神话中的"各种变形"编织在一起，对现代读者仍有吸引力——他的爱情诗也是如此，以忏悔和感性为基调，与他的前辈卡图卢斯（Catullus）的诗歌类似。奥维德遵循文学传统，创作所谓的"（紧闭的）门前的哀歌"（*paraclausithyron*），在这首诗歌中，情人热切而痛苦地恳求情妇为他打开门扉。更别出心裁的是，奥维德戏弄当权者，表示当时装饰罗马的大理石柱廊是与外邦女孩邂逅的绝佳场所（奥古斯都通过立法惩罚通奸行为，也试图鼓励与意大利人通婚）。然而，在某些点上，诗人没有适可而止。他的错误可能只是目睹了皇室女性成员的一些不轨行为。无论何种原因，公元 8 年，奥古斯都下令将奥维德驱逐到黑海地区一个名为托穆斯（Tomus）的地方。从此，这位常被认为"温文尔雅"的诗人，不停地哀叹自己的命运，恳求赦免——但无济于事。

256

当时还没有桂冠诗人这一职位，如果有的话，那么维吉尔当之无愧。他的早期作品《牧歌》（*Eclogues*）显然是模仿忒奥克里托斯创作的。这些诗歌可以用"迷人"来形容，不过诗歌中也有一丝谴责意味——除了牧羊人的遐想，维吉尔还对退伍军人在意大利（至少在他自己的曼图亚地区）定居的影响提出了抗议。《农事诗》（*Georgics*）更为贴近生活。这一系列诗歌很难说是写给那些真正在土地上劳作的人，因为无论维吉尔看似多么见多识广，也没有什么可以教给农民的。但它不仅仅是一本关于如何经营耕地与奶牛场混合农场的手册（还附带关于修剪葡萄藤和饲养蜜蜂的详细补充说明），还是一首献给由意大利农民创造并培育的意大利景观的情歌。诗人含蓄地呼吁城市里的别墅主人参与到庄园的管理中来，毫不隐晦地感谢屋大维为此提供了必要的和平条件。

据说，维吉尔是在极不情愿的情况下接受委托，创作一部关于罗马先祖埃涅阿斯的史诗的。他花了 10 年的时间来完成这部史诗，（用他自己的话说）就像母熊照顾幼崽一样，舐犊之情溢于言表。公元前 19 年，他还没有将作品打磨至令自己满意就去世了，要求朋友们烧掉他的手稿。幸运的是，这些朋友没有遵从诗人的遗愿。《埃涅阿斯纪》(Aeneid) 不仅证明了在荷马之后也有人可以创作出史诗，而且证明了史诗在道德范畴上可以超越荷马。在本书的序言中，我们提到了"罗马人道主义"的概念，它不完全等同现代意义上的人道主义，但无疑是某些温润美德的先声。在维吉尔那里，史诗传统与正义和同情产生了共鸣，为他赢得了"书写文明诗歌"的赞誉。他"调和宇宙之悲伤"的能力——学者兼诗人 A. E. 侯斯曼（A. E. Housman）认为这是诗歌的目的——使维吉尔受到历代悲观主义者的青睐。然而，在他自己的时代，维吉尔阐述了一种罗马人的身份观，将帝国的建设作为一项艰巨的仁慈使命。奥古斯都与埃涅阿斯在族谱上的关系并不紧密，但维吉尔在埃涅阿斯身上塑造了一个充满爱国情怀的英雄，使得这种亲缘关系至少在诗歌中是可信的。

贺拉斯是维吉尔的朋友，受过梅塞纳斯的恩惠，他曾在腓立比为布鲁图斯和卡西乌斯作战，但也能毅然转变效忠对象。贺拉斯与奥古斯都关系融洽，还从梅塞纳斯那里接受了萨宾山的一处庄园，从而有机会当个农夫。作为诗人，贺拉斯把自己比作一只蜜蜂，向无数的甜蜜小源泉进发。他作品的标题——书信集、讽刺诗、布道辞——听起来似乎令人生畏，其实都贯穿着戏谑讽刺和道德寓意。然而，贺拉斯最为人熟知的还是他的颂诗集，经常被引用（如"*carpe diem*"，意为"把握当下"）。这些诗歌（*carmina*）将希腊的抒情格律改编为拉丁语表达方式，大部分篇幅简短，或多或少带有伊壁鸠鲁主义的情绪，但千锤百炼、言简意赅，翻译后的遣词用字依然令人满意，每一首诗都"恰到好处"，得到了日复一日的精心雕琢（贺拉斯称之为"文件劳作"）。在贺拉斯颂诗集描绘的世界里，战争和警报确实会出现，在异域或海外，责任在召唤，爱情有季节性，最后一夜会降临到每个人身上。不过，诚实劳动、知足常乐能够带来幸福。

258

· · ·

　　"奥古斯都和平盛世"并非处处皆有。公元 9 年，一个名叫阿米尼乌斯（Arminius，后被称为"海尔曼"）的日耳曼叛军首领组织了一次伏击行动，杀死了奎因克提里乌斯·瓦卢斯（Quinctilius Varus）率领的、莱茵河东的罗马军队。时至今日，巴伐利亚的啤酒爱好者们还会举起酒杯，庆祝瓦卢斯之战（*varusschlacht*）的胜利。这场"瓦卢斯之战"发生在条顿堡森林，消灭了 3 个罗马军团及其辅助部队。在更远的东方，帕提亚人仍然是一个可以抗衡罗马的超级大国。尽管如此，维吉尔和贺拉斯仍能真诚地向罗马的繁荣和复兴时代致敬。公元前 2 年，元老院经表决通过，授予了奥古斯都"祖国之父"（*pater patriae*）的称号，这个称号此前也授予过几个人（最初授予过罗慕路斯），后来或许可以授予任何一个皇帝。对于奥古斯都来说，这一荣誉看起来非常合适：他是一个新国家的始祖。

　　虽然肖像中的奥古斯都非常年轻，但他一直统治到 70 多岁才安详离世。新宪法的一个基本问题被推迟了如此之久——谁将继承他的位置？罗马元老院中还保留着足够的共和国氛围，禁止明目张胆的世袭，但是，没有可以替代的选举机制。皇帝要么必须培养出一个被认为有资格、有能力的继承人，要么必须在直系亲属之外找到这样一个继承人，收为养子。

维吉尔、贺拉斯、阿格里帕、梅塞纳斯，这些人都已在奥古斯都之前进入"降临到每个人身上的最后一夜"。遗憾的是，几位想要继承奥古斯都权力的年轻人也是如此。尤利乌斯家族和克劳狄乌斯家族这两个家族的结合，最终产生了一位继承人，他就是奥古斯都的继子、其妻利维亚的儿子提比略（Tiberius）。可以相信的是，提比略不情愿被收养，在被收养后还产生了某种自卑情绪。不管怎样，尤利乌斯·克劳狄乌斯王朝后来的几任继承者都身负恶名，导致我们几乎无法进行客观判断。后世历史学家，尤其是公元 2 世纪初撰写《罗马十二帝王传》（*Twelve Caesars*）的苏埃托尼乌斯（Suetonius），不可避免地把后奥古斯都时代描绘成一个怪物相继登场的时代：提比略（公元 14~37），不信他人、不被信任；卡里古拉（公元 37~41），精神病患者；克劳狄乌斯（公元 41~54），低能儿；尼禄（公元 54~68），早期擅理政，后变为以纵情享乐、残暴和放荡不堪而著称的时代主角。

尼禄自杀后，继承危机一触即发。公元 69 年被称为"四帝之年"，在这一年里，数位将军争权夺利。胜利者是一位名叫维斯帕先（Vespasian）的牛颈萨宾人，他的肖像似乎体现了他给罗马带来了不拘小节的统治风格。一个新王朝统治了罗马数十年：弗拉维王朝（Flavians），他们在曾矗立尼禄巨像的地方建造了一

座圆形竞技场（Colosseum，即今日的罗马斗兽场），俘获了不少
人心。维斯帕先、提图斯、多米提安，这父子三人的结局并不幸
福：公元 96 年，多米提安去世，和尼禄一样，他死后也遭到"记
录抹煞"（*damnatio memoriae*）。①随着涅尔瓦（公元 96~98）和
图拉真（公元 98~117）相继继位，某种政治解决方案得以达成：
与其通过安排婚姻和寄希望于继承人这种不确定的方式来实现继
位，不如由"第一公民"允许元老们从他们中间进行选择。

　　苏埃托尼乌斯以风格犀利著称，他用了一个小故事来描述
多米提安的特点：这位皇帝能独自一人在宫殿的一个房间里待
上数个小时，用笔尖刺死苍蝇。纠正历史画卷的希望同样非常
渺茫——尤其是因为多米提安在尤韦纳尔的讽刺诗中也声名狼
藉。讽刺诗（字面意思是"杂糅"）是罗马文学的发明，允许各
种嘲讽，融入了共和国的"言论自由"传统，但要讽刺皇帝，明
智的做法是等其死后继任者取而代之再进行。（尤韦纳尔的写作
时间似乎是在图拉真和哈德良时代，但他谨慎地没有提及这两位
皇帝）。

　　尤韦纳尔最令人捧腹的一部作品（《讽刺诗三》）是一篇关于
罗马可怕生活的激昂演说，其中最主要的抱怨是这座城市到处都
是外邦人。讽刺作家在乐此不疲地利用简单的仇外心理。当然，
罗马采取"门户开放"政策也有积极的一面，关于公元 48 年克
劳狄乌斯皇帝在罗马元老院所发表演讲的部分记录就证明了这一

---

① "记录抹煞"是元老院对国家敌人的惩罚，允许公民拿着锤子砸毁相关雕像和
　碑文。

261　点。演讲的内容刻在了一块青铜板上，这块青铜板被提议摆放在罗马纳尔榜高卢行省首府卢格杜努姆（今里昂）附近的圣所里。克劳狄乌斯与这座城市颇有渊源，这里是他的出生地。卢格杜努姆的人们有理由感谢克劳狄乌斯，因为正是由于这个提议，他们才有资格成为罗马元老院成员（只要个人财富符合条件）。至于克劳狄乌斯发表演讲时，是有着天生的语言障碍，还是像个蹩脚学者一样装腔作势，我们无从得知（他可能患有脑性瘫痪，只好装傻充愣）。但根据现存抄本，这看起来有点像是关于早期罗马历史的深奥讲座，皇帝揭示了他对罗马传奇般国王祖先起源的研究。记录中甚至含有听众的插话，让克劳狄乌斯继续演讲，直奔主题。然而，他已经阐明了自己的观点——历史学家塔西佗（Tacitus）所做的关于这篇演讲的另一份记录，证明了他已有效传达了自己的观点。问题的关键在于，自罗慕路斯时代起，罗马就建立在赋予所有人公民权的原则之上，甚至会赋予曾经的敌人公民权。萨宾人、伊特鲁里亚人、萨莫奈人和其他人已经是罗马统治阶级的祖先，那么，为什么不扩大种族范围呢？克劳狄乌斯指出：的确，其他城市不曾如此开放，譬如雅典就从未改变过拒绝赋予外邦人公民身份的政策——但雅典现在在哪里呢？

· · ·

262　　　意大利是受神祇启示而被选中……将分散的帝国联合起来，使风俗习惯融合得更加和谐，通过使用同一种语言，将语言各异的众多民族聚到一起交流，为人类带来文明——简而言之，成为全世界所有民族的一个共同家园。

　　这些含有远见卓识的普世话语并非出自一位皇帝之口，而是出自帝国的一位官员老普林尼。老普林尼是维斯帕先的朋友。公元77年，老普林尼为维斯帕先的儿子提图斯撰写了一本名为《自然史》（*Naturalis historia*）的杰出著作。从科学上讲，这本书是不可靠的，因为即使老普林尼曾喜欢进行亚里士多德式研究，但从军和从政生涯让他基本没有时间研究"自然史"。他的侄子也叫普林尼，即"小普林尼"（Pliny the Younger），他曾深情地描述叔叔如何将学术追求与繁忙的公共生活相结合。老普林尼在吃饭、洗澡和旅行时，还抽出时间收集信息。事实上，公元79年8月，当老普林尼因维苏威火山爆发的烟雾窒息而死时，很可能就在收集信息（他当时正在指挥一次海上救援行动，但似乎是出于好奇，想亲眼一睹火山爆发的壮观场面，所以逗留在此）。他的《自然史》（据其本人估计）从2000卷书中摘录了约2万个有用的事实。这并非他唯一的作品，但却是唯一存世的遗作。据推测，这部37卷的著作之所以吸引众多抄写者，显然是因为该项目规模庞大。尽管我们的"百科全书"（encyclopedia）一词来自希腊语的"全面教育"（*enkyklios paideia*），但可以说老普林尼才是古代百科全书的首创者。《自然史》中的信息不一定出现在现代读者期望的地方——例如，老普林尼将关于希腊雕刻家和建筑师的内容，融合在涉及各种金属和石头的章节中——事实和道听途说的区分标准也并不明朗。不过，《自然史》除了解答通常的求知欲问题（如刺猬是如何进行性交的），还为我们了解罗马帝国主义提供了一个特别的视角。

　　这一点的原因是战争、征服和知识之间有着显著的联系。例

263

如，老普林尼对大象的了解（包括未经证实的大象害怕老鼠的
"事实"），显然来自罗马人在战争中使用大象的经验，以及罗马
人对大象栖息地的控制（可以将大象运到罗马公开表演）。但是，
对占有财富的自豪感与对财富的羞耻感之间明显存在着一种紧张
关系。老普林尼希望罗马能够支配全世界的自然资源，但他又谴
责因这些富裕资源滋生的虚荣奢靡。因此，他虽然把这本书献给
了提图斯，但表示希望意大利的农民也能读到这本书。他们真的
需要特别了解刺猬和大象吗？并不，但这就是老普林尼讲述历史
进程的方式。罗马曾经是台伯河畔一个由勤劳节俭的小农们组成
的社区，而现在它统治世界。老普林尼通过列举罗马统治世界所
能了解的一切，含蓄地传递出慎之又慎的赞许：罗马人，看看你
们的劳动成果吧，但要记住你们的朴素出身。

9
以弗所

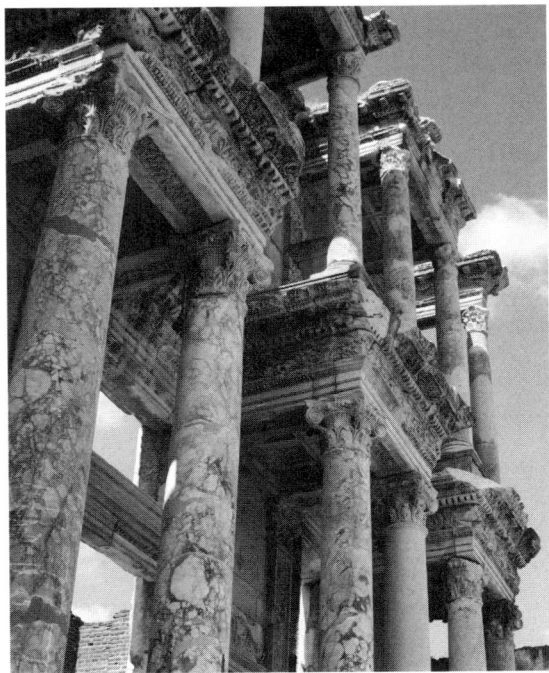

许多罗马人在小亚细亚海岸的以弗所定居，这里是罗马最繁荣的行省之一。以弗所早期是希腊人定居点，后来在希腊化时代重建一新，是阿塔利德家族遗赠给罗马的一部分。但它属于"罗马"也有着神话渊源。以弗所位于被称为"特罗德"的地区，该地区据称古代是特洛伊的领土。在特洛伊沦陷的史诗中，埃涅阿斯离开了特洛伊，并发誓会回来。所以，罗马人很喜欢这点，即再次回到先祖定居的土地上。在以弗所的山坡上发现了层叠错落的房屋，这表明罗马人在这里建造了极为宏伟的"家外之家"。

成千上万前往以弗所的游客通常在土耳其库萨达斯（Kushadasi）的港口下船，然后乘坐巴士前往遗址——以弗所本身曾是一座港口城市，但与沿岸其他遗址一样，由于河道淤积逐渐移向内陆。每天都有大批游客（由当地商人提供服务或收费）涌入遗址，使这里生机勃勃。部分遗址经过重建，进一步加强了这座城市的"鲜活"形象。最引人注目的是一座公元 2 世纪初建造的两层图书馆，其柱廊外壁设有壁龛，壁龛里放着与"潜心阅读"这一点相契合的人形雕像（据估计，这里曾保存有约 12000 部书）。

智慧、美德和思想由三位身着华丽长袍的女性代表。第四座雕塑象征着塞尔苏斯（Celsus）所拥有的知识或专长，是他个人赞助建设了这座建筑（这里也是他的坟墓）。这位塞尔苏斯是罗

北

安东尼长城
哈德良长城

埃布拉库姆（约克）

不列颠尼亚

苏利斯温泉　　伦蒂尼乌姆
（巴斯）

比尔吉卡　　　日耳曼尼亚

卢格杜甫西斯　　鲁特西亚（巴黎）

高　卢　　　　　　　　　　　奥古斯塔
　　　　　　　　　　　　　　（奥格斯堡）　卡农图姆
阿基坦　　　　　　　　　雷蒂亚　　诺里库姆
　　　　　　卢格杜努姆　　　　　　　潘诺尼亚
塔拉科南西斯　　　（里昂）　帕维亚　阿奎莱亚　伊利里库姆
　　　　　　　　　尼莫苏斯　纳博讷　　　　达尔马提
卢西塔尼亚　　　（尼姆）　马西利亚（马赛）　　萨洛奈
　　　　　恩波里亚　　　　　　　　　意　　（斯普利特）
伊比利亚　（安普里亚斯）　科西嘉　　安科纳　大　　　　　
　　　　　塔拉科　　　　　　　　罗马　利
贝提卡　　萨贡托　　　　　　　卡普亚　　布林迪
　　　　　　　巴利阿里　撒丁岛　　　　　　塔兰托
加德斯（加的斯）

廷吉斯（丹吉尔）　　　　　　　　　　　西西里
　　　　　　　　　　　　　　　阿格里真托　叙拉古
毛里塔尼亚　　提姆加德。努米底亚　迦太基
　　　　　　　　　　　　　　　　　　　　　地

阿非利加　　　大莱普提斯

的黎波里塔尼亚

| 0 | 100 | 200 | 300 | 400 | 500 英里 |
| 0 | 200 | 400 | 600 | 800 千米 |

罗 马 帝 国

契亚

阿达姆克利西

摩 西 亚

黑 海

亚美尼亚

色雷斯

拜占庭

腓立比

尼科米底亚
（伊兹密特）

比提尼亚-本都

卡帕多西亚

马其顿

塞萨洛尼基

佩加蒙

萨第斯

亚细亚

加拉太

科马基尼

美索不达米亚

底格里斯河

莱斯博斯

希俄斯

以弗所

西里西亚

安提阿

叙利亚

杜拉欧罗普斯

亚克兴

科林斯

底比斯

雅典

萨摩斯

阿佛洛狄西亚斯

塔尔苏斯

阿斯潘多斯

阿帕梅亚

帕尔米拉

幼发拉底河

亚该亚

斯巴达

克桑托斯

塞浦路斯

萨拉米斯

基提翁

大马士革

罗得岛

帕福斯

居里翁

推罗

腓尼基

该撒利亚

克里特

地 中 海

耶路撒冷

犹太

加沙

马萨达

亚历山大城

阿拉伯

佩特拉

昔兰尼

孟菲斯

西奈

昔兰尼加

埃及

利比亚

贝雷尼克

红 海

马元老院的成员和地区行政长官，他显然不仅为图书馆的建设提供了充足的资金，也为图书馆的持续运营提供了充足的资金，例如碑文中有一项要求，是必须经常用新鲜的花环装饰雕塑。负责这一纪念工程的塞尔苏斯之子在资金方面又投入了多少，目前尚不清楚，但无论如何，这一慈善项目在城市生活中一直占据着重要地位。它坐落在城市主干道的一个直角转弯处，要么为人们提供了一个宁静之岛，要么使阅读像购物一样成为人们日常生活的一部分。

　　罗马人有理由为这一传统感到自豪：据说尤利乌斯·恺撒曾计划在罗马建立一座公共图书馆，而第一座图书馆是在他死后十余年由阿西尼乌斯·波里奥（Asinius Pollio）建成的。这座图书馆被称为"自由大厅"（Atrium Libertatis），虽然是靠战利品提供资金，却有意识地致力于和平事业。最重要的是，它广迎访客，藏书丰富。例如，诗人奥维德可以在这里读到希腊文（七十士译本）的《创世纪》。在民主雅典和希腊化的宫廷中，曾存放过一些书籍文献，但广泛供应这一理念属于共和晚期的罗马。不能说图书馆的使用毫无限制，但至少罗马图书馆的地点一般都毫不隐秘。图拉真皇帝在他的同名罗马广场上建造了一座图书馆——经过充满想象力的重建，它看起来更像一个宏伟的 19 世纪阅览室；他的继任者哈德良为雅典这座卓越的"文化之城"建造了一座图书馆，位于雅典卫城神庙群之中的显眼位置；而在阿尔及利亚高原的塔穆加迪 [Thamugadi，提姆加德（Timgad）]，罗加提安努斯（Rogatianus）捐赠的图书馆占据了网格化殖民城市的一整个街区（insula）——虽然位置偏远，但绝不与学术界隔绝。

因此，以弗所的塞尔苏斯图书馆是对公民身份的一种宣示，同时也是对个人的一种表彰。将这两种功能联系在一起的是"公益捐助"（euergetism）之风。这种习俗可能起源于一种贵族或君主自由做出慷慨之举的古老美德，但在公元前 3 世纪，它发展为一种公开的公民机制，在地中海东部地区尤其如此。富裕的公民，无论男女，都会为美化城市或以某种方式改善公民生活贡献现金或实物，从而赢得"捐助人"（euergetes）的称号。一般对这种慷慨之举的认可，就是在公共场所树立一座雕像，并在底座上刻上感激之情。

在许多城市，一入城就会看到一些纪念性的拱门或门洞，这通常是为了纪念皇帝的巡游（特别是图拉真和哈德良，在位期间大部分时间都在"巡游"）。在整个以弗所，地方的主动意愿和罗马帝国的庇佑相得益彰。一个明显的例子就是主干道上的图拉真喷泉，或称"仙女之地"（Nymphaeum），其细节很有启发性。"仙女之地"的名字虽符合其外形装饰（如有一尊手持贝壳的阿佛洛狄忒雕像），但听起来相当虚无缥缈，更为普通人熟知的名字是"水站"（hydragogeion）。虽然这并不是以弗所的第一个公共喷泉，但鉴于此地整个夏季不会降雨，这无疑是一个备受欢迎的新增城市设施（或可称公用设施）。乍一看，它肯定是"图拉真的"，因为这里曾立有一尊巨大的图拉真皇帝雕像（如今只剩下一只脚）。但是，根据双层立面上的保留下来的部分碑文，观赏者毫不怀疑，不是这位皇帝，而是他在亚洲的代理人克劳狄乌斯·阿里斯蒂昂（Claudius Aristion）及其妻子朱莉娅·拉特兰（Julia Laterane），"用个人资金"（ek ton idion）资助了这项工

272

程——不仅包括"喷泉"，还包括一条从约 32 公里外的小湄德（Lesser Meander）河引水的引水渠。夫妇二人都是祭司，他们共同将自己的捐赠献给了以弗所女神阿尔忒弥斯、图拉真和"祖国"。就这样，地方、帝国和宇宙秩序的连接纽带得以确立。

· · ·

从以弗所到苏格兰高地，说得委婉一些，就是换了个场景。二者曾归属同一个帝国，但罗马军团从未在以弗所或整个小亚细亚沿海地区驻扎过，而在罗马人统治下的苏格兰却存在堡垒、行军营地以及石头和草皮构成的屏障。罗马人对凯尔特原住民的称呼是"皮克特人"（Picti），意为"有彩绘或文身者"。所谓的安东尼长城修建于公元 2 世纪中叶，自西向东位于两个深深的海湾（克莱德湾和福斯湾）之间，修建的目的是将皮克特人或喀里多尼亚人（Caledonians）阻挡在北部山区。为这一防御工事命名的皇帝是安东尼·庇护（Antoninus Pius），他是更为张扬的哈德良的养子和继承人。毫无疑问，他想表示在哈德良长城建成后，帝国版图得到了进一步扩大——哈德良长城在约 20 年前竣工，是一条长达 117 公里的边境线，不仅有高大的石墙和墙体，还包括防御壕沟、城门和塔楼体系。可能就是在帝国的这一地区，第九军团消失无踪，也许是被引走遭到了大屠杀。在文德兰达（Viudolanda）边境要塞发掘出的数百块木刻书写板，却只提供了有关维持守卫的琐碎细节信息，包括轮流值班、订购补给等。一些士兵似乎与家人一起驻扎在哈德良长城，另一些士兵则不得不写信回家，要求增添衣物。

公元 1 世纪末，不列颠的一位总督阿格里科拉（Agricola）

恰好是罗马最杰出的作家和历史学家科尔涅利乌斯·塔西佗的岳父。塔西佗最负盛名的作品是《历史》（*Histories*）和《编年史》（*Annals*），记述了从奥古斯都去世到弗拉维王朝时期罗马宫廷的情况，充满批判精神，拉丁语文风精炼且极具特色。塔西佗的写作具有苏埃托尼乌斯所没有的严肃性，但与苏埃托尼乌斯一样，他展现了位于权力中心的一系列或多或少令人憎恶的人物：滑头的提比略、神经错乱的卡里古拉、笨手笨脚的克劳狄乌斯等，相比之下，奥古斯都显得还算可以。此外，塔西佗还有两部短篇作品，将目光投向了帝国之外。一部是《日耳曼尼亚志》（*Germania*），是对莱茵河和多瑙河以北凯尔特部落的人种学研究。他刻画的"日耳曼人"坚韧不拔，居住在森林中，酗酒、好战、骄傲，虽然有些刻板印象的意味，却在现代德意志民族主义的各个阶段发挥了影响。

274

另一部是《阿格里科拉传》（*Agricola*），表面上是一部家族传记。阿格里科拉是个谜一样的人物，他想让整个不列颠成为罗马的属地，但他的活动并没能持续取得成功。然而，格兰扁山脉发生的一场特殊战役，给了塔西佗一个难以抗拒的机会，去想象原住民眼中的罗马帝国主义——在当时的情况下，北方部落组成联盟，不仅要抵抗阿格里科拉的军团，还要抵抗罗马舰队，而罗马舰队显然已经将其航行范围扩展到设得兰群岛［在当时被称为"天涯海角"（Ultima Thule）］。塔西佗为当地首领撰写的演讲稿是一篇激昂的战斗号召，其核心内容是对罗马的威胁进行了总结：

这些全球掠夺者，在掠夺土地之后，如今又洗劫海洋。

如果敌人富有，那他们的动机就是贪婪；如果敌人贫穷，那动机就是纯粹的权力欲望。无论是在东方还是西方，什么都无法满足他们，他们是唯一既觊觎财富也觊觎贫困的人。他们以帝国的名义掠夺、屠杀和强取豪夺。他们制造出荒漠，却称之为和平。

这些激烈的言辞引出了一个关于罗马帝国本质的深刻辩论话题。从广义上讲，争论的焦点是：罗马人的动机是掠夺原材料、奴隶和纳税人，还是希望将"文明"的愿景传到各大洲，实现互惠互利？除了现代喜剧中那句众所周知的"罗马人对我们做了什么"，我们还可以加上维吉尔《埃涅阿斯纪》中那句常被引用的台词："罗马人，奉命统治他人，请记住这是你的手艺：将习俗强加于和平，为你的臣民伸张正义，解除暴君的武装。"是否因为这一使命，公元前 1 世纪的以弗所等地才会盛行一种地方治理模式，即税农（*publicam*）通过为期 5 年的租约，购买对各种活动征收税款的权利，这点还存在争议。不过，从考古学角度来看，这一点毋庸置疑。罗马人无论走到哪里，都会投资建设基础设施。诚然，这些基础设施为军事行动提供了便利，但建设道路不仅是为了军队的行动，甚至不主要是为了军队的行动——在修建引水渠或建立城市排水系统时，罗马人显然认为这种"民用工程"是他们引以为豪的国家身份的一部分。正如帝国内部的希腊作家（尤其是斯特拉波和波里比乌斯）所言，这点得到了广泛认同。

对这一情感表达最为贴切的，是现存拉丁文本中最晦涩难懂的一篇文章——《论水道》（*De aquis*）的序言。文章的作者是尤利乌斯·弗仑提努斯（Julius Frontinus），他于公元 97 年被图拉真的前任涅尔瓦任命为水务督查（*curator aquarum*）。弗仑提努斯曾任不列颠总督，似乎非常重视罗马的供水工作，了解了水利工程中的大量技术细节，如水位计、沉淀池等，并为自己能够胜任水务管理工作而自豪。不过，在介绍工程细节之前，他忍不住先讴歌了罗马高架水道是辉煌与实用的结合体，还将其与埃及巨大而又特别"无用处"的金字塔或希腊人创造的许多令人赞叹的"杰作"相比较。他几乎无须进一步引出常识性判断——若要在一座漂亮的大理石雕像和充足的饮用水供应之间做选择，谁会犹豫不决呢？

276

· · ·

在以弗所，口渴的行人无须选择，因为饮用活水和优雅的雕像相映成趣。在罗马帝国的其他地方，罗马人与用水之间的重要联系还体现在其他方面。例子之一就是罗马时期不列颠的遗址阿奎苏利斯（Aquae Sulis，意为"苏利斯之水"）。这里现在名为"巴斯"（Bath，意为"温泉"），足以说明罗马人在此建立神庙的原因。温泉与英国的特殊地质构造有关，显然充满吸引力。原住民凯尔特人据称在温泉中保有某种神龛。然而，"取水设施"得到巨大发展是罗马人的功劳，罗马人在公元 43 年征服不列颠后的几十年内，建设了大量此类设施。在不列颠东部，爱西尼（Iceni）部落女王博阿迪西亚（或称布狄卡）领导了激烈的反抗运动；但在西部，罗马人和当地人充分达成协议，当地人允许罗马人建设阿奎苏利斯温泉圣地，双方共同供奉着两位神祇，一位是密涅瓦

（Minerva），伊特鲁里亚罗马版的雅典娜，另一位是凯尔特女神苏利斯。这里还建造了一座科林斯式的小神庙，来自东北高卢的雕刻家们用当地的砂岩修饰神庙，上面的装饰按照古典标准相当粗糙，但具有一定的活力和象征意义，例如饰有密涅瓦的猫头鹰。

"苏利斯"一词在凯尔特语中本意为"眼睛"，从遗址水池中发现的一些物品来看，苏利斯女神不仅被尊为本地先知，可能还被尊为无所不知。遗址中的物品是"诅咒片"（curse tablets），即刻有谴责人身或财产犯罪的铅片。最常见的指控是小偷小摸，但也有要求进行可怕而血腥的报复的。虽然诅咒常用拉丁语，但伸张正义的祈求指向的是苏利斯女神。因此，该遗址是一个种族和宗教融合的场所。

"综摄"（syncretism）是对这种混合崇拜的一个恰当称谓，这种情况在其他地方也存在。例如，在高卢，罗马人对祭祀塞夸纳神（Sequana）的圣所进行了正式增建。塞夸纳神掌管塞纳河的源头，这条河发源于勃艮第第戎北部。这里供奉着大量雕塑，多为木雕和石雕，许多代表人体器官，表明这里是身体受苦者朝圣的地方。这里作为朝圣地繁荣了约 500 年，直至被基督教皇帝关闭。

在更南边的高卢，罗马殖民地尼莫苏斯（即尼姆）一个典型的自然特征就是拥有泉水。但当地的水源无法满足城镇发展的需要，于是人们修建了一条引水渠，从北面距此地 50 多公里的山上引水。这段距离上的坡度非常微妙——当然，任何人在凝视这条引水渠最著名的遗迹，即横跨河流的三层拱门引水桥加尔桥（Pont du Gard）时都难以看出这一点。

图拉真的妻子普罗蒂娜来自尼姆。该地区被简单命名为

"Provincia nostra",意为"我们的省份"[最终发展为普罗旺斯（Provence）]。公元 117 年，图拉真去世，此时罗马控制的领土 278前所未有之广阔。图拉真身体力行地确保一种罗马统治和地方习俗之间和平共处的政策得到执行，但是，这种"宽松"之态是否足以维持一个横跨几大洲的帝国呢？

· · ·

罗马帝国的疆域在公元 2 世纪中期"稳固"下来，由自然和人工界限共同划定。教室里的地图往往会让人误解这种地理格局非常齐整，可以说与罗马人理想中的"无限帝国"（*imperium sine fine*）相去甚远。无论如何，仍然有必要划定边界，即使只是出于管辖权和税收的实际考虑。在西部，整个伊比利亚半岛（拉丁名 Hispania）都由一个军团堡垒负责管理。高卢（拉丁名 Gallia）不需要军事存在 [阿斯特里克斯和他的朋友们只是连环漫画（comic-strip）中的幻想 ①]。如前所述，不列颠（拉丁名 Britannia）除了南部以外并没有多少"罗马化"；爱尔兰（拉丁名 Hibernia）则完全没有罗马化。欧洲中部沿着莱茵河和多瑙河边境线被分割开来，有重兵把守，还有一道绵延 550 公里的砖石城墙。维也纳（拉丁名 Vindobona）是潘诺尼亚（Pannonia）行省的一个前沿阵地，向南延伸至巴尔干半岛。在多瑙河之外，喀尔巴阡（Carpathian）山脉帮助保护了罗马在达契亚（Dacia）的势力。黑海沿岸肯定不像奥维德在流亡诗歌中哀叹的那样"野蛮"，在亚

---

① 指法国家喻户晓的国宝级漫画作品《高卢英雄历险记》。——编者注

洲这侧，比提尼亚（Bithynia）很早就完全处在罗马的控制之下，实际上小亚细亚也是如此，一直延伸到幼发拉底河。更远处是帕提亚人的领土，一直延伸到印度河流域。对罗马人来说，帕提亚一直是个棘手的国家：公元 2 世纪，罗马人曾在幼发拉底河上游建立了一座驻军城市杜拉欧罗普斯（Dura-Europos），然而一个多世纪后，面对卷土重来的波斯人，这座城市防守不住了。与此同时，中东地区——混合现代和古代定义，可将该地区理解为包括叙利亚、黎巴嫩、犹太、约旦和阿拉伯——是和平的，条件是当地居民缴纳必要的市政和宗教费用（可想而知，条件苛刻）。佩特拉（Petra）遗址体现了一种有效的妥协：它是阿拉伯地区纳巴泰（Nabataean）王国的都城，位于罗马帝国版图之内，但作为贸易与商队往来之地，它实际上享有自治权。在佩特拉悬崖峡谷的粉红色砂岩上，凿出了它曾作为"从属国"繁荣昌盛的遗迹，包括一座剧院。

当时还没有连接波斯湾和地中海的运河，但托勒密王朝建立的红海港口贝雷尼克（Berenike）连接着罗马与印度。罗马人对尼罗河的控制，向上游一直延伸到苏丹的梅罗（Meroe），位于尼罗河的第五和第六大瀑布之间。罗马的昔兰尼加行省西至利比亚，前希腊殖民地昔兰尼（Cyrene）成为其首府。在干涸的沙漠中，宜居点散落分布，这让北非看起来就像一张豹皮。游牧的柏柏尔人（Berbers）在这干旱地区经营着古老的贸易路线，但罗马人尽可能地推广橄榄树种植。位于利比亚海岸线的的黎波里塔尼亚（Tripolitania）成为一个精耕细作的地区。在撒哈拉沙漠的北部边缘，沿着杰贝尔（Gebel）悬崖的轮廓修建了防御性堡垒。

北非的军事总部设在阿尔及利亚的拉姆贝西斯（Lambaesis），并沿着阿特拉斯山脉的天然屏障修筑了防御工程。最后，控制摩洛哥的廷吉斯（Tingis，今丹吉尔）使得罗马彻底控制了地中海，罗马人称呼地中海为"我们的海"（Mare nostrum）。

图拉真的继任者哈德良制定了在帝国边境集中兵力的政策。这一政策的缺陷显而易见：一旦罗马的蛮族敌人突破广阔边境的防线，他们就会发现罗马内部或多或少缺乏防御，很容易袭击。但在安东尼时代，有一个世纪的时间是安全的——根据一个颇具影响力的观点，当时"罗马帝国囊括了地球上最美丽之地和人类最文明之所"①。

· · ·

"罗马和平盛世"（pax Romana）——在维吉尔看来，是罗马注定要强行恩赐给世人的和平——仍然有为其辩护者。当然，故事版本各不相同，而且不同之处不仅仅取决于讲述者。地区差异足以让我们的罗马帝国全景图变得斑驳陆离。还有一个从未"平定"过的地区，现代读者或许也不会惊讶，那就是（被古希腊人等）称为巴勒斯坦的中东地区。

公元前 63 年，罗马在庞培的领导下，对哈斯蒙尼（Hasmonean，或称哈什蒙）的王位争端进行了干预（在公元前 2 世纪，反对塞琉古统治的"马加比起义"不仅建立了一个新的祭司阶层——法利赛人，还建立了一个地方王朝）。在罗马人的支

---

① 出自爱德华·吉本（Edward Gibbon），下一章将详细介绍他。

持下（先是马克·安东尼，后是奥古斯都），希律王（Herod）被宣布为"犹太人之王"。希律王维持了 30 年亲罗马统治，罗马人也给他的王国起了个称呼（犹太行省）。他不仅为自己建造"意大利式"的宫殿和堡垒，还建设了美丽的地中海港口恺撒利亚（Caesarea），并大规模重建耶路撒冷的所罗门圣殿。如果说希律王捐赠建设犹太教宗教场所是为了赢得犹太人的支持，那么他失败了。退一步说，希律王有过多"古典"情结，例如他也是奥林匹克运动会的慷慨赞助人。至于他是否因为害怕出现对手而下令屠杀伯利恒的男婴，除了《新约·马太福音》外，没有其他证据。但希律王（大希律王）是个杀人不眨眼的家伙，他在公元前 4 年去世后留下的继承人地位并不稳固。犹太人对罗马"间接"统治的不满一直存在。《马太福音》还记录了一群法利赛人如何用抗税是否正当的问题来考验该地区一个可能的反叛者。这位反叛者，来自加利利地区拿撒勒的耶稣，给出的回答是拿起一枚罗马硬币，反问上面刻的是谁的肖像和名字，然后建议每个人都把属于恺撒的东西归还给恺撒。这是一个进行了巧妙回避的优雅反驳。

大约在公元 30 年，耶稣被罗马监察官或行省总督本丢·彼拉多（Pontius Pilatus）下令处死。尽管时间上并不精确，但圣经中关于这一事件的记载，敏锐把握了地方王朝（另一位希律王）和罗马帝国代表之间权力分配的矛盾——这位有时被认为是未来犹太人的王、神秘又不具攻击性的反叛者，应由他们中哪一方来对付？

不久之后，在克劳狄乌斯时期，罗马人废黜了从属王希律王。但是，单靠行省总督的力量，情况也好不到哪里去。在罗马犹太地区现有的三个犹太派别——法利赛人、撒都该人和艾塞尼人（Essenes）之外，又出现了第四个派别，即后来被称为奋锐党（Zealots）的极端宗教组织。到公元 66 年，奋锐党人开始积极反抗罗马人。关于这一运动的历史，我们的主要资料来自古典正典的一位不同寻常的作者——弗拉维乌斯·约瑟夫斯（Flavius Josephus）。约瑟夫斯是一名法利赛人，在奋锐党人起义爆发时，他是加利利当地一名犹太军官。他从起义中幸存，后来定居罗马，并在那里撰写史书［先用阿拉姆语（Aramaic），后用希腊语］，最后写成了一部内容丰富的《犹太古史》（*Jewish Antiquities*）。

约瑟夫斯并没有记载罗马人制定了协调一致、深谋远虑的"宏大战略"，这只是在后人看来如此，是后世历史学家一厢情愿的想法。但是，如约瑟夫斯等人所知，罗马帝国的政策中经常出现的一个要素就是惩罚性复仇。罗马战神常被敬称为"复仇者马尔斯"（Mars Ultor）不是没有道理的。复仇原则在犹太行省得到了证明：公元 70 年，提图斯指挥罗马军队去镇压奋锐党人起义，他攻占了耶路撒冷，允许或主导了对大圣殿的洗劫和毁坏。这一行动绝非偶然，甚至也不是心血来潮，此前肯定已经集中了大量木材，为这场大屠杀推波助澜。提图斯似乎也并不以此为耻：在他建造于帕拉丁山坡的凯旋门上，自摩西时代起就被视作希伯来人身份标志的七枝金烛台（Menorah）被士兵扛在肩上当作战利品。

但是，要充分表达罗马人的报复心理，没有什么能与之后发生的事情相提并论。许多犹太人被逐出家园，但有一支人数相对较少的奋锐党人——根据约瑟夫斯的记载，如果将妇女和儿童计算在内，人数共计 960 人——撤退到了犹大旷野（Judaean desert）。

他们的避难所是位于死海边一处岩石山顶的马萨达（Masada）。一个世纪前，大希律王在此筑城，罗马人曾将其用作一个小型驻军营。这里近乎坚不可摧，但因与世隔绝，几乎不会对罗马在犹太行省的管理造成任何威胁。尽管如此，罗马总督弗拉维乌斯·席尔瓦（Flavius Silva）还是决定拿马萨达开刀，以儆效尤。他率领整个军团（第十军团）穿越沙漠，在高大的堡垒周围建立了一系列营地。成千上万的犹太战俘与辅助部队一起被投入建立补给线的工作中。然后，山顶的奋锐党人眼睁睁看着罗马军团开始了围城工程。首先，罗马人在城周围筑起围墙和壕沟：谁也别想逃走。然后，他们开始建造通往山顶的通道。梯子和攻城塔是行不通的，因此罗马人或多或少地移动了一座山——他们在马萨达西侧的悬崖上堆起了一个巨大的土石斜坡。

当然，那时没有推土机。这项任务耗时 3 年之久，在这 3 年中，奋锐党人在高原顶上无能为力，只能眼看着这项艰巨的壮阔工程完成。由于山顶覆有一层肥沃的土壤，又能够用巧妙的管道和蓄水池来收集任何可能落下的雨水，奋锐党人才得以维持生存。但是显然，他们厄运难逃。由于该地的声学特性，罗马人可以不用高声大喊，就能每天宣布命运的安排——就好像还有什么疑问似的。

约瑟夫斯毫不掩饰钦佩之情地讲述了公元 74 年临近末日时叛军中的情况。叛军领袖埃莱亚泽·本·亚伊尔（Eleazer ben Ya'ir）谈到绝对有必要让罗马人大吃一惊。（他认为）有比死亡更为可怕的命运：奴役和强奸的耻辱。因此，他敦促人们自我了断。男人们必须杀死自己的妻子和孩子，然后抽签互杀。最后剩下的那个人，将纵火与城同归于尽。

在人们相互屠杀时，两个老妇人带着几个孩子藏进了地下的一个凹槽里。这些少数幸存者最终为约瑟夫斯的叙述提供了依据，否则罗马人在攻入据点时，只能发现一堆烧焦的尸体，并会为这一景象感到惊讶，甚至悲伤。

马萨达遗址至今仍然有着奇特的原始考古体验，那里发生的历史事件似乎就写在沙石中。20 世纪 60 年代，以色列杰出的军队指挥官、政治家和大学教授伊加尔·雅丁（Yigael Yadin）领导了对该遗址的发掘工作。该堡垒及其周围地区的发掘结果似乎证实了约瑟夫斯的所有记载（尽管迄今为止发现的人类遗骸与 900 具相差甚远）。马萨达作为一个被敌军营地包围的顽强堡垒，已成为以色列作为现代国家的某种象征，年轻公民应征入伍时会在此宣誓效忠。

但罗马人为什么要在马萨达耗费如此多时间、精力和军事技术力量呢？这不可能是伊加尔·雅丁以为的那样——他认为这些奋锐党人及其亲属对该省法律和秩序构成了严重威胁。这里过于偏僻，与世隔绝。因此，战略动机可以归结为以儆效尤。罗马人"不遗余力"地追杀犹太地区的意见不合者，以向帝国各地的潜在叛乱者发出警告：即使是沙漠里也没有逃生之地。

· · ·

在罗马市中心，刻在图拉真圆柱上的螺旋状叙事浮雕也传达了类似的信息。这座纪念碑高近 40 米，内设楼梯，在公元 113 年首次树立起来时，似乎是为了提供一个制高点，以便俯瞰附近图拉真广场的平整工程。它的基座后来成了图拉真的陵墓，图拉真死于西里西亚，当时他刚结束了野心勃勃的帝国东扩计划，正在返程路上。"野心勃勃"的意思是，图拉真攻打帕提亚人的策略被认为是战略误判，至少事后看来如此。尽管如此，在元老院眼中，他仍是一位杰出的皇帝，是"最佳公民"（optimus princeps），值得尊敬。可能是由于他的继任者哈德良充满想象力，圆柱的外部变成了装饰精美的卷轴，展示了图拉真是如何确保达契亚地区安全的。这一过程肯定经过了"夹在"图拉真军队中的艺术家的描绘，并在凯旋至罗马时展出了这些绘画。这些绘画保存在档案馆中，可能是圆柱浮雕内容的来源。图拉真本人也写过一篇关于达契亚战争的记述——这篇记述没有流传下来，但很可能是模仿了尤利乌斯·恺撒的《高卢战记》（Commentaries）。无论如何，这块带饰如果"展开"，长度约200米，被誉为"连续叙事"的杰作。它的雕刻者至今无人知晓。然而，不管他们是谁，他们都知道罗马帝国本质上并不是建立在打胜仗的基础上的。场景统计证明了这一点：在这幅战争叙事画中确定的155个场景中，仅有18个展现出直接的敌对行动。

这假设了一个历史背景。达契亚大致相当于现代罗马尼亚的领土，一直是多米提安的心腹大患。公元1世纪80年代末，多米提安试图"平定"达契亚，结果使得一个名叫德塞巴卢斯（Decebalus）的地方领袖崭露头角。罗马人慎之又慎地承认德塞巴卢斯是从属国国王，但德塞巴卢斯显然对这种从属地位非常不满。公元101年春天，图拉真——在拥有战功赫赫的军事生涯后于公元98年成为皇帝——针对日趋独立的达契亚，发动了第一次维护罗马权威之战。

图拉真圆柱上讲述的故事开始于多瑙河畔。我们看到一座罗马化的城市正准备迎接达契亚人的进攻，木头和稻草成堆，随时准备点燃警报烽火。危险迫在眉睫的感觉油然而生。然而，图拉真领导的罗马军队正在行动，准备开始渡河进攻。一座由小船组成的浮桥已经架好，旗手们正引导罗马禁卫军和军团士兵跨过浮桥，士兵手持头盔而非戴着头盔行进。很快，我们将看到他们建立行军营地，从辎重队列里卸下帐篷、取水——雕刻就以这样的节奏讲述着。当然，这是一个有偏向性的纪念柱：战斗将会发生，罗马人将会获胜。然而，图拉真圆柱展示的罗马军队战无不胜，令人信服，这既得益于他们的后勤准备，也得益于他们在战斗中的英勇表现。有一个重要的细节很早就进行了展示，换句话说，位于任何一个普通观众都能理解其重要性的高度：一场战争已经打响，罗马人持续伤亡惨重，我们看到伤员被送到一个包扎站，他们的伤势得到了治疗。皇帝就在旁边，虽然画面中他正在处理一名达契亚俘虏，但毫无疑问，作为皇帝，他已经精心为自己的部队提供了医疗场所。

图拉真在浮雕上出现了 60 多次，通常由两名副手簇拥着。他不会率领骑兵冲锋陷阵，也不会被美化成第二个亚历山大。他身着与军团士兵相同的基本服装，五官和体格都非常平凡。然而，他无处不在，这种无处不在意义重大。无论是主持祭祀活动、向士兵致辞、接待使节还是视察前线后方的联络堡垒，图拉真都完全参与其中，对战争的胜利起着举足轻重的作用。

细心的观赏者会发现，很多战斗都交给了辅助人员，例如叙利亚弓箭手等。作为罗马人，会再次感激图拉真如此重视保

护军团士兵的生命 [他们总是身着独特的"罗马环片甲"（lorica segmentata），即一种带有重重叠叠的金属片的铠甲]。只要稍加观察还能发现，在圆柱上大约一半处，叙述出现了"停顿"。这标志着经过两年的交战后，双方达成休战协议，罗马允许德塞巴卢斯继续称王，但其权力受到限制，并且需要缴纳贡品。协议很快遭到破坏，因此图拉真不得不在公元 105 年再次发动进攻。这一次，他出征是为了征服：摧毁达契亚人的首都萨尔米泽杰图萨（Sarmizegethusa），俘虏德塞巴卢斯。

德塞巴卢斯与马萨达的奋锐党人至少都有一个决心：不被俘虏，不在罗马卑躬屈膝地求饶。在靠近圆柱顶端的一个场景中，罗马骑兵在森林中逼近达契亚首领，但为时已晚，来不及阻止他自刎。后续场景在圆柱的螺旋之外。达契亚被兼并为罗马的一个行省，图拉真不仅得到了德塞巴卢斯积攒的大量金银财宝，还获得了开发特兰西瓦尼亚山脉丰富矿藏的机会。德塞巴卢斯作为罗马尼亚的民族英雄流芳百世，如今在多瑙河畔奥尔绍瓦附近的悬崖峭壁上，雕刻着他满脸胡须的巨大头像。然而，图拉真圆柱所传达的主要信息是毋庸置疑的。

. . .

也是由于达契亚的富饶，图拉真在国内建造了一些耗资巨大的公共项目，其中最引人注目的是扩建罗马在台伯河三角洲奥斯提亚附近的出海门户。这里被简单命名为"波尔图"（Portus，意为"港口"），改造出了一个六角形的码头区，面积超过 32 公顷（相当于一个普通罗马城市的面积），配有船棚、运河和巨大的仓储设施，用于储存从地中海运往罗马的消费品和原材料。来自小亚细亚的希腊演说家埃利乌斯·阿里斯提德斯（Aelius Aristides），对（由克劳狄乌斯发起的）这一项目的规模进行了描述：

> 在（地中海）周围，大陆遥遥相望，源源不断地向您（罗马）输送货物。从每一片陆地和海洋，运来季节性物品，包括所有国家、河流、湖泊以及希腊人和外邦人的技能所生产的……无数船只载着四面八方的货物抵达这里，一年四季都是如此，每一次丰收都是如此，这座城市就像是一个公共仓库——世界仓库。

大多数商品都容易腐烂，没有留下任何痕迹，但考古证实，对罗马世界商业网络的这一讴歌并非夸大其词。①

公元 2 世纪初，这座城市人口约为 100 万。当然，还需要维持一支约 40 万人的军队：约 30 个军团，包括约 16.5 万公民士兵，部署在帝国各地，以及数量更多的辅助兵（他们在退役后将获得公民身份）。当时的后勤规模可以通过现存补给设施一窥究竟，（例如）在距离那不勒斯不远的米塞纳姆（Misenum）海军基地遗迹。但是，罗马帝国"影响力"最清晰的展现，或许来自一座著名的半私人住宅：哈德良在蒂沃利（Tivoli）的所谓"别墅"。

别墅位于罗马东北部的阿尼奥（Anio）河畔，距罗马较远

290

---

① 如果在天气晴朗时，乘飞机飞往罗马的菲乌米奇诺机场，就能拥有绝佳视角，对该项目独特的几何设计及庞大规模做出评价。

且不显眼，也许哈德良是不想像尼禄那样被人看上去像是吞并了城内的主要住宅区。别墅占地约 80 公顷，建筑体量巨大，甚至难以同时容纳所有建筑。有些建筑可能是哈德良亲自设计的——他年轻时曾尝试过建筑设计，却被图拉真的御用建筑师阿波洛道鲁斯（Apollodorus）轻蔑地说他的设计看起来像南瓜。阿波洛道鲁斯注定未能在从图拉真到哈德良的过渡时期幸存，哈德良得以在蒂沃利纵情发挥想象。工程于公元 118 年即他继位后一年开始，大部分工程在 10 年内完成，但直到公元 138 年哈德良去世，建筑工人还一直在那里忙碌着。

　　哈德良的妻子萨比娜的家族似乎是该区地主，尽管这里有含硫烟雾，但对富裕的罗马人来说，这里是个疗养胜地。然而，哈德良在这里的意图绝不仅是休憩，这里是一处有别于公务（negotium）或"非休闲"（nec-otium）的休闲之所（otium）。实际上，别墅中有一个宽阔的柱廊庭院，供人们长时间进行哲思漫步；还有一个"海上剧院"，可以边享用晚餐，边欣赏水上表演；以及一些精心设计的装饰，让人联想到在希腊、中东和埃及的巡游，比如一条连接亚历山大港与尼罗河三角洲卡诺普斯（Canopus）的运河的复制品，和克尼多斯（Knidos）阿佛洛狄忒神庙（和雕像）的复制品。此外，还有大量的接待区、办公区、兵营和储藏室。这些都表明，皇帝并没有将在罗马的职责抛之脑后；相反，多达 1000 人的"行政人员"随行至蒂沃利。蒂沃利距离首都有半天的路程，却仿佛是个遥远的世界。这里连围墙都没有。如画般孤立于世的风景，加剧了与世隔绝之感，但这一印象具有欺骗性。哈德良居住在此，这里就是权力的中心。

哈德良的继任者——安东尼、马可·奥勒留、康莫德斯（Commodus）——都曾稍稍使用过这片建筑群，但后来年久失修，很多东西遭到劫掠。直至1461年，一位博学的教皇（庇护二世）参观了这片建筑群，开启了持续至今的考古抢救工作。20世纪的一位法国院士玛格丽特·尤瑟纳尔（Marguerite Yourcenar）对该遗址及其缔造者产生了浓厚的兴趣，充满想象力地撰写了《哈德良回忆录》（Memoirs of Hadrian）。遗憾的是，哈德良本人的作品只有寥寥几句挽歌流传下来，关于他的意图和个性我们只能猜测。他绰号"希腊人"（Graeculus），偏爱希腊文化，（似乎）无所顾忌到对一个名为安提诺乌斯（Antinous）的男孩萌生少年爱。哈德良出访时会带上安提诺乌斯——正是在公元130年一次出访途中，沿尼罗河航行时，这位年轻男宠溺水身亡。这可能是一场意外——虽然哈德良的敌人并不这么认为。无论如何，这位皇帝表现得非常悲痛，在埃及建立了一座名为安提诺波利斯（Antinoöpolis）的城市，并在整个帝国推行崇拜神化的安提诺乌斯。这留下了一系列杰出的遗像和肖像，如今在世界各地的博物馆中都能看到，它们纪念着安提诺乌斯的年轻样貌，既有典型的古典风格，又独具特色。安提诺乌斯的"蜂刺"唇总是噘着，五官时常低垂，似乎意识到自己早逝的命运即将来临。他的体型过于柔弱，无法成为运动冠军，却被赋予了一种阿波罗形象，甚至可能化身为另一个神。

292

· · ·

在蒂沃利，哈德良向世人展示了一个皇帝应如何在乡土风情的拉齐奥区彰显罗马权力的大都会风范。然而，他并不自满，在公元 132~135 年，他快速镇压了另一场犹太人叛乱 [巴尔·科赫巴（Bar Kochba）起义]，屠杀了成千上万叛乱者，并将犹太人驱逐出耶路撒冷 [他将此处重新命名为罗马城市"埃利亚卡皮托利纳"（Aelia Capitolina）]。在钱币上，他自称"世界地域重建者"（*Restitutor orbis terrarum*）。王朝的继承者们或许会宣称，哈德良的确给帝国留下了巨大疆域。一座供奉神化哈德良的神庙（现已并入罗马的旧证券交易所）里有一系列浮雕，展示了约 25 个行省的人物形象：姿态温顺的女性，包括恭顺坐着的不列颠尼亚人，以及双臂交抱胸前、安详满足的高卢人。在当时看来，罗马自身会受到威胁简直不可思议。

　　罗马最初只有一道（或两道）简单栅栏，随着帝国的壮大，罗马城市的范围也在不断扩大，并采用了各种方法划定边界。今天可以看到的巨大砖砌防御墙——其东南部，即阿皮亚大道和拉丁大道的出口处，尤其保存完好——在现代人心目中仍然是罗马城市的代表形象。这座城墙建于公元 3 世纪 70 年代，即奥勒良皇帝时期。鉴于其尺寸（高约 7 米，厚约 3.5 米，设有间隔固定的凸起瞭望塔）和规模（周长约 19 公里），意味着这是一个巨大的公共开支项目，大概为当地数千名劳工提供了就业机会。设置城墙也是一种增加收入的手段，因为控制了城门就可以对进出城市的货物征税。奥勒良在其短暂的统治期间，曾试图扭转帝国预算不足的局面，他并不满足于像某些前任那样，仅是减少银币（*denarius*）中的银含量。但是，随着哈德良防御政策中隐藏的缺陷不断暴露，帝国首都的防卫确实变得很有必要。公元 3 世纪中

293

叶，蛮族两次大举入侵意大利北部，这让罗马人有充分理由担心
首都会遭到直接进攻——尤其是当军队又被调去对付东方由帕尔
米拉的女王芝诺比娅（Zenobia）领导的叛乱之时。奥勒良成功镇
压了叛乱。尽管如此，罗马是这一时期进行过加固或二次加固的
帝国城市之一，其他还包括安条克、雅典、波尔多、塞萨洛尼基
（Thessaloniki）和维罗纳。

· · ·

"罗马帝国的衰落与灭亡"在最后一章等待我们。对于一些
历史学家来说，这个故事必须从基督教的兴起说起：罗马面临的
威胁，本质不是来自成群结队的蛮族人，而是来自一个表面和平
的教派的不断扩大。但无论如何，《新约》中记述的一个插曲让
我们有理由回到以弗所：在公元 54 年左右，使徒保罗来到以弗
所，肩负着传播基督教的使命。"使徒行传"记载，他在这里度
过了大约两年时间，与希腊哲学家辩论，服侍病人，向当地的希
腊人和犹太人传讲"主的话"，组织篝火书会。

不出所料，保罗的活动引发了一些争议。以弗所的犹太社区
形成已久，明确表示与他保持距离。希腊人中有一位名叫德米特
里奥斯（Demetrios）的工匠，擅长制作阿尔忒弥斯的微型银制神
龛。他召集工匠们，指出这位传道者对他们的生计构成了威胁。
德米特里奥斯一针见血地指出，保罗所传达的信息有一条是"没
有神是通过双手被创造出来的"，如果这一信息被大众接受，不
仅当地的工匠和商人会失业，还会有辱在亚洲和海外都受到崇拜
的阿尔忒弥斯女神——以弗所向来自称是阿尔忒弥斯女神的诞生

294

之地。德米特里奥斯成功地引起了轩然大波，一群人高呼"以弗所人的阿尔忒弥斯永垂不朽"，冲进以弗所的剧院，企图对传道者保罗施以私刑。

　　这群人没有得逞。部分原因在于保罗行事低调，他不久就溜到了马其顿，但更主要的原因是罗马法律的平复作用最后化解了事态。在法律上，保罗被判定没有"劫掠神庙"或"亵渎神祇"的罪责。然而，任何人只要对希腊宗教稍有了解，都会明白为什么他会激怒德米特里奥斯和其他以弗所人。如果神学对圣像制作产生敌意，不仅会导致一种艺术传统（及活跃的贸易）日渐消亡，还会使历史悠久的神祇黯然失色。当地人将阿尔忒弥斯与更古老的"女主人"或"母神"［可能与安纳托利亚的库柏勒（Cybele）女神有关］结合在一起，并可能将阿尔忒弥斯尊奉为城市的守护神，这只会使问题变得更加敏感易爆。

　　保罗本人是罗马帝国内个人身份转变的一个有趣案例。他出生在西里西亚的塔尔苏斯，是一名犹太公民（恺撒大帝赋予该地居民公民权），在皈依基督教之前，他是一名严格意义上的法利赛人。根据保罗自己的说法，这一转变发生在他前往叙利亚大马士革寻找基督徒的过程中，当时他想将基督徒逮捕并带到耶路撒冷受审。保罗成为基督徒后并没有放弃罗马公民身份，恰恰相反，他在必要时行使了自己作为罗马公民的合法权利（在以弗所，这一手段救了他的命）。然而，他的使命至少暗含着对帝国崇拜的挑战——因此也对以帝国名义执行司法工作的个人权威形成挑战。

　　行省总督应该如何应对这种潜在的挑战？公元 112 年左右，

当小普林尼在比提尼亚地区（今土耳其北部）担任元老院公使时，在他写给图拉真的一封信中提到了这个难题。小普林尼在信的开头说，他需要皇帝就一件他以前从未遇到过的事给出建议，"关于基督徒"（de Christianis）。简而言之：采用什么程序应对他们？显然，他之前已经多次收到控告。他还提到，有一份包含当地基督徒姓名的名单已经不具名公布。他目前采取如下策略：询问嫌疑人是否真的是基督徒，如果承认是基督徒，将进行进一步审问，告知惩处风险。如果对方仍然坚持自己的信仰，则会被下令"带走"——至于是送进监狱还是更糟的地方就不清楚了。如果被告是罗马公民，就必须由罗马处理。但很明显，这一策略并不奏效，因为基督徒似乎在成倍增加。对于那些否认指控的人，他进行了一系列简单的测试：要求他们当着他的面向神祇祈祷；用酒和香祭祀皇帝像和其他神像；还有"说基督的坏话，据说无法迫使真正的基督徒这样做"。有了清白的证明，任何被揭发为基督徒的人都可以逍遥法外。但当他探究过基督教信仰的本质之后，小普林尼显然困惑不已。除了不崇拜皇室，他们还犯了什么罪？基督徒早起唱圣歌，"敬基督如敬神"（Christo quasi deo）。他们发誓不欺骗、不偷窃、不欺诈、不通奸；他们会履行债务；在集会时，他们只吃"无害且常见的"食物。他们的行为中最为可疑的一点，是只有女性信徒可以充当"执事"。小普林尼将这一切概括为"堕落而无节制的迷信"——但是，这种迷信正在蔓延。

图拉真的答复简短、坚决、庄重：总督不应该发动一场迫害运动。如果不悔改的基督徒被带到总督面前，就依法惩治，但总督必须无视任何无中生有的谴责之词："这些不属于我们这个时代的精神。"

事后来看，这位皇帝的态度或许可以被视为危险的自满。也许他的一位前任（尼禄，如果关于他的故事可信的话）迫害过基督徒；当然，他的一位继任者［戴克里先（Diocletian）］也迫害过基督徒。虽然图拉真并未彻底包容基督徒，但他似乎也并没有将这一教派视为对国家宗教的威胁。他没能预见的是，这些基督徒在夺取皇权后，对异教信徒可没有表现出这般宽容。

10
君士坦丁堡

在比提尼亚应对基督徒的小普林尼，曾于公元 100 年在罗马担任执政官——对于一个来自科莫（Como）湖畔中产阶级家庭的人来说，这是一个相当大的成就，虽然他叔叔的影响力也起到了推动作用。作为执政官，他的职责之一是向皇帝发表官方赞美演说。小普林尼的"赞美诗"（*Panegyric*）尚有存世，堪称赞美大师的杰作，诗中通过对比饱受指责的一位前任皇帝（多米提安），有力凸显了图拉真的美德。尽管历史证明图拉真是罗马的"好"皇帝之一，但其中许多内容和语气现在读起来还是令人反胃。不过，其中有一段话值得引用，因为它巧妙地表达了谄媚的敬意：

> 向我们的皇帝公开致敬需要一种新的形式……我们既不应该把他奉若神明，也不应该把他奉为神圣存在。我们谈论的不是暴君，而是一位公民（*civis*），不是我们的主人，而是我们的父母。他是我们中的一员，他的特殊美德就在于他自己也这样认为，永远不要忘记他作为人的统治者也是人。因此，让我们珍惜我们的幸运，用它来证明我们的价值，同时记住，如果尊敬那些以奴役公民为乐，而非珍视公民自由的统治者（*principes*），那就是非不分了。

皇帝的美德，除了牢记自己是公民的一分子之外，并不难定义。他应该如同士兵一样勇敢无畏。他应该对自己的权力充满信心，在适当时候展现仁慈（clementia）。他应该懂得正义的含义。他应该体现和展示虔诚——因为，正如小普林尼所说，虽然他不属于神祇，但皇帝被认为是在神的认可下进行统治的，代表所有公民以神的意志进行调解。

皇帝去世后，将根据其美德，正式被排入受举国尊崇者之列。这种列入实际上与"记录抹煞"（见第 229 页）正相反，它带来的崇拜地位（字面意义上）可能会持续数个世纪。这种神化使我们能够了解历史上哪些皇帝应该被归类为"好皇帝"。奥古斯都排在第一位（而且总是排在最前面）；然后是克劳狄乌斯；然后是维斯帕先和提图斯；然后是涅尔瓦、图拉真、哈德良、安东尼·庇护和马可·奥勒留。塞涅卡在一部作品中对克劳狄乌斯的神化进行了讽刺，将其想象为"南瓜化"。"哦，天哪，我感觉自己变成了神"，据说维斯帕先在临终前曾开玩笑这样说。不过，这份有选择性的名单具有重要意义，马可·奥勒留并不是最后一个获得该荣誉。然而，我们已经看到，罗马帝国赖以生存的宪政基础是多么脆弱。回顾过去，许多历史学家都不明白罗马帝国为什么会崩溃。但同样令人惊奇的是，在权力中心如此动荡不稳的情况下，它竟然还能存续如此之久。本章讲述的，就是这个权力中心究竟是怎样在物理上和意识形态上都无法稳固的。

· · ·

303　　马可·奥勒留出身斯多葛学派（见第 142~143 页），以超然冷静的智慧著称。但他似乎愚蠢地私心想要长子康莫德斯作为他的继承人。康莫德斯统治了十多年（公元180~192），被古代历史学家和现代电影（《角斗士》）描绘成一个恶棍。他的猝死引发了另一场权力争夺：与皇帝关系最密切的军事部门，即所谓的罗马禁卫军，先是支持一位名叫佩蒂纳克斯（Pertinax）的将军，后又将其抛弃。来自帝国多个地区的军队指挥官竞相夺权。最终，赢得王位的是当时驻扎在潘诺尼亚的塞普蒂米乌斯·塞维鲁（Septimius Severus）——尽管他的出生地是北非的莱普西斯（Lepcis）殖民地（他将该殖民地扩建为一座城市）。塞普蒂米乌斯于公元193~211年担任皇帝，后被神化，这是给他在位期间统治效率或者说军事效率的一个标签。"充实军队，别在乎其他人"——据说是他临终前给儿子们的忠告。他的长子绰号卡拉卡拉（Caracalla，意为"斗篷"，源于其着装习惯），似乎把这句话当成了谋杀兄弟的好借口。

卡拉卡拉本人于公元217年遇刺身亡，继位者是一位来自叙利亚的年轻人，名叫赫利奥加巴卢斯［Heliogabalus，或称"埃拉加巴卢斯"（Elagabalus）］。赫利奥加巴卢斯与塞维鲁家族的联系源于其母亲。身居罗马的塞维鲁家族长者和支持者们可能认为他们可以操纵这个年轻人，因为赫利奥加巴卢斯在成为皇帝时只有14岁。但赫利奥加巴卢斯并不打算只在死后才受到崇拜。他出身于世袭的太阳神赫利俄斯祭司家庭，此时开始认为自己就是太阳神，因此需要立即得到盛大崇拜。关于他青少年时变态狂的恶名，这里无须赘述，只要提到他最臭名昭著的"恶作剧"就足以说明问题——用成吨的玫瑰花瓣泼洒晚宴上的宾客，使他们在花瓣瀑布下窒息而死。无论赫利奥加巴卢斯的"十恶不赦"是否夸

304

大其词，他不适合当皇帝这点很快就得到了证明：他在 18 岁时被罗马禁卫军杀害。

卡拉卡拉当然不是成神的材料，却对帝国进行了一项非常重要的改革。他可能是出于经济需求，为了获得更多税收；或者可能是想在罗马的各个领土上实现统一。无论出于什么原因，公元 212 年，他颁布了一项法令，授予帝国境内所有自由人罗马公民身份。前文已经说过，非罗马人只要表示愿与罗马合作，就可以获得罗马公民身份，因此在元老院内部、在军队指挥部和地区行政机构内部，都有希腊人、凯尔特人和东方人的名字。卡拉卡拉的法令使得公民身份不再有差别。因此，理论上，任何人（男性且非奴隶）都可能成为皇帝。

这里要立刻补充一个关键的限定因素：必须能够赢得军队的青睐。尽管如此，3 世纪出现的皇帝来自不同的种族和地区，有些甚至出身卑微。马克西米努斯（Maximinus，公元 235~238）是一名来自色雷斯的魁梧农民；菲利普（Philip，公元 244~249）是一名阿拉伯人；埃米利亚努斯（Aemilianus，公元 253）是一名摩尔人。许多诸如此类的名字在 3 世纪竞相登场，有些人的执政时间只有几个月，甚至更短。我们已经知道，3 世纪中叶的一位皇帝奥勒良（公元 270~275）在罗马周围修建了一圈巨大的城墙——在一些历史学家看来，这是帝国即将崩溃的征兆。当然，单靠罗马的一位皇帝似乎是无法治理帝国的。公元 284 年，一位来自达尔马提亚（Dalmatia）的士兵戴克里先一路升职、掌权，最后在位十多年，此前他甚至没有到过罗马城。正是戴克里先在公元 293 年建立了"四帝共治制"（tetrarchy）。帝国被分为东西两半，每一半都有两位统治者。每对统治者又分为一个正帝（以奥古斯都为名）和一个副帝（以恺撒为名）。联姻被用作巩固忠诚的一种手段，那么自然而然，四位统治者分别拥有各自的首府。值得注意的是，这些首府并不包括罗马。在西部，首府是摩泽尔河畔的特里尔以及米兰；在东部，首府是潘诺尼亚的锡尔米乌姆（今塞尔维亚的斯雷姆斯卡米特罗维察）和小亚细亚的尼科米底亚（今土耳其的伊兹密特，戴克里先的王宫就位于这里）。凝聚整体的要素是罗马法及罗马宗教，公元 303 年对基督徒的大屠杀可能就是为了贯彻这一原则。

公元 305 年，戴克里先退位，回到了达尔马提亚海岸斯普利特他为自己打造的宫殿中。在这里，他像古罗马人一样，以种植蔬菜为荣。他建立的"副帝"制度，应该是为了方便非世袭继承。但没有戴克里先的存在，权力共享的压力很快就显现出来。威尼斯有一座著名的雕像，雕像上的四位皇帝相互拥抱，意在表现团结一致，然而不难想象，每个人都会在背后捅别人一刀。

内战随之爆发。一位四帝之子君士坦提乌斯（Constantius）取得了统治权。君士坦提乌斯纳有一妾，名叫海伦娜，有时被粗鲁地称为"来自阿尔巴尼亚的卖酒女"。他们的孩子取了个与父亲相似的名字，他就是君士坦丁，后称"君士坦丁大帝"。从君士坦丁在肖像画（包括在罗马的两幅巨型肖像画）中所呈现的威武特征来看，任何人都会相信，关于私生子身份的忧虑从未给他的人生蒙上阴影。公元 306 年，君士坦丁跟随父亲一起来到约克城，在不列颠北部征战，父亲君士坦提乌斯于此时去世，军队立即宣布君士坦丁为他们的"奥古斯都"。不到 10 年，君士坦丁将四帝缩减为两帝，他在罗马米尔维安桥上取得了一场著名的胜利，战胜了西部的皇帝马克森提乌斯（Maxentius）。又过了 10 年，他消灭了剩下的同僚李锡尼（Licinius）。于是在公元 324 年，帝国恢复了单一统治者。

但这并不是回到过去的老路上。与奥古斯都一样，君士坦丁也开始"重建"罗马。然而，他的罗马将位于一个完全不同的地方——它将成为一个截然不同的帝国中心。

· · ·

君士坦丁堡在建立之初并不叫这个名字，而这个名字在 1924 年土耳其民族主义者坚持使用"伊斯坦布尔"时，正式停止使用。君士坦丁堡曾是希腊殖民地拜占庭，受过波斯统治，遭过高卢人袭击，位于博斯普鲁斯海峡上，作为欧洲大陆的东部前哨，被赋予了持久的战略重要性。在整个罗马时期，拜占庭繁荣昌盛——除了公元 2 世纪末，拜占庭选择支持塞普蒂米乌斯·塞维鲁的对手时。当拜占庭获得君士坦丁赋予的新身份，成为"新罗马"（希腊语 "Nea Roma"）或"第二罗马"（拉丁语 "Secunda Roma"）时，它的命运再次好转。

这是君士坦丁在公元 324 年为这座城市选定的名称，并于公元 330 年正式启用。在这一阶段，它在宪法上仍逊于"旧罗马"。10 年后，它效仿罗马也设立了元老院及其配套制度与机制，如定期向公民分发面包等。不过，那时新罗马的公民已经开始称呼这里为"君士坦丁波利斯"（Constantinopolis），即"君士坦丁的城市"。即便这座城市于 1453 年被奥斯曼土耳其人征服，依然使用着这个名字。

君士坦丁堡的城墙建于公元 5 世纪初，留存下来的城墙依然规模巨大。曾经还有护城河，现在已经种上了可用于制作沙拉的蔬菜和草药，这进一步证明了几个世纪以来防御系统经受了巨大的考验。然而，在围墙内，现代游客需要发挥丰富的想象力，才能想象出君士坦丁在公元 4 世纪时创造的城市样貌。大皇宫的痕迹所剩无几，只能辨认出毗邻的赛马场的轮廓。轮廓内有一个圆形凹槽，存有一个最初为纪念普拉提亚战役（见第 75 页）而立的战争遗物——一根缠绕着三条蛇的青铜柱，来自德尔斐，仿佛其本身就是古典时期的战利品。更值得惊叹的是圣索菲亚大教堂的天才设计。公元 537 年，两位来自希腊化小亚细亚的建筑师伊西多鲁斯（Isidorus，来自米利都）和安特米乌斯［Anthemius，来自特拉利斯（Tralles）］为查士丁尼（Justinian）皇帝在旧教堂的遗址上重新建造了这座"神圣智慧"教堂。在教堂附近，还有一个同时代的巨大地下蓄水池，可容纳 10 万吨水，体现了这座城市的集中化管理。

"拜占庭"作为一种诗意的象征得以延续——叶芝曾想象过教堂的钟声在那"海豚穿梭"的博斯普鲁斯海峡回荡——而"拜占庭式"也成了君士坦丁移植自罗马而形成的"拜占庭帝国"复杂官僚体系的代名词。显而易见的是，从文献记载来看，这座城市不仅与罗马相似，而且与希腊和罗马世界的许多城市都有相似之处，像德尔斐鼎（Delphi tripod）这样的东西并非这座城市唯一的装饰艺术品。君士坦丁和拜占庭的一些高级官员带来了众多古典艺术杰作，包括普拉克西特列斯（Praxiteles）打造的雕像"克

308

尼多斯的阿佛洛狄忒"（Aphrodite of Knidos）、菲迪亚斯打造的
巨型奥林匹亚宙斯雕像——有一种理论认为，宙斯雕像影响了拜
占庭艺术中"全能统治者"基督形象的最终呈现。不过，君士坦
丁堡中一些人对这座城市出现古典艺术感到不满，无论是宙斯雕
像、阿佛洛狄忒雕像还是裸体运动员雕像，都被归类为"异教
徒"（pagan）产物。

这个词的起源令人好奇："*paganus*"最初指居住在村庄和市
镇以外的乡间居民（"*pagus*"在意大利和罗马各省指代最小的居
住单位）；后来，它又用来指"留在乡间"、逃避征兵的人；再后
来，在基督教作家笔下，乡下人所带来的落后感开始意味着对旧
式多神教的依恋，代表着任何不愿加入"基督战士"行列的人。

"前进吧，基督教的战士们……"我们并不知道，君士坦丁
在公元 312 年与马克森提乌斯在米尔维安桥交战之前，是否真的
做过一个梦，梦见天使向他展示了基督教的十字架标志，并告诉
他十字架的力量将使他获胜。这只是一个中世纪的传说。① 事实
上，我们也不知道君士坦丁是否真的接受过基督教洗礼。他作
为第 13 位弟子被埋葬在君士坦丁堡的圣使徒教堂（Church of the
Holy Apostles），因此，这一形式可能是作为最后的仪式进行的。
他的母亲海伦娜后来被封为圣人，她似乎是一名公开的信徒。她
被认为是前往耶路撒冷朝圣的先驱，朝圣的目的是寻找基督蒙受
最后的苦难和被钉在十字架上（"受难"）的证据。为了纪念她，

---

① 早期的基督徒倾向于将希腊语基督名字前两个字母叠加而成的凯乐符号（Chi-Rho，希腊语：Ｘ Ρ）作为标志。在大帝的知己尤西比乌斯（Eusebius）撰写的君士坦丁传记中，军队在米尔维安桥战斗之前，将该符号涂抹在了盾牌上。

君士坦丁在基督的出生地伯利恒建造了一座教堂。即使君士坦丁本人并不信仰基督，他也是同情那些有信仰的人的。他进入罗马后的第一件事就是解散罗马禁卫军和帝国皇家骑兵（这两支部队都曾站在马克森提乌斯一边）。他将皇家骑兵在拉特兰（Lateran）地区的阅兵场重新分配给基督教神职人员，使这里成为大教堂（或拉丁语中的大殿）、洗礼堂和罗马主教的住所。传统上，第一位主教可能是基督的使徒彼得，他大概在尼禄统治时期在罗马被处死（约公元 60 年，圣保罗大约于同时在罗马殉道）。罗马主教变成"教皇"的过程，在历史上依旧模糊不清——教皇一词的英文"pope"出自拉丁语"papa"，最早源自希腊语"pappas"，意为"父亲"。但可以肯定的是，关于罗马基督教会组织的文献，只在君士坦丁和圣西尔维斯特教皇（公元 314~335）之后才出现。

公元 313 年，君士坦丁与当时的共治者李锡尼一起颁布了所谓的"米兰敕令"（Edict of Milan）。整个罗马帝国的基督徒因此获得了宗教信仰自由。戴克里先时期的镇压显然产生了反作用。然而，官方给予信仰自由无形中产生了严峻后果。正如小普林尼在比提尼亚发现的那样，检验一个人是否为真正的基督徒，标准是看这个人是否效忠基督而不是皇帝。那么，谁说了算呢？

· · ·

具有讽刺意味的是，这个问题在帝国各地的基督徒团体中也普遍存在。由于缺乏领导，教义趋于混乱。我们应该记得，当时基督教与多种信仰和习俗并存。虽然基督教认为自己与其他信仰有很大的不同，但要说明自己的与众不同就会引起神学上的争论。其中一个明显的不同之处就是基督教坚称只有一位神。与传统的希腊罗马多神（有男神和女神）信仰相反，基督徒奉行一神论，并像犹太人一样，习惯将神称为"主"（希腊语中的

311 "*kyrios*"）。因此，如果这位男性神祇与一位凡人女子结合——就像宙斯一样，虽然没有宙斯那么滥情——这是否意味着存在不止一位神？

　　亚历山大城的阿里乌斯（Arius）就是为这一问题而苦恼的基督教神职人员，他解决这一问题的方式，是宣称"上帝之子"基督与其神圣的父亲并非"同本体"。这并没有解决这个问题，因为正如其他老基督徒所认为的那样，基督的地位会因此面临被模糊为先知或天使的风险。阿里乌斯提出的是希腊哲学传统中所谓的"流派"（*airesis*），即某种特殊的"思想路线"，却导致产生了这种贬义概念"异端"（heresy），即一种被认为方向错误的路线。到了公元4世纪，基督教信仰进一步变异的可能性急剧增加（例如，诺斯替派坚持认为基督只是"假装"活过和死去）。

　　君士坦丁主动采取了行动。公元325年，他在尼西亚（土耳其伊兹尼克）召集了来自帝国各地的300多名主教和随行神职人员。教皇西尔维斯特年事已高，无法成行，但也派出了代表。阿里乌斯和他的一些资深支持者出席了会议；反对派则团结在一个名叫亚他那修（Athanasius）的年轻执事周围。君士坦丁亲自主持会议，会议相当激烈。亚他那修派占了上风，这次会议发表的声明（《尼西亚信经》）至今仍属基督教教义的一部分。基督被认为是"被生而非被造"，因此与他的天父是"同本体"的。这一

声明并不是最终版本——公元 4 世纪时发展为更复杂的"圣三位一体"（圣父、圣子和圣灵）神学理论——也未能使东西方基督徒之间免于产生深刻隔阂。然而，君士坦丁取得了令人瞩目的政治胜利。实际上，他使得皇帝成为教会的世俗首领。主教们需要他的权力来巩固正统，他需要主教们的支持来管理帝国。其中一位主教，恺撒利亚的尤西比乌斯，成了君士坦丁的亲密顾问。

　　也许正是在尤西比乌斯的建议下，在新罗马，不再为希腊罗马万神殿供奉的神祇新建神庙。但君士坦丁并没有取缔"异教"崇拜。帝国的大祭司之职依然存在，由君士坦丁本人担任，还保留了对"太阳神"（Sol Invictus）的崇拜。"太阳神"即"无敌太阳神"，与印度伊朗语系（Indo-Iranian）的密特拉教（Mithras）一致。考古学清楚地表明，密特拉教遍布整个帝国，尤其受到士兵们的喜爱。公元 321 年，君士坦丁下令将每周中的一天定为公共假日，即"太阳日"（dies Solis）。关于基督出生的时间问题，由于基督徒并不清楚（或无法达成一致），君士坦丁认为庆祝基督降生应与冬至（长期以来一直被视为异教徒的节日）同时，并固定为与当时的密特拉诞辰日（12 月 25 日）同期。

　　关于异教与基督教的融合，还有很多东西可以讲——例如，发展出了对耶稣之母马利亚的"母神"崇拜（在地中海的部分地区，德墨忒耳、赫拉和伊西斯的圣所仍在运行，只是名称有所改变）。偶发性的偶像崇拜时有发生，但基督徒对偶像崇拜的态度并不一致。不过，他们对待动物祭祀习俗的态度特别严厉。在基督教神学中，只有一次明确的献祭，那就是基督替所有凡人被钉在十字架上。只有君士坦丁的一位继任者尤利安（"叛教者"，公

312
313

元 361~363）"堕落"了，试图恢复异教生活方式。但他这样做似乎是因为童年创伤，而不是古典哲学教育使然：在公元 337 年君士坦丁去世后的继承危机中，基督教民兵杀害了尤利安的家人。此后，推行一神论成为一种稳定的趋势，一系列会议召开以澄清教义问题。公元 380 年，皇帝狄奥多西一世（Theodosius I）在帖撒罗尼迦（Thessalonica）颁布法令，将《尼西亚信经》中表述的基督教确立为帝国唯一合法的宗教：

> 我们希望，在帝国的仁慈之下，所有人都应当信奉我们认为是由使徒彼得传给罗马人的信仰……我们应当信奉一个神，即神圣的圣父、圣子和圣灵三位一体……我们要求那些遵循这一信仰规则的人以天主教基督徒为名，并将其他所有人判定为疯子、定为异端……

随后皇帝出台了法令，明确禁止占卜与占兆、举行祭祀和供奉奠酒。德尔斐的神谕于公元 390 年停止。最后一届古代奥林匹克运动会似乎是在公元 400 年前后举办的，最后记录下来的获胜者包括一位名叫瓦拉兹达特斯的亚美尼亚王子，以及来自雅典的年轻两兄弟——尤卡皮德斯和佐比罗斯。

314　　　"异教智慧"保存了一些思想能量，尤其是有两位希腊哲学家的思想在古典时代晚期得到了复兴，出现了新毕达哥拉斯主义（Neopythagoreanism）和新柏拉图主义（Neoplatonism）。关于后者，公元 3 世纪下半叶，普罗提诺（Plotinus）及其学生波菲利（Porphyry），在罗马对新柏拉图主义进行了深刻阐述。波菲利对基督教信仰的批判被帝国命令付之一炬，但新柏拉图主义却一直流传到中世纪。由于新柏拉图主义的大部分论述都集中在论述"一"上——既是"神"又是"善"的至高无上的神圣内核——因此其学说虽然深奥，却受到包括奥古斯丁和托马斯·阿奎那在内的诸多基督教作家的青睐。雅典柏拉图学院的正式解散据说发生在公元529年，查士丁尼时代。不过经考证，"学院的最后时刻"远非确定无疑，关闭的原因可能是学院自身乏力或陷入迂腐之境，也可能是查士丁尼想"猎取"雅典教授到自己的宫廷任职。无论如何，传统上认为这一事件为古典文明之旅提供了一个终点站。按历史惯例，此后发生的事情将被视为另一个故事。

· · ·

要讲述古典文明的方方面面是如何发展成为现代世界的各个方面的，还需再撰写一本书，仅阐述古典文明在西方的生存或抢救之旅是不够的（亚里士多德的某些著作之所以能为我们所知，只是因为其受到阿拉伯学者们的珍视）。在此，我们只需指出古典文明的一个核心元素从未受禁止，也从未被边缘化——恰恰相反，正是在查士丁尼的指挥下，君士坦丁堡开展了一项庞大的工程，那就是编纂罗马法的法典或"汇纂"。

拉丁语中的"*ius*"意为"法"，这是早期罗马历史中就有的一个概念，在罗马共和国和帝国的发展过程中与政治和宗教保持着明显距离。它的基本原则被刻在公元前5世纪设立在广场上的"十二表法"上："法"（*ius*）的原则植根于"习惯"（*mos*）。通常认为我们的"道德"（moral）一词来源于"习惯"的复数"习俗"

315

（*mores*），这一引申可能稍有误导性，因为罗马的司法虽然与习俗密不可分，却已成为一种正式的专业知识领域，甚至可以从道德或至少从"大众道德"中抽象化出来。

多个世纪以来，古老的十二表法的内容一直是司法主题。例如，表二的第 4 条法律规定："如果有人夜间行窃被当场抓获并被杀，则被视为依法处死。"当然，此前以及在其他地方也有法典。但是，罗马的系统性立法在古代是独一无二的。"法律"（*leges*，与表示"约束"的动词"*ligare*"有关）被用于制定各类私人和公共事务以及各国间交往规范。虽然十二表法依旧保留了将法律植根于公认先例或所谓"标准智慧"的概念，但它们并没有僵化到禁止修改和发展的程度。简而言之，法学已经发展成为一门科学。到奥古斯都时代，已经建起了"法律图书馆"。不过，法律理论真正蓬勃发展，是在塞普蒂米乌斯·塞维鲁时期，甚至是在恶棍卡拉卡拉时期，而且特别得益于保卢斯（Paulus）和乌尔比安（Ulpian）二人。在查士丁尼委托他们整理、修订和编纂的 2000 多卷著作中，这两位"正义牧师"（乌尔比安喜欢以此描述律师）的论述和案例集占了很大一部分。查士丁尼为这部作品赋予了基督教框架，他宣布《学说汇纂》（*Digest*）的内容是经他本人批准的，他"在上帝的授权下成为帝国摄政者，这是上帝赐予我们的"。同时，他也承认维吉尔和荷马（"一切美德之父"）有着无法磨灭的长久影响。由于该项工作采用的是拉丁语，而且当时拜占庭帝国在意大利势力强大（一个典型例子就是拉文纳的镶嵌画），因此在拜占庭编纂的罗马法又回到了其祖国的学校课程之中。

· · ·

读者们都知道，我们还需要面对一个历史大辩论：关于罗马帝国的"终结"，即所谓"衰落和灭亡"。就迄今为止关于君士坦丁堡新罗马的论述，读者可能已经看出来，本书作者属于倾向否认灾难说的阵营。① 不过，有必要阐明这一话题的历史争论范围以示公平。

有人尖刻地指出，当知识分子哀叹文明的衰落时，真正的意思是他们现在不得不自己洗衣服，而以前有人代劳。纵观世界"伟人"对古典文明看似崩溃所做的众多努力，我们很容易同样假设这种综合征适用于此。个人恐惧和偏见被强加于过去之上。例如 20 世纪初，美国著名的古典学教授腾尼·弗兰克（Tenney Frank）第一次走上阿皮亚路（出罗马向东的道路，路旁有许多墓碑），当他注意到许多墓碑上的名字都显示着墓主人的外邦人和奴隶出身时，感到十分不安。此后，他花费了大量学术精力研究帝国时期罗马社会的"种族混合"问题，最后还得出结论：非罗马人和前奴隶的占比过高（根据他的计算为 83%）导致了"罗马解体"。

这就是拉丁修辞学所说的"不合逻辑"（non sequitur），因为罗马为自己是一个"开放的社会"而自豪（见第 230 页）。非罗马人被鼓励加入扩张罗马巩固帝国的计划。至于奴隶，在整个古代，他们的命运大多是不幸的，但至少在罗马社会中，他们有机

---

① 这是所谓的"皮雷纳理论"的一个版本：比利时历史学家亨利·皮雷纳（Henri Pirenne）在 20 世纪 30 年代中期提出了一个观点，即罗马帝国与查理曼大帝于公元 800 年左右创建的"神圣罗马帝国"之间存在着本质上的连续性。

会赚钱、拥有自己的奴隶［奴隶的奴隶是"*vicarius*"，意为"代理主管"，我们的"副主教"（vicar）一词就来源于此］和获得自由。在某些圈子里，"自由民"做得好可能会受到鄙视，公元1世纪中叶，佩特罗尼乌斯（Petronius）在《讽刺小说》（*Satyricon*）中，对特里马尔奇奥的文学讽刺就是这种鄙视的来源。但是，正如特里马尔奇奥的例子所表明的，这种向上流动的潜力是罗马经济的动力源泉。腾尼·弗兰克认为，解放了的奴隶破坏了罗马社会的完整性，他这一观点与其说来自古代证据，不如说来自他自己在密苏里州种族隔离环境中的成长经历。

318

关于罗马帝国"灭亡"的解释多达200余种。有人认为是外部或生物原因，如气候变化、疟疾、铅中毒等，还有人认为是人力短缺、过度征税、野蛮人入侵等，各种理论互相争吵。只要我们对自身"文明"的脆弱性心存恐惧，或者相信历史的周期性，编造这些解释的诱惑力就不可能下降。但这种病态的迷恋是从什么时候开始的呢？至少在英语世界，答案显然是在18世纪晚期，从爱德华·吉本的伟大著作中开始的。

"艺术和自然都没有赋予我倾诉和演讲的天赋，无法打开每一扇门和每一个人的胸怀。"因此，《罗马帝国衰亡史》（*The Decline and Fall of the Roman Empire*，1776~1788）的作者吉本选择了孤独的学术生涯。但他这部毕生巨著并不算不偏不倚、不掺杂个人感情的学术研究。吉本在他这部六卷本著作中讲述古典文明是如何走向终结时，倾注了大量的个人情感。他的知音是西塞罗和贺拉斯。他认为，人类最幸福的时候就是马可·奥勒留及其前任——涅尔瓦、图拉真、哈德良和安东尼·庇护统治时期。吉本与欧洲启蒙运动时代的其他著名知识分子一样，将宗教视为野蛮的孪生兄弟。

　　吉本自己讲述了他的著述计划是如何产生的，也许过于夸张，但还是很形象。"那是在罗马……我坐在市政广场的废墟中沉思，在朱庇特神庙里，光着脚的修士们吟诵晚祷，我的脑海中第一次萌生了写下这座城市的衰落与灭亡的想法。"时至今日，从卡比托利欧山上眺望罗马广场的废墟，那些追寻过去辉煌的人们仍能收获令他们满意的图景。当然，废墟远不完整。站在同样的角度，但以不同的态度，我们不禁要问：为什么有这么多东西被保留了下来？或者，就吉本的情况（1764 年 10 月）而言，可以问：卡比托利欧山上的朱庇特神庙究竟是什么时候让位给了教堂（阿拉科埃利的圣马利亚教堂）？吉本暗示，听到方济各会修士的赞美诗会引导他将罗马帝国衰落的主要原因归结于基督徒。然而同样的道理，罗马帝国并没有被抹去，它只是变成了基督教罗马——就像帝国罗马取代了共和罗马，共和罗马取代了王政罗马一样。

　　吉本无疑是反教权的，但他太聪明了，不会忽视帝国晚期的社会、政治和文化问题（他在为马可·奥勒留喝彩的同时，也承认康莫德斯被选为继任者具有灾难性）。然而，对绝对价值的信仰始终如一。历史呈现斑驳陆离的景象：古典文明的火炬由希腊人点燃，在罗马人的培育下绽放出最耀眼的光芒，因此也终会熄灭——黑暗随之而来。哥特人（Goths）、汪达尔人（Vandals）、匈人（Huns），当吉本描述他们粗俗的文盲习性，描述他们从北欧和中欧的森林与平原不顾一切地进入地中海区域时，几乎可以

319

感觉到吉本的不寒而栗。吉本对"高贵的野蛮人"的任何概念都不屑一顾。因此，当"野蛮"占据上风，意味着所有文明制度的系统性崩溃。猪群在倒塌的柱廊中穿行。对吉本来说，这不是如画风景，而是可怕的倒退。

· · ·

爱德华·吉本的著述铿锵有力，要反驳他具有挑战性。不过，要对他的论点提出实质性的反对意见也很容易。首先，当我们说罗马城墙被来自北方的入侵者攻破时——最有名的是在公元410年，由阿拉里克（Alaric）率领的西哥特人攻破——我们不妨记住，阿拉里克曾在狄奥多西皇帝手下担任高级军官，他和他的大部分部下都是基督徒，是罗马有人打开了城门，让西哥特人进来了。关于他们占领罗马的三天，有很多屠杀和恐怖故事，但考古证据表明，这次占领以及随后汪达尔人在公元455年对罗马的海上入侵，并未造成明显的大范围破坏。

当然，由于帝国的主要行政机构转移到了君士坦丁堡，罗马的公共建筑随之开始破败。对城市宏伟建筑和装饰的大部分损坏，是当地的回收造成的。据估计，帝国时期罗马大约有50万尊雕塑，大部分是青铜或大理石雕塑。青铜很容易熔化；大理石放入窑中则是制作水泥的优质石灰来源。"记录抹煞"盛行开来，因为任何被视为"异教污秽"之物都可以肆无忌惮地进行清除。然而，"衰落和消亡"是有选择性的。

"取圣水洒在这些神庙里，建造祭坛，安放圣物。因为如果神庙建得很好，就必须将其从对魔鬼的崇拜转变为对真正上帝的崇拜。"格列高利一世（公元 590~604）在担任教皇期间发布了这一指示，解释了为什么有些古典建筑能够完整无损地保存下来——比如万神殿，在公元 609 年左右作为一座教堂献给了"圣母马利亚和所有基督的殉道者"。虽然君士坦丁本人在旧罗马逗留的时间很少，但这座城市为了纪念他，特别保留了为庆祝他战胜马克森提乌斯而建造的凯旋门。附近的斗兽场成了殉道者的圣地。同样在附近，在地下的密特拉神庙之上，建起了精美的圣克莱门特教堂。

在罗马斗兽场，真的处死过许多基督徒吗——还是在罗马帝国的其他地方？"殉道者"的意思是"见证"。"殉道者的鲜血是教会的种子"，这是特土良（Tertullian）发出的号召，他是个迦太基律师，在 2 世纪末皈依基督教，成为最狂热的基督徒之一。正如特土良和其他"殉道者"的作品所显示的那样，如果需要热血见证，没有什么能比得上基督教信徒——无论是男是女、是贵族还是奴隶——在大众面前被处死更为震撼。不过，罗马总督很可能也意识到了这种勇敢表演所具有的福音力量。当然，在斗兽场备受期待的是一场精彩的战斗，而不是单方面的平静投降，因此，尽管信仰基督毫无疑问是一种罪行，基督徒也会因此受到惩罚，但我们可以把早期基督教的许多论战文学与英雄诗歌归为一类——它们都是遐想的产物。一位基督教作家奥利金（Origen）坦言，不知道真正殉道的人数是否有达到两位数。

在帕拉丁一所奴隶学校（*pedagogium*）的墙壁上，有一幅被刮花的夸张人物画，画中有一个人被钉在十字架上。他有着驴或骡子的头，旁边还有一个在祈祷的年轻人，画旁以希腊语写着一个粗糙的传说："阿列克萨梅诺斯（Alexamenos），敬拜（你的）神。"古典文明是一个"充满神的世界"，在神话中，诸神（如狄俄尼索斯、赫拉克勒斯、俄耳甫斯）也会遭遇可怕之事。不过将神称为"受苦的仆人"，让神遭受犯下极端卑劣罪行者才会接受的死刑，这点前所未有。因此，基督教信仰看上去特别吸引社会边缘人群，只不过这一点并不明显：不同社会地位的罗马人都被埋葬在"地下墓穴"（catacombs）——这个名称是对罗马出城道路沿线基督教墓地的称呼，后来成为泛指。公元 1 世纪中叶，圣保罗写给帝国各地如科林斯、以弗所、帖撒罗尼迦等地基督教团体的书信，显示这些隐秘的团体充满举行非法活动的肾上腺素，并完全相信基于"无私的爱"（agape）的信仰必将获得胜利。到了公元 4 世纪，"走出来"已成为一种普遍现象。早期基督教艺术的一个杰出典范是朱利尤斯·巴萨斯的大理石石棺，此人于公元 359 年任罗马行政长官（类似市长，但也拥有相当大的司法权）。基督教给个人也给社会带来了活力。随着帝国军事和政治中心的转移，罗马居民开始重塑和振兴这座城市，使之成为"上帝之城"（civitas Dei）。

323　　　　那么，这是否属于一种逐渐转型，而不是衰落和消亡？一些历史学家对古代晚期的这种积极观点表示不满。在此类观点中，即使是公元 5 世纪由臭名昭著的匈人首领阿提拉（Attila）率领的从草原进入欧洲的掠夺性匈人战队，也不过是经济移民而已——但看看拥有热水澡、精美陶器、图书馆和奢侈品的文明发生了什么吧。然而事实是，对于与"罗马帝国"对立的"野蛮部落"，如哥特人、撒克逊人、伦巴第人和法兰克人，基督教当局不仅让他们成为天主教徒，还最终成为"罗马"天主教徒。

并非所有基督徒都像特土良那样，对任何不属于基督教福音的东西都怒不可遏。圣杰罗姆（St Jerome）是公元4世纪的学者，翻译了希伯来文《旧约》和希腊文《新约》，创造了拉丁通行本（Vulgate）即所谓"大众版"《圣经》。他曾感叹自己"与其说是个基督徒，不如说是个西塞罗"。西塞罗的文本流传了下来，并且不仅仅是作为拉丁文风格的典范。毕竟，西塞罗所阐释的公民社会中的个人美德，即沉思、持正、行善，以勇气、克制之心和仪式感行事，从根本上说与基督教的信条相一致。维吉尔等人提出的"罗马人文主义"价值观，以及荷马以来的许多"异教智慧"亦是如此。因此，"古典"文卷得到了修士们的珍视，最后甚至连物品也可以成为灵魂伴侣。当古典艺术作品开始在罗马及其周边地区被发掘出土时，第一批守护者就是红衣主教和教皇们。

如果没有君士坦丁，这一切会发生多少，我们只能猜测。他是最后一个被神化的皇帝，也是第一个被奉为圣人的皇帝。

后　记

　　公元 182 年 11 月 2 日傍晚，在罗马帝国的埃及发生了一起不幸事故。那是马可·奥勒留执政的第 23 个年头。一个名叫埃帕弗洛狄托斯（Epaphroditus）的 8 岁男奴，听到在他服侍之人的房子街边，有人奏起响板。他走到楼上的一扇窗户前，探身看女子跳舞。由于太过兴奋，他把身子探出太远，结果摔死了。

　　本书讲述了许多"事件"，而小埃帕弗洛狄托斯（是奴隶的常见名字，意为"可爱的"）的悲惨命运，在历史意义上无法与其他事件匹敌。我们在此提及它，是作为城市微观历史的一个样本，取自尼罗河以西的古典城市奥克西林库斯（Oxyrhynchus）的垃圾堆。奥克西林库斯在古代编年史中并不显眼，是一个"平淡无奇"之地，只因其定期堆积的废弃物被沙丘封存保存完好，才声名远扬。19 世纪末，两位年轻的牛津大学学者伯纳德·格伦费尔（Bernard Grenfell）和亚瑟·亨特（Arthur Hunt）通过组织挖掘这些垃圾堆而声名鹊起。他们的主要兴趣在于恢复"古典"文献的莎草纸残片，这方面他们的确有所收获，发现了萨福的诗歌、索福克勒斯的戏剧、米南德的喜剧等。但随着他们和后来的学者研究奥克西林库斯出土的大量包含文字的残片，很明显，关于日常生活的文件远远超过了文学部分。请愿书、遗嘱、合同、收据、账目、晚宴邀请函、祈祷文、摔跤运动说明……关于埃帕弗洛狄托斯意外死亡的官方报告、葬礼安排只是冰山一角，大量资料仍在由专家（"纸草学家"）进行整理。

326

"垃圾"是定义这些资料的一种说法，但换个角度看，它象征着我们在探讨古典文明时几乎遗漏的一切。编纂历史的方式多种多样，本书则遵循了相当传统的模式。然而，传统毕竟是"古典"本质的内在特征。

时间表

450~429	伯里克利在雅典显赫一时
447	帕特农神庙动工
431~404	雅典与斯巴达之间的伯罗奔尼撒战争
430~426	雅典瘟疫
415~413	雅典远征西西里
399	苏格拉底在雅典被判死刑
396	伊特鲁里亚城市维伊落入罗马之手
371	斯巴达人在留克特拉战役中被底比斯人击败
338	马其顿腓力二世在喀罗尼亚击败希腊城邦
336~323	亚历山大大帝征服地中海东部和波斯帝国,最终远至印度
323	继业者分割亚历山大帝国
约 300	托勒密一世创建亚历山大博物馆和图书馆
264~241	第一次布匿战争
218~201	第二次布匿战争（汉尼拔远征意大利）
200~146	罗马征服希腊
149~146	第三次布匿战争
146	洗劫迦太基,洗劫科林斯
133	提比略·格拉古的土地改革提案
133	佩加蒙被"遗赠"给罗马
91~89	意大利"同盟者战争"
88~82	苏拉和马略内战
73~71	斯巴达克斯奴隶起义
50 年代	恺撒大帝征战高卢
49~48	恺撒对庞培
44	刺杀恺撒
43	屋大维、马克·安东尼和雷必达三巨头确立
31	屋大维在亚克兴击败马克·安东尼和克利奥帕特拉
公元前 27~ 公元 14	奥古斯都皇帝

329

公元

2	奥古斯都获得"祖国之父"称号
约 30	耶稣基督在犹太行省被处死
41~54	克劳狄乌斯皇帝

43	入侵不列颠
50 年代	圣彼得和圣保罗传道
54~68	尼禄皇帝
64	罗马大火
69	"四帝之年"：伽尔巴、奥托、维特里乌斯、维斯帕先
70	洗劫耶路撒冷
79	维苏威火山爆发，庞贝和赫库兰尼姆被掩埋
98~117	图拉真皇帝
117~138	哈德良皇帝
约 122~126	英国哈德良长城
161~180	马可·奥勒留皇帝
293	戴克里先建立"四帝共治制"
313	君士坦丁宣布基督教在整个罗马帝国合法化（"米兰敕令"）
330	君士坦丁堡或称"新罗马"建立
393	狄奥多西下令关闭奥林匹亚
395	罗马帝国东西分治
410	哥特人阿拉里克洗劫罗马

330

拓展书目

下面的内容从两个意义上讲具有片面性。这里按主题列出的331书目，旨在对书中研究话题进一步深化、拓展、完善并阐述其复杂性，并不能构成一个完整的、"与时俱进的"古典文明参考书目。此外，书目选择受到个人偏好的影响，一些本书作者旧时最爱之书也在其中。在某些情况下，参考书目只是提供了文中典故的来源——谷歌或许减轻了作者全面履行这一职责的义务。

Oxford Classical Dictionary，现已推出第 4 版（S. Hornblower、A. Spawforth 和 E. Eidinow 主编，自 2012 年起提供在线版），被称为"关于古希腊与古罗马世界的无与伦比的单卷参考书"，这点毫不夸张。此外，还可以参考另一部较简洁但图文并茂的研究著作：N. Spivey & M. Squire, *Panorama of the Classical World*（2008年修订版）。

历史

332

叔本华曾说过："谁读过希罗多德的书，从哲学上来说，就已经读完了所需要的全部历史。"严格遵循这一说法，能节约许多书架空间。然而，希罗多德的《历史》字面意思是"探究"）显然是古典历史的主要文本，有多种英文译本可供选择。企鹅出版集团的旧译本（A. de Selincourt，1954）和新译本（T. Holland，2013）在可读性方面都很成功，而 *The Landmark Herodotus*（R. Strassler 主编，2008）则提供了插图注解。评述著作参见 F. Hartog，*The Mirror of Herodotus*（2009）。至于修昔底德，也许他从最开始就从未追求过"可读性"——他的希腊文以晦涩难懂闻名，R. Crawley（1874）和 S. Lattimore（1998）的译本忠于了这种晦涩。关于修昔底德自称"传播过去的确切知识"，F.M. Cornford 在 *Thucydides Mythistoricus*（1907）中进行了必要的修正。

这两位古典史学"奠基人"催生了无数后世作品。其中仅有一些通过报告和片段幸存下来，另一些虽然名字广为人知，流传下来的也只是星星点点。在现存作品中，我们可以选出一些书名，概述其主题。大多数作品都已被译入洛布古典丛书（Loeb Classical Library）系列——1911 年由纽约银行家和慈善家詹姆斯·洛布（James Loeb）设立的双语丛书，旨在"通过翻译，使古希腊和古罗马伟大作家的美学和学识、哲学和智慧再次为人们所了解，这些译本本身就是真正的文学作品"。按作者姓氏首字母顺序排列如下：Arrian（关于亚历山大大帝的记载可以说是最可靠的）；Diodorus Siculus（关于亚历山大父亲腓力的崛起）；Dionysius of Halicarnassus（关于罗马早期历史）；Josephus（关于公元 1 世纪中叶罗马与犹太人的战争）；Julius Caesar（关于罗马征服高卢）；Livy（关于早期罗马与汉尼拔的战役，包括他穿越阿尔卑斯山）；Polybius（关于罗马征服希腊）；Suetonius（关于从尤利乌斯·恺撒到多米提安的"罗马十二帝"的丰富多彩的传记）；Tacitus（关于尤利乌斯·克劳狄乌斯家族和弗拉维家族的描述更为务实，可能也较尖锐）。

有两位古代作家同样也提供了史料，只是不能被归类为"历史学家"。一位是西塞罗，对他来说，任何常见称谓似乎都不够恰当。在此本书作者只想指出他的一个重要角色：他开创了人文研究（*studia humanitatis*），这可以说是文艺复兴时期发展起来的"人文学科"的原型，包括历史学、修辞学、语言学（希腊语和拉丁语）、道德哲学以及最重要的诗歌。没有哪一部作品比他那篇（相对而言）简短的演说 *Pro Archia Poeta* 更清楚地阐述了这一信念。值得注意的是，这篇文章来自 14 世纪由人文主义先驱彼特拉克发现的一个文本。

第二位"难以归类"的作家是普鲁塔克。他关于（广义上）"道德问题"的各种散文和论著汇集在《道德论丛》（*Moralia*）一书中——在洛布古典丛书中达 14 卷之多。除此之外，他最为人熟知的还是《希腊罗马名人传》（*Parallel Lives*）。严格意义上讲，"传记"一词不太恰当，他的计划是从忒修斯和罗慕路斯开始，将希腊名人与罗马名人"配对"，甚至不惜捏造素材。但他对历史逸事的生动描写和人物性格的形象塑造，使该书经久不衰。因此，他为莎士比亚提供的不仅仅是故事情节（见 T.J.B. Spencer, *Shakepeare's Plutarch*，1964）；他也是蒙田在《随笔集》中，引用最多的古典作家。D.A. Russell 所著的 *Plutarch*（1972）是一部

334

优秀的介绍性著作。

当然，也有许多关于希腊罗马古典时期的通史研究著作，如 J. Boardman，J. Griffin，O. Murray 主 编，*The Oxford History of the Classical World*，（1986）；S Price & P Thonemann，*The Birth of Classical Europe: A History from Troy to Augustine*（2011）。《剑桥古代史》（*Cambridge Ancient History*）系列 12 卷丛书更为详实。有时，通过比较该丛书的第一版和第二版，可以很好地了解古代史的主题和"角度"发生了什么变化：例如，可参阅这部丛书中 *Macedon*（1927）被 *The Fourth Centrury*（1994）取代后，关于亚历山大大帝的观点发生了什么变化。

地理

大量学术研究者之所以被地中海地区吸引，也许并非完全出自学术兴趣。地中海研究的典范之作是 F. Braudel，*La Méditerranée et le monde méditerranéen à l'epoque de Philippe Ⅱ*（1949）。P. Hordern & N. Purcell，*The Corrupting Sea*（2000），C. Broodbank，*The Making of the Middle Sea*（2013），更侧重于古典时期的历史。另见 R. Sallares，*Ecology of the Ancient Greek World*（1991）；A.T Grove & O. Rackham，*The Nature of Mediterranean Europe: An Ecological History*（2001）；以及关于历史事件的地形图，R.J.A.Talbert，*Atlas of Classical History*（1985）。

关于古代航海方式（以及更多海事知识）：L. Casson，*Ships and Seamanship in the Ancient World*（1971）。

关于希腊乡村生活：R. Osborne，*Classical Landscape with*

Figures（1987）；C. Runnels & T. van Andel, *Beyond the Akropolis*（1987）。关于罗马乡村生活：S. Dyson, *The Roman Countryside*（2006）。

艺术、建筑和城市化

大型绘画作品极少幸存，而阿佩莱斯等希腊"大师"的作品更是荡然无存，这使我们对古典艺术的看法有所扭曲——我们可能高估了以彩陶形式较好地留存至今的作品。见 T. Rasmussen 和 N. Spivey 编著的 *Looking at Greek Vases*（1991），及 F. Lissarrague, *Greek Vases*（2001）。扩大范围：N. Spivey, *Greek Art*（1997）；A. Stewart, *Art in the Hellenistic World*（2014）；A. Ramage & N. Ramage, *Roman Art*（2014 年第六版）。关于古典建筑演变有条不紊的阐述，见 A.W. Lawrence, *Greek Architecture*（1996 年第 5 版）；J.J. Coulton, *Ancient Greek Architects at Work*（1987），对建造方法和实践进行了同样冷静的阐述；V. Scully, *The Earth, the Temple and the Gods*（1979 年修订版）则进行了更浪漫主义的阐述。M. Wilson Jones, *The Principles of Roman Architecture*（2003）对罗马设计进行了更细致入微的探讨。

关于私人住宅的演变：E. Walter-Karydi, *The Greek House*（1998）。关于特定城市：N. Cahill, *Household and City Organization at Olynthus*（2002）；J. Berry, *The Complete Pompeii*（2007）。扩展阅读参见 J.B. Ward-Perkins, *Cities of Ancient Greece and Italy: Planning in Classical Antiquity*（1974）；E.J. Owens, *The City in the Greek and Roman World*（1991）。

教育

关于古代教育，本书中除了间接提及，涉及的内容相对较少。现代里程碑之作是 W. Jaeger 著（G. Highet 译），*Paideia: The Ideals of Greek Culture*（1939~1944）。不过，Jaeger 虽然原则上反对国家社会主义，却倾向于将"希腊人"种族化和贵族化，部分内容已经过时。其他著作包括 K. Robb，*Literacy and Paideia in Ancient Greece*（1994）。修辞学在罗马学校教育中的核心地位应得到重视，见 S.F. Bonner，*Roman Declamation*（1949）。读者如需全面了解古代修辞术语及其用法，可参阅 H. Lausberg，*Handbook of Literary Rhetoric*（1998）。

关于文化水平和图书馆：W.V. Harris，*Ancient Literacy*（1989）；L. Canfora，*The Vanished Library*（1990）；L. Casson，*Libraries in the Ancient World*（2002）。

关于古典学作为一门学术学科在现代的发展，有几部著作：C. Stray，*Classics Transformed: Schools, Universities, and Society in England, 1830-1960*（1998）。关于国家比较研究：S.L. Marchand，*Down from Olympus: Archaeology and Philhellenism in Germany, 1750-1970*（1996）。

文学体裁

当然，撰写历史也是一种文学体裁，可参见本书目其他部分的文学参考文献。不过，关于正式的文学体裁，这里有些特别建议书目：J.B. Hainsworth，*The Idea of Epic*（1991）；D.A.

Campbell, *The Golden Lyre: Themes of the Greek Lyric Poets*（1983）；
C. Segal, *Interpreting Greek Tragedy*（1986）；R. Scodel,
An Introduction to Greek Tragedy（2010）；N. Holzberg,
The Ancient Novel: An Introduction（1995）；G. Williams,
Tradition and Originality in Roman Poetry（1968）；M. Coffey,
Roman Satire（1989 年第二版）；A.J. Boyle, *Roman Tragedy*
（2006）。关于"以文述图"的修辞艺术，以及阅读拉丁语文
学的各种"后现代"方式，见 D. Fowler, *Roman Constructions*
（2000）。

哲学

一般研究方面，很难有人不喜欢 Bertrand Russell, *History of
Western Philosophy*（1946）的高雅风格；A. Gottlieb, *The Dream
of Reason*（2001）也有类似记述风格。此外，还有 J. Brunschwig
和 G.E.R. Lloyd 所著的 *Greek Thought: A Guide to Classical Knowledge*
（2000）。关于前苏格拉底哲学家，J. Burnet, *Early Greek
Philosophy*（1920 年第 3 版）捕捉到了他们神秘的诗意。关于
后世个别哲学家和哲学流派：G. Vlastos, *Socrates*（1991）；R.
Kraut 编, *The Cambridge Companion to Plato*（1993）；J. Barnes,
Aristotle（1982）；J. Rist, *Stoic Philosophy*（1969）；A.A. Long
和 D.N. Sedley, *The Hellenistic Philosophers*（1987）。关于从文
学和史料中提取古代伦理准则的各种方法：A.W.H. Adkins, *Merit
and Responsibility: A Study in Greek Values*（1960）；B. Williams,
Shame and Necessity（2008 年第二版）；M. Nussbaum, *The*

Fragility of Goodness（2001）。P. Zanker，*The Mask of Socrates*
（1995）探讨了古代哲学家通过视觉呈现的魅力。

科学与数学

见 G.E.R. Lloyd，*Early Greek Science*（1970）；G.E.R.
Lloyd，*Greek Science after Aristotle*（1973）。T.E. Rihll，*Greek
Science*（1999）对此后的学术研究进行了有趣的批判性总结。

据称非专业人士也能读懂：B. Artmann，*Euclid: The Creation
of Mathematics*（2001）。

技术与工程

有 关 古 代 文 献 译 本：J.W. Humphrey，J.P. Oleson，A.N.
Sherwood 编，*Greek and Roman Technology: A Sourcebook*
（1998）。关 于 理 论 和 实 践：J.G. Landels，*Engineering in the
Ancient World*（1978）；K.D. White，*Greek and Roman Technology*
（1984）。关于罗马水力学的奇迹：A.T. Hodge，*Roman Aqueducts
and Water Supply*（2002）。

经济学

A. Burford，*Craftsmen in Greek and Roman Society*（1972）；
M.I. Finley 编，*Slavery in Classical Antiquity*（1960）；P. Garnsey，
Food and Society in Classical Antiquity（1999）；R.I. Curtis，
Ancient Food Technology（2001）中 的 第 三 部 分。R. Meiggs，
Trees and Timber in the Ancient Mediterranean World（1982）展示

339

了一位古典学者在战时应征入伍为供应部服务，并最终将这一经验用于学术研究的情况。

医学

关于希腊和罗马医学的描述，历来倾向于使用理性与非理性的对立，或"临床医学"与"信仰疗法"的对立，但这种对比并不总是有助于理解历史。关于这一主题最恰当的入门读物：R. Porter，*The Greatest Benefit to Mankind: A Medical History of Humanity*（1999）。

宗教与神话

若想进一步了解希腊人和罗马人的宗教信仰，不妨阅读 E.R. Dodds，*The Greeks and the Irrational*（1951）；H.W. Parke，*Greek Oracles*（1967）；A. Spawforth，*The Complete Greek Temples*（2006）；J. Scheid，*An Introduction to Roman Religion*（2003）；M.K. Hopkins，*A World Full of Gods*（1999），对基督教如何以及为何最终取得胜利进行了探究，具有挑衅性。

R. Graves，*The Greek Myths*（1955）可能是最具可读性的作品，尽管作者对神话的理解不同寻常。要了解神话在古代的作用，可参考 R. Buxton，*Imaginary Greece: The Contexts of Mythology*（1994），J-P. Vernant，*Myth and Society in Ancient Greece*（1982）。P. Veyne，*Did the Greeks Believe their Myths?*（1988）显然提出了一个至关重要的问题，可惜，答案是各种的"一定程度上"，依旧模糊不清。

340

从青铜时代到荷马

值得一读的是由特洛伊最敬业的现代发掘者之一曼弗雷德·科夫曼（Mannfred Korfmann，2005 年去世）撰写的特洛伊遗址指南 *Troia/Wilusa*；关于该遗址更复杂、更新的介绍，请参阅 C.B. Rose，*The Archaeology of Greek and Roman Troy*（2013）。海因里希·施里曼本人也成了研究对象，关于施里曼成就和过失的简本读物：H. Duchêne，*The Golden Treasures of Troy: The Dream of Heinrich Schliemann*（1995）。更多阅读：W.A. McDonald 和 C.G. Thomas，*Progress into the Past: The Rediscovery of Mycenaean Civilization*（1990 年第二版）；J.L. Fitton，*The Discovery of the Greek Bronze Age*（1996）；J. Chadwick，*The Mycenaean World*（1976）；E. French，*Mycenae: Agamemnon's Capital*（2002）；A. Robinson，*The Man Who Deciphered Linear B: The Story of Michael Ventris*（2002）。关于荷马、史诗传统和英雄崇拜，书籍可谓浩如烟海：介绍性著作见 R. Rutherford，*Homer*（1996）；另见 I. Morris 和 B. Powell 编，*A New Companion to Homer*（1997）；R. Fowler 编，*The Cambridge Companion to Homer*（2004）；深入阅读例如 J. Griffin，*Homer on Life and Death*（1980）；G. Nagy，*The Best of the Achaeans*（1998）；G. Nagy，*Homer the Classic*（1995），追溯了荷马经典地位的发展历程。

关于走出"黑暗时代"：A. Snodgrass，*Archaic Greece: An Age of Experiment*（1980）。B. Powell，*Homer and the Origins of the Greek Alphabet*（1991）对希腊人的文字习得进行了大胆的

阐述。

关于西蒙娜·薇依的引述，出自其散文 *L'Iliade ou le poème de la force*，最初（以笔名）发表于 Les Cahiers du Sud（1940，卷 1）；参见 J.P. Holoka，*Simone Weil's the Iliad or the Poem of Force*（2005）。 341

雅典和斯巴达

弗洛伊德将其在雅典卫城的奇特（或熟悉）经历写入了1936年写给罗曼·罗兰的一封信，该信收录于 A. Phillips 编著的 *The Penguin Freud Reader*（2006），第68~76页。关于雅典人的建议书目：V. Ehrenberg，*From Solon to Socrates*（1973 年第二版）；P.J. Rhodes，*A History of the Classical Greek World 478–323 BC*（2006）；J.M. Camp，*The Archaeology of Athens*（2004）；C. Berard 编，*A City of Images*（1989）；J. B. Connelly，*The Parthenon Enigma*（2014）；K. Dover，*Greek Homosexuality*（1978）；J. Davidson，*Courtesans and Fishcakes: The Consuming Passions of Classical Athens*（1997）；A.W. Pickard-Cambridge，*The Dramatic Festivals of Athens*（1953）；S. Goldhill，*Reading Greek Tragedy*（1986）；G. Herman，*Morality and Behaviour in Democratic Athens*（2006）；O. Taplin，*Comic Angels*（1993）。

阿诺德·汤因比将斯巴达定义为"停滞不前的文明"（其他还包括"波利尼西亚人"和"爱斯基摩人"），早在他的十卷本《历史研究》（*Study of History*，1946）中就有论述，进一步论述见其著作节选，即 D.C. Somervell 缩编版 Volume I，第 178~180 页（1987）。此 外 还 有：W.G. Forrest，*A History of Sparta*（1980）；E. Rawson，*The Spartan Tradition in European Thought*（1969）；A. Powell 和 S. Hodkinson 编，*The Shadow of Sparta*（1994）；G.E.M. de Ste Croix，*The Origins of the Peloponnesian War*（1972）。

希腊殖民

J. Boardman，*The Greeks Overseas*（1999 年 第 四 版），自 1964 年首次出版以来，一直是（从考古学角度）论述殖民现象的经典之作。G.P. Caratelli 编著，*The Western Greeks*（1996）是有关古希腊考古资料的又一重要汇编。关于尤卑亚先驱，见 D. Ridgway，*The First Western Greeks*（1992）。一 个 重 要 的 理 论 方法仍然是 F. de Polignac，*Cults, Territory and the Origins of the Greek City-State*（1995）。J.C. Carter，*Discovering the Greek Countryside at Metaponto*（2006）披露了对希腊殖民地及其腹地进行的一项最全面的考古发现。

希腊战争和希腊体育

这两个主题分成一组是有原因的：见 N. Spivey，*The Ancient Olympics*（2012 年第二版）。另见 M. Golden，*Sport and Society in Ancient Greece*（1998）；V. Davis Hanson，*The Western Way of War*（1989）；J. Rich 和 G. Shipley 编，*War and Society in the Greek World*（1993）。

亚历山大及马其顿帝国

E. Borza，*In the Shadow of Olympus: The Emergence of Macedon*（1990）；W. Heckel 和 L.Tritle 编，*Alexander the Great: A New History*（2009）；R. Lane Fox 编，*Brill's Companion to Ancient Macedon*（2011）。R. Waterfield,*Dividing the Spoils*（2011）讲述了亚历山大继业者之间的战争故事。

希腊化时代

关于这一时期的研究曾不受欢迎，但今非昔比，见 D. Ogden 编著，*The Hellenistic World: New Perspectives*（2002）和 G.R. Burgh 编著，*The Cambridge Companion to the Hellenistic World*（2006）。T.B.L. Webster，*Hellenistic Poetry and Art*（1964）依旧是本有益读物。

罗马

关于罗马遗址的专业指南：A. Claridge，*Rome: An Oxford Archaeological Guide*（2010 年第二版），或 F. Coarelli，*Rome and Environs*（2014 年更新版）。关于早期罗马——常被视为考古学和历史学的"雷区"，如 T.P. Wiseman，*Unwritten Rome*（2009）——最安全的入门读物也许是 T.J. Cornell，*The Beginnings of Rome*（1995）。关于共和时期，E.S. Gruen，*Culture and National Identity in Republican Rome*（1992）。R. Syme 在 *The Roman Revolution*（1939）中将屋大维 – 奥古斯都描绘成

原法西斯主义（proto-Fascist）者，但历史上仍然认为奥古斯都时代是仁慈的。关于这一时期视觉和文学文化，可以从浩瀚书海中选取部分：G.K. Galinsky, *Augustan Culture*（1996）；B. Otis, *Virgil: A Study in Civilized Poetry*（1964）；W.F.J. Knight, *Roman Vergil*（1944）；A. Noyes, *Portrait of Horace*（1947）；E. Fantha, *Ovid's Metamorphoses*（2004）；L.P. Wilkinson, *Golden Latin Artistry*（1963）；P. Zanker, *The Power of Images in the Age of Augustus*（1988）。

罗马帝国

M. Beard, *The Roman Triumph*（2007）；F. Millar, *The Emperor in the Roman World*（1977）；E.N. Lutterworth, *The Grand Strategy of the Roman Empire*（1981）；Y. Yadin, *Masada: Herod's Fortress and the Zealots' Last Stand*（1966）；G. Webster, *The Roman Army*（1998）。

衰落和消亡？

爱德华·吉本在历史写作目标和风格上深受塔西佗影响，不过他仍然是启蒙运动中的人物，是一位高尚的英国散文家。这也是为什么吉本的《罗马帝国衰亡史》（1776~1788）值得一读，尽管今天大多数历史学家更喜欢谈论"转型"而不是"衰落与灭亡"。J.B. Bury 于 1909~1914 年出版的七卷本注释版是标准的完整版，对此有畏难情绪的读者可以尝试许多节本中的一本，或者从吉本的自传入手——该书有多种版本。

争论持续不休，见：G.W. Bowersock，P. Brown 和 O. Graber，
Late Antiquity: A Guide to the Postclassical World（1999）；J.
Elsner，*From Imperial Rome to Christian Triumph*（1998）；B.
Ward-Perkins，*The Fall of Rome*（2005），书中认为公元 410 年罗
马屈服于"野蛮人"之后，热水澡和其他舒适的文明生活确实消
失了数个世纪。

奥克西林库斯和莎草纸学说：P. Parsons，*City of the Sharp-
Nosed Fish*（2007）。

后世影响

345

至于古典学中的"接受研究"（reception）和"后世影响"
（afterlife）：G. Highet，*The Classical Tradition*（1949）追溯
了古典文学在中世纪及其后的财富和影响。关于更现代的观
点，参阅：A. Grafton，G. Most 和 S. Settis 编著，*The Classical
Tradition*（2012）；或 M. Silk，I. Gildenhard 和 R. Barrow 编著，
The Classical Tradition: Art, Literature, Thought（2014）。关于
文本传播：L.D. Reynolds，N.G. Wilson，*Scribes and Scholars*
（1991）。另见 R. Weiss，*The Renaissance Discovery of Classical
Antiquity*（1969）。关于视觉文化遗产：F. Haskell 和 N. Penny，
Taste and the Antique（1981）；M. Bull，*The Mirror of the Gods*
（2005），E.H. Gombrich，*Aby Warburg: An Intellectual Biography*
（1986 年第 2 版）；以及更为易懂的通识读本 S. Settis，*The
Future of the Classical*（2006）。

插图

扉页：一位作家（可能是诗人萨福）的形象。这是庞贝西区一栋房屋中一幅画的局部（那不勒斯考古博物馆藏）。

Ⅰ　想象中的荷马肖像，可能出自罗马的一座别墅。公元 1~2 世纪，原型创作于公元前 300 年（罗马卡比托利欧博物馆藏）。

Ⅱ　雅典卫城南景。照片约摄于 1870 年。

Ⅲ　埃德加·德加的作品《正在锻炼的斯巴达年轻人》，1860 年（伦敦国家美术馆藏）。

Ⅳ　叙拉古剧院。

Ⅴ　苏格拉底的绘画，出自公元 1 世纪以弗所的一座罗马房屋（塞尔丘克以弗所博物馆藏）。

Ⅵ　约公元前 330 年的古银币，上面刻有扮成赫拉克勒斯（头戴尼米亚狮子的头套）的亚历山大大帝。

Ⅶ　来自佩加蒙的宙斯祭坛上众神与巨人之战的带饰局部（柏林佩加蒙博物馆藏）。

Ⅷ　公元前 1 世纪晚期罗马广场上的维纳斯神庙废墟。

Ⅸ　以弗所的塞尔苏斯图书馆。

Ⅹ　亚当和夏娃，公元 4 世纪朱利尤斯·巴萨斯石棺局部（梵蒂冈博物馆藏）。

索 引

（索引后页码为英文原版书页码，即本书页边码）

图书在版编目（CIP）数据

地中海十城：西方文明的古典基因 /（英）奈杰尔
·斯皮维（Nigel Spivey）著；孙慧杰译 . -- 北京：
社会科学文献出版社，2025. 7. -- ISBN 978-7-5228
-5230-0

Ⅰ .K125；K126

中国国家版本馆 CIP 数据核字第 2025VR9160 号

地中海十城：西方文明的古典基因

著　　者 /　〔英〕奈杰尔·斯皮维（Nigel Spivey）
译　　者 /　孙慧杰

出 版 人 /　冀祥德
组稿编辑 /　杨　轩
责任编辑 /　胡圣楠
责任印制 /　岳　阳

出　　版 /　社会科学文献出版社（010）59367069
　　　　　　地址：北京市北三环中路甲29号院华龙大厦　邮编：100029
　　　　　　网址：www.ssap.com.cn
发　　行 /　社会科学文献出版社（010）59367028
印　　装 /　三河市东方印刷有限公司

规　　格 /　开　本：889mm×1194mm　1/32
　　　　　　印　张：10.5　字　数：224 千字
版　　次 /　2025年7月第1版　2025年7月第1次印刷
书　　号 /　ISBN 978-7-5228-5230-0
著作权合同 /　图字01-2024-0154号
登 记 号
审 图 号 /　GS（2025）1764号
定　　价 /　89.00元

读者服务电话：4008918866